L'ÉCONOMIE AU XXIe SIÈCLE

Critique de la raison en économie

Tome 1 : Analyse

Émile Jalley

L'ÉCONOMIE AU XXIe SIÈCLE

Critique de la raison en économie

Tome 1 : Analyse

L'Harmattan

Sur la couverture, la figure de gauche illustre le modèle des trois composantes de la valeur (argent, marchandise, production - du dehors vers le dedans) selon *Le Capital* de Karl Marx (1867). La figure de droite illustre l'inversion de leur hiérarchie (production (travail), marchandise, argent) dans l'Économie sociale et solidaire (ESS). D'après François Morin (*L'Économie politique du XXIe siècle. De la valeur-capital à la valeur-travail*, 2017).

5-7, rue de l'Ecole-Polytechnique, 75005 Paris
http://www.editions-harmattan.fr
ISBN : 978-2-343-17458-7
EAN : 9782343174587

Pour PIERRE JALLEY, notre fils
BÉNÉDICTE JALLEY-MEURISSE, mon épouse
Et GISÈLE PONCHARD-BONNARD, ma mère
En hommage aussi à mes deux psychanalystes
Madame le Docteur Anny Cordié
Et Monsieur le Docteur Jean Gillibert

« Bientôt seront tous morts ceux qui savaient de quoi il est question »
Philippe Sollers, France-Culture du 1er août 2010

Le savoir humain est comme un arbre[1], dont les racines puis le tronc sont les savoirs sur l'esprit inconscient[2] et conscient[3], les branches qui sortent de ce tronc[4] étant les sciences formelles, les sciences de la nature et les sciences de l'homme[5], le feuillage de l'arbre se formant alors de l'entrelacement de leurs applications techniques et pratiques particulières.

---

[1] Descartes, Hegel. Image www.poursamuser.com
[2] Freud, Lacan et col.
[3] Wallon, Piaget, Gesell et col.
[4] Descartes, Hegel, Freud, Wallon, Piaget.
[5] Hegel, Marx et col.

Sommaire

Tome 1. Analyse

Tome 2. Synthèse

Tome 1 : Analyse

Introduction

Ce livre, préparé par plusieurs années de lectures difficiles, a été écrit pour une bonne part pendant toute la période des activités menées par le mouvement des Gilets jaunes, à partir de novembre 2018 jusqu'en fin janvier.

On répète à l'envi que le surgissement d'un tel mouvement est l'expression d'une « colère », laquelle serait aussi « légitime » que soi-disant « comprise ». Sans aller plus loin pour l'instant dans cette voie, il nous semble que l'écriture de ce livre nous a aidé à mieux comprendre le déterminisme de cette période des dernières décennies de notre histoire nationale qui a abouti de façon tout aussi imprévisible que nécessaire à cette marée montante, et qui en même temps semble incliner à ne pas refluer. Cependant, à l'inverse nous ne savons pas si et dans quelle mesure le résultat de ce trajet au long cours qu'est ce livre pourra être utile à qui que ce soit. Il est devenu très difficile pour un écrivain, même expérimenté, de se faire admettre et écouter dans ce pays, sauf à passer par les courbettes serviles propres à attirer d'abord l'œil d'un petit aréopage de prétendu(e)s arbitres du goût.

Nous souhaitions d'abord faire bref. Mais face à 16 écrivains responsables de 23 textes requérant une grande attention de lecture, et dont les convergences, pour être réelles, sont paradoxalement aussi dispersées, cela nous a paru, au cours de notre travail de patience, de moins en moins possible. Alors nous avons décidé de prendre notre temps, le temps qu'il fallait.

Face aux difficultés réelles pour étreindre une telle matière, aussi difficile que la philosophie la plus difficile, il nous a paru également que nous ne pouvions pas faire l'économie de deux Index des noms et des matières, un genre de travail ingrat s'il en est, mais dont la nécessité s'impose même quand la plupart des lecteurs s'en servent peu.

Pour répondre à la question de l'utilité éventuelle de notre travail, nous comprenons parfaitement l'impatience du lecteur préoccupé par l'éventualité de solutions concrètes à la crise multiforme, politique, économique, culturelle et sociale dans laquelle la France, insérée dans l'Europe et dans le monde se trouve actuellement plongée, comme jusqu'aux yeux, si ce n'est même par-dessus la tête. Dans ce cas, le lecteur pressé pourra d'abord se référer directement au paragraphe final intitulé « Résumé des solutions pour la crise » (page 455). Il verra qu'il y a de quoi faire, puisque l'investigation de nos 16 auteurs étalés sur 23 ouvrages a permis d'en dégager pas moins de 30 points. Il y aurait là de quoi fournir matière à de nombreux programmes électoraux pour les partis intéressés par une réforme sociale – au moins réelle et sérieuse. Et parmi ces propositions, celle par exemple surprenante, évidente, mais au grand jamais évoquée dans les médias, de la coexistence d'une monnaie internationale (pourquoi pas l'euro ?) avec les monnaies nationales émises par des banques centrales restaurées dans leur souveraineté économico-politique. Telle était la solution de Keynes (le bancor) rejetée évidemment par les Américains à Bretton Woods en 1944.

Ceci dit, on pourra aussi aller consulter ensuite le chapitre 2 sur « Chiffres et données significatifs. Chiffres et données à propos du PIB » (pages 121-142).

Notre livre est divisée en 2 parties principales : 1/ Analyse ; 2/ Synthèse, qui répondent, autant que faire se peut, à ce qu'elles annoncent. De toute manière, le caractère dispersé de notre matière, bien que sur le fond d'une communauté de vues (l'économie dite « hétérodoxe ») nous écartait *a priori* du projet déraisonnable d'une véritable synthèse. C'est la raison qui nous a poussé à procéder à divers modes de regroupements dont le Sommaire ci-dessus expose le détail, en utilisant par ailleurs beaucoup de « citations » – une méthodologie en l'occurrence et selon nous absolument obligée, même si on peut ne pas l'aimer. On reviendra plus loin sur ce sujet.

Comme notre livre et long, et sur une matière au surplus plutôt ardue, nous avons pensons pensé qu'il serait commode d'écrire les passages les plus importants de notre développement en caractère gras, de manière à favoriser une lecture rapide pour les lecteurs les plus pressés, ceux dont on a dit plus haut qu'ils s'intéressaient de préférence à l'exposé précis des solutions de la crise. Quelqu'un qui nous dirait qu'il nous a lu en diagonale à partir du seul parcours des caractères gras ne nous choquerait en aucune façon. Parlons maintenant en termes plus précis de notre ouvrage.

Tout d'abord, il ne s'agit pas d'un ouvrage original d'économie, mais plutôt d'une livre de réflexion sur un certain nombre d'ouvrages d'économies parus assez récemment, en un bataillon à vrai dire plutôt serré, 22 en 8 ans (2011-2018), ce qui fait tout de même beaucoup. Certains sondages locaux mais sérieux montrent que le public des lecteurs réguliers (environ 1 tiers de la population) s'intéresse aujourd'hui bien plus à l'économie que par exemple à la philosophie, à la psychanalyse et à la psychologie. On aura à en reparler plus loin.

L'auteur est un universitaire qui n'est pas, n'a pas été un véritable économiste, ni de formation ni par sa carrière professionnelle ; et on le connaît plutôt comme « psychologue, épistémologue et philosophe » (Wikipédia). Il a écrit jusqu'ici un livre en deux volumes sur l'économiste bien connu Thomas Piketty (TPFM, TPFIM 2014), et également sur les questions de la dialectique, dans les champs de la psychologie (Wallon, Piaget) (WP 2006, CRP 2007), comme de la psychanalyse (Freud, Lacan) (GPC 2007, PP1-PP2 2010, DP1-DP2 2011, SM1-SM2 2011, PPAL1-2 2016), ainsi que de la pensée philosophique, en particulier mais pas seulement celle de Marx (CPF 2013, VKBH 2013, DSF2 2016, CRPH1, 2, 3, 4, 5 2017, PHE 2017).

Ce serait le fait de se poser comme épistémologue et philosophe qui légitimerait peut-être l'auteur à envisager la tâche d'une critique idéologique de l'économie, à supposer du moins qu'il puisse s'en concevoir une possible, et par ailleurs que l'auteur se soit suffisamment documenté dans le champ de l'économie.

On admettra que c'est le cas.

L'épistémologie et la philosophie ont beaucoup de questions à poser aux économistes, même s'il y a à présumer que les économistes ne sont pas aujourd'hui susceptibles en retour d'un intérêt spontané très marqué pour celles-ci. Ce en quoi ils n'auraient pas raison. De même que Freud parlait en son temps d'un « intérêt de la psychanalyse » pour l'ensemble des autres sciences. Il y a probablement un « intérêt » – la possibilité d'un apport utile – de la philosophie (et de sa cousine l'épistémologie) pour l'économie, même s'il existe une crise de la philosophie qui rend pour les économistes la rencontre de philosophes compétents de plus en plus improbable dans le paysage culturel.

Allons plus loin. Il existe un « intérêt » réciproque concevable de l'économie pour la philosophie – la possibilité d'un apport utile de l'économie à la philosophie –, en ce sens qu'à partir des questions qu'ils ont à poser à l'économie, les philosophes auraient en retour à se poser des questions sur la philosophie, et sur l'insertion particulière qu'ils ont aujourd'hui en son champ.

Soyons plus précis.

Tout le monde croit savoir à peu près ce qu'est un psychologue, encore que ceux-ci aient toujours beaucoup de mal à de définir eux-mêmes et les uns les autres depuis les années 1950.

La chose est plus délicate en ce qui concerne la différence entre l'épistémologie et la philosophie. La première conception moderne de l'épistémologie est celle liée à la Doctrine de la Science (*Wissenschaftslehre*, 1794) de Johann Gottfried Fichte (1794-1814) ; les deux mots signifiant à peu près la même chose : l'épistémologie est étymologiquement la doctrine (logos) de la science (épistémê). Les plus âgés d'entre nous savent peut-être encore que l'ancien programme de Philosophie de Terminale comportait une partie consacrée à la « philosophie des sciences ». C'est à peu près cela l' « épistémologie ».

De son côté, le grand psychologue épistémologue Jean Piaget (1896-1980) a été le fondateur d'une épistémologie génétique, qu'il voulait de caractère scientifique en l'opposant au paradigme décrit par lui sous les termes de « sagesse et illusions de la philosophie » (1965).

On dira que l'épistémologie est une réflexion certes de caractère philosophique, mais qui se veut aussi précise que possible, sur les données de la science.

C'est en ce sens que pourrait s'envisager une réflexion de caractère philosophique sur les connexions interdisciplinaires de l'économie moderne avec les dimensions propres à la psychologie, à l'éthique et à la philosophie.

Mais pourquoi cela ?

Tout d'abord parce que certains économistes suggèrent qu'un tel projet est possible et intéressant pour eux. Parce qu'ensuite ils ne font que suggérer au passage la viabilité d'une telle étude sans jamais trop s'y investir.

Ensuite, pour des raisons liées à mon propre trajet intellectuel, dont on trouvera l'exposé pour l'essentiel dans le texte situé à la fin de l'ouvrage et intitulé profil d'Émile Jalley. En effet, après avoir consacré l'essentiel de mes travaux à une critique (négative) de la psychologie, puis à une critique (plus positive) de la psychanalyse, pour en arriver en fin de trajet à une critique aussi exhaustive que possible de la philosophie française (et de quelques autres) contemporaine – l'ensemble dans le cadre incontestable d'un certain souci d'ordre éthique –, je me suis trouvé pris de court, tout au bout de mon discours, comme en présence d'un espace soudain désert, saisi d'un état de désertification comparable et correspondant à ce que géographes, journalistes et voyageurs disent aujourd'hui de la désertification paradoxale du paysage français, qui en même temps reste la première destination touristique du monde.

C'est bien en effet la même chose : psychologie, psychanalyse et philosophie sont des espaces déserts, de magnifiques paysages abandonnés.

La psychanalyse relativement moins, mais sans qu'elle soit exempte de l'invasion rampante d'une espèce de sottise qui lui colle de plus en plus à la peau… justement comme une seconde peau. Par exemple, beaucoup de groupes lacaniens ne supportent pas l'idée que Jacques Lacan soit probablement le philosophe français majeur du XXe siècle, tout en ayant été bien entendu le premier psychanalyste dans l'espace mondial.

Donc, me sentant à court de discours, je me suis trouvé devant une sorte d'inflation, depuis 2011 de pas moins de 23 titres d'intérêt majeur dans le champ de l'économie politique.

Il reste, dans le désert français quelques bons sociologues, mais pas mal d'économistes de qualité, essentiellement ceux de l'école dite « hétérodoxe ». La crise culturelle de la France – marquée par l'invasion (in)consciente du paradigme nord-américain semblerait être, à l'instar de la crise universitaire – marquée par le discrédit concomitant de la tradition de l'humanisme européen, ce que nous avons appelé au début de nos travaux (2004) une crise en « peau de léopard » : des taches critiques noires laissent subsister des zones interstitielles d'épiderme clair plus préservé.

Quand je parle ci-dessus d'ouvrages d'intérêt majeur, au moins d'après ma propre estimation, j'entends des ouvrages d'intérêt théorique général, couvrant chacun à sa manière le maximum d'espace, embrassant le plus vaste ensemble de questions possible dans le champ de la discipline. Mais pas d'ouvrages circonstanciels, écrits dans un langage recherché comme facile sur des questions locales – « Le chômage expliqué à mes enfants ».

Le chômage n'est pas un phénomène facile à expliquer, il en existe plusieurs théories, et elles s'insèrent pour la plupart – au moins celles qui prétendent à un certain sérieux scientifique, dans une explication complète de l'économie.

Mais ce n'est pas tout. Ces ouvrages s'insèrent tous dans le registre des auteurs que l'on qualifie du terme d'hétérodoxes, comme déjà dit un peu plus haut.

Il faut savoir qu'il existe en économie deux grands camps antagonistes, les « orthodoxes » opposés aux « hétérodoxes ».

Jadis, dans la campagne française, au temps de l'affaire de la séparation de l'église et de l'État, il existait dans chaque village le camp des « blancs » opposé à celui des « rouges », à propos desquels couraient encore, même pendant la Deuxième Guerre mondiale et quelque temps encore après, toutes sortes de petites histoires anecdotiques.

Cette opposition en recouvrait une autre bien plus ancienne et qui avait traversé tout le XIXe siècle depuis la Révolution française, celle entre ce que les historiens ont toujours plus ou moins identifié dans l'histoire nationale comme un « parti de l'ordre » (1797), un « parti de la résistance » opposé à celui du « mouvement » (1831), un parti de l' « ordre moral » opposé au parti républicain (1873)[6]. Ce sont toujours en réalité les mêmes, ou plutôt leurs descendants, dans la mentalité collective nationale.

On sait peut-être encore que la passion populaire des courses de chars opposait à Rome, et plus tard à Constantinople, les partisans des bleus à ceux des rouges. Cette opposition subsiste encore plus ou moins de nos jours dans le vocabulaire courant de la vie politique française.

Or ces deux camps coexistent dans le champ de l'économie française, à savoir l'opposition entre un parti (vertical) de l'ordre établi et un autre parti (horizontal) du mouvement social, pour dire les choses d'une façon un peu sommaire, à signifier qu'il s'agit d'un clivage quelque peu différent de celui opposant ce que l'on appelle couramment la droite et la gauche.

Par ailleurs, il semble que seuls les « hétérodoxes » aient préservé la dynamique intellectuelle les rendant capables d'écrire des livres à thèse, d'un contenu théorique relativement novateur, alors que les « orthodoxes » se rencontrent bien plus dans les articles brefs de la presse plutôt conservatrice, comme aussi dans les émissions télévisuelles où ils jouent le rôle d' « experts » en économie, dont on reconnaît aussitôt également le langage également conservateur, du moins pour les auditeurs ayant l'oreille exercée et plus fine.

La seule exception, dans notre panel de 16 auteurs pour 22 titres, est l'« orthodoxe » Jean Tirole, Prix Nobel d'économie en 2014.

L'intérêt pour l'épistémologie de ce clivage en deux camps des économistes est qu'il est très marqué – bien plus encore qu'en psychologie où il est de nos jours de moins en moins distinct, et qu'en philosophie où il serait très flou – donnant lieu à des conflits universitaires très violents. Ce dernier fait s'expliquant pour une bonne part par la circonstance que les économistes sont la plupart du temps requis, en dehors de leur statut universitaire, dans un assez large espace d'activités extra-universitaire où peuvent se trouver concernées des sommes d'argent importantes.

---

[6] Malet et Isaac : L'histoire, 4 vol., Marabout Histoire, 1958-1961, rééd. 1992, t. 3, pp. 109, 250, t. 4, p. 139. Voir aussi Émile Jalley, 1, 216.

Par ailleurs, les orthodoxes préservent un conservatisme intellectuel très étroit en défendant des contenus doctrinaux dont certains n'ont pratiquement pas évolué depuis le milieu du XIXe siècle, par exemple une démarche élémentariste atomistique, ou encore l'affirmation dogmatique du privilège de la tendance vers l'équilibre. Or cela fait tout de même longtemps que l'associationnisme atomistique de Wilhelm Wundt (1832-1920) est abandonné en psychologie, et le néokantisme de Jules Lachelier (1832-1918) en philosophie.

C'est ici qu'intervient de façon plus serrée la philosophie, avec la prise en compte de la polarité équilibre/déséquilibre qui s'insère elle-même dans le champ des questions relatives à la dialectique, en introduisant le débat classique mais resté difficile du passage entre Hegel et Marx.

Dans notre panel de 16 auteurs, le grand nom de Karl Marx conserve une présence implicite, comme dans les coulisses : beaucoup le citent, mais peu s'en réclament directement (Deux : Pierre Ivorra et François Morin), bien d'autres agissant comme s'ils cherchaient à le contourner sans avoir à se confronter directement à lui (Michel Aglietta, et Steve Keen d'une certaine manière). Les autres, même très contestataires par rapport à l'ordre étable, sont muets sur Marx.

De façon un peu sommaire, mais vraie, on peut dire que, dans l'histoire de l'économie au XIXe siècle, la parution du *Capital* de Karl Marx (1818-1883, 1867) aurait en quelque sorte comme bouché l'horizon, de sorte que les différents courants de l'École dite classique en économie se soient développés presque aussitôt afin d'en prendre le contrepied, selon un paradigme « parménidien » en tous points opposé au paradigme « héraclitéen » proposé par Marx : l'école française de Léon Walras (1834-1910, 1874), l'école anglaise de William Jevons (1835-1882, 1871), et l'école autrichienne de Carl Menger (1840-1921, 1871).

La conception du surprofit proposée par Marx est la découverte d'un inconscient social (il y a du travail non payé, et qui est ce que l'entrepreneur appelle « son » profit) qui anticipe la découverte d'un inconscient individuel par Freud (il y a du refoulé de la conduite), l'une et l'autre de ces thèses faisant l'objet d'un assentiment éventuel tout aussi bien que d'un rejet total. Un tel débat reste presque partout, dans le discours savant comme dans la doxa médiatique, d'une actualité aujourd'hui non dépassée.

Par ailleurs, le champ des processus économiques met en jeu de la façon la plus évidente les mécanismes d'une dialectique, c'est-à-dire d'un mouvement de la contradiction, agissant dans le réel lui-même, bien autant que dans l'esprit reflétant le réel, l'opposition des processus aboutissant à des crises, dont l'intérêt pour les observateurs est que celles-ci tendent à s'approfondir selon des cycles répétitifs et amplifiants, plutôt qu'à produire des dépassements positifs, si chers à l'optimisme hégélien.

Presque tous les philosophes français dont j'ai produit le recensement (CRPH 2016) se sont détournés de tout intérêt pour la psychologie des profondeurs (la psychanalyse), lequel a pourtant existé à une époque lointaine, quelques-uns s'intéressent à la philosophie politique, mais sans embrayage marqué de celle-ci sur l'économie politique, pour ne pas parler de leur désintérêt pour les questions touchant la dialectique, qui représente pourtant la démarche incontournable (Freud, Klein, Winnicott, Lacan, Wallon, Piaget) selon laquelle leur « cogito » continue plus ou moins à fonctionner.

D'autres questions devraient, auraient dû intéresser un dialogue entre la philosophie et l'économie, par exemple la confrontation de ce que signifie le mot de « valeur » dans l'un et l'autre champ disciplinaire.

Cette question de la valeur, des valeurs, embraye sur celle de l'éthique, de la morale : certains économistes, mais pas tous, s'abstiennent d'intervenir en un tel champ, préférant décrire la mécanique des faits en s'abstenant de tout jugement de valeur justement, sur celle-ci.

Dans la représentation de l'arborescence des savoirs (d'après Descartes, Hegel, Piaget, voir couverture et page 6) que nous avons proposée depuis quelque temps (2013), l'économie intervient sur la maîtresse branche de droite, celle intéressant les sciences humaines et sociales (SHS), tandis que celles du centre concerne les sciences de la nature et celle de gauche les savoirs logico-formels.

Le tronc et les racines représenteraient respectivement la psychologie des processus conscients et la psychologie des profondeurs (l'éventail des modèles relevant de la psychanalyse).

On peut pénétrer et parcourir l'arborescence des savoirs par la voie normale, celle allant des racines vers le tronc puis les trois grosses branches supérieures. Mais on peut s'y introduire aussi en suivant n'importe laquelle de ces trois branches, selon que l'on se plaira à accorder davantage d'intérêt aux savoirs logico-mathématiques, aux sciences de la nature, ou aux sciences humaines et sociales autres que la psychologie, dont la sociologie, l'histoire et la géographie, les sciences politiques, et bien entendu l'économie. Ce que l'on appelle la morale, l'éthique, pourrait être cherché quelque part dans un espace nodal résultant d'une interférence de ces divers savoirs de ce genre SHS, ceux qui justement selon une appellation ancienne se qualifiaient comme « sciences morales et politiques » - et dont il existe encore en France une Académie.

L'ensemble de l'arbre, l'espace total, encyclopédique, de cette arborescence des savoirs est ce que l'on pourrait encore appeler « philosophie », la philosophie, si l'on tient encore à lui accorder une certaine respiration, comme il semble qu'un certain public d'étendue non négligeable y tienne encore.

Or ce qui se produit, depuis un certain temps, avec la crise de la psychologie, de la psychanalyse, comme de la philosophie, de même que la montée en puissance des savoirs liés à l'économie, ce serait une sorte d'ébranlement de la distribution traditionnelle des parties respectives de l'arborescence. Une grande partie de la branche supérieure des SHS basculerait pour venir dans la position précédente du tronc et des racines.

Ou bien alors, c'est comme si on essayait d'entrer dans l'arborescence des savoirs par la branche droite du haut (celle des SHS, dont l'économie) au lieu de suivre la direction normale indiquée par la position des racines et du tronc. Ce que d'ailleurs il est loisible à tout un chacun de faire, surtout s'il a des talents d'acrobate.

Or ce genre de tohu-bohu se serait déjà produit au moins une fois dans l'histoire : Karl Marx aurait été le premier à refonder sur la science économique justement la philosophie (car le matérialisme dialectique relié à la dialectique matérialiste en est bien une).

Or cet intérêt puissant, invasif même, pour la science économique, c'est bien ce qui semble se produire depuis 2011 à peu près dans l'espace français que nous avons sous les yeux (peut-être aussi dans l'anglophonie comme le suggère Steve Keen 2014).

2011 : c'est d'après certains auteurs de ce corpus 2011-2018 (c'est ainsi que nous l'appellerions) la date marquant l'approfondissement, en particulier dans l'espace européen, de ce que certains qualifient (Steve Keen) comme la Grande Récession consécutive au krach financier de 2008.

Par ailleurs, ce nouvel arrière-fond (on ne dira pas fondement) qui s'offrirait pour enraciner l'arborescence des savoirs forme un espace très divisé, en deux camps orthodoxe et hétérodoxe comme on l'a vu, mais outre cela, le camp des hétérodoxes, qui présente une plus grande richesse théorique et nous intéresse davantage, offre un paysage très varié : tous les auteurs n'y parlent pas de la même chose ni dans les mêmes termes, et surtout ne s'accordent pas de façon uniforme sur les « solutions » susceptibles d'être apportées aux grandes urgences contemporaines.

Il s'agirait bien de contrôler et si possible de maîtriser les puissances tendant vers l'absence de limite du système sismologique planétaire formé par la finance déchaînée. Mais avec quelles armes de base communes ?

*

Revenons-y, comme le montre la parution depuis à peine 8 ans (2011-2018) de plus d'une vingtaine de titres d'intérêt théorique majeur dans le champ de la discipline économique, les questions économiques intéressent beaucoup aujourd'hui une large partie du public informé par les médias, malgré le fait paradoxal que la science économique reste « en réalité très opaque » (Morin, 2017). C'est une passion publique qui n'est pas *a priori* rebutée pas la difficulté : un fait assez rare et qui mérite qu'on le signale et qu'on cherche à mieux le cerner.

Les questions économiques, avons-nous dit, semblent même intéresser beaucoup plus le public que celles ayant trait à d'autres champs du savoir, tels que la psychologie, la psychanalyse, et même la philosophie. Compte tenu de situations différences dans ces divers abandons : si la psychologie et la psychanalyse universitaires sont très abîmées dans le sens d'une orientation vers une « cognitivisation » très artificielle, il existe aussi des revues de vulgarisation qui en diffusent des édulcorations confortables. En philosophie, l'incapacité des philosophes de métier à produire guère autre chose que des essais sur de petits espaces bien balayés n'empêche pas une relative diffusion des revues de pop-philosophie.

Il existe des séries populaires diffusant des monographies de philosophes isolées, mais plus personne n'a été capable d'écrire un ouvrage de synthèse sur l'histoire générale de la philosophie digne de ce nom depuis celle de Parain et Belaval dans la bibliothèque de La Pléiade (1969, 1973, 1974).

Il nous restera à mieux justifier par des faits précis, et on verra un peu plus loin qu'il en existe, notre propos sur la faveur croissante dans le public de la science économique, propos qui tel quel semble d'emblée très discutable.

Redisons-le sous une forme un peu différente. On dirait que l'intérêt pour l' « économie » tend à supplanter celui, défunt, pour des savoirs qui ont déçu pour être entrés dans une phase de crise plus ou moins aigüe, et n'être plus capables d'apporter au public les réponses qu'il en avait attendues.

La psychologie, la psychanalyse, la philosophie se trouvent dans ce triste état, tel que le bilan en a été établi par certains de nos ouvrages précédents. Car ce n'est pas pour nous une nouvelle, nous le savions depuis une bonne vingtaine d'années au moins, et même déjà dès après 1968, mais encore sans preuves.

Revenons une fois encore sur ces différents aspects de cette grande maladie de la culture en France.

La psychologie universitaire n'est plus qu'un fantôme, même s'il subsiste un intérêt non négligeable du public pour les revues œuvrant dans l'espace d'une psychologie populaire. Il en existe plusieurs, a priori non méprisables, que l'on ne citera pas.

On avait beaucoup compté, avant la disparition en 1962 d'Henri Wallon, le plus grand psychologue français, sur la psychologie pour conduire une réforme complète de l'enseignement et de l'éducation qui a été complètement sabordée par les pouvoirs politiques français, qu'ils aient été de droite ou de gauche. Déjà en 1950, Wallon annonçait que l'affaire était quasi perdue, avec les dépenses militaires occasionnées par les débuts de la Guerre d'Indochine.

La psychanalyse va à peine mieux, même si l'œuvre immense d'un Lacan se propose toujours comme un Everest dont très peu de grimpeurs chevronnés peuvent atteindre le sommet, et même si la psychologie des profondeurs reste en droit la racine profonde de l'arborescence encyclopédique des savoirs humains – ce qu'à peu près plus personne n'est plus capable de saisir en France, en raison de l'américanisation de la conscience publique et de sa doxa.

Quant à la philosophie française, le bilan provisoire qu'en a établi notre ouvrage sur *La critique de la raison philosophique* (2016) rejoint celui, très sombre, établi déjà auparavant par des auteurs connus tels qu'Alain Badiou (CRPH, 1, 19), Pierre Macherey (ibid., 3, 74), et Pierre Guenancia (ibid. 3, 282).

Même si une émission radiodiffusée telle que Les chemins de la philosophie animée sur France Culture par l'honorable Adèle Van Reeth passe pour l'une des plus « podcastées » de l'univers médiatique – pourquoi pas ?

Même si également subsistent un petit nombre de travaux estimables dans le registre traditionnel plus sérieux de l'histoire de la philosophie classique et moderne. L'histoire de la philosophie ayant toujours été en France la première marche de l'escalier, le premier métier d'une carrière de philosophe universitaire.

Même si, dans les parages d'un espace un peu plus fréquenté, vivote encore « de la » philosophie, une philosophie de poche, une philosophie d'amateur sur de petits sujets délimités, une philodoxie opérant dans le registre polyculturel et touche-à-tout de l'« essai ».

Subsiste également un petit éventail de revues de philosophie, d'intérêt variable – pop-philosophie ?

Tout cela n'empêche pas que l'on a beau chercher, dans le cadre de la génération formée dans la période 2000 et après, « des » philosophes de la taille des Sartre, Bachelard, Merleau-Ponty, Deleuze, Derrida, Badiou.

De l'Antiquité jusqu'à une période pas très éloignée, prolongeant des filaments et repousses jusqu'en plein XXe siècle (Bergson, Husserl, Heidegger, et ceux tout juste cités)[7], la philosophie a toujours eu peu ou prou, et dans des styles variables, une vocation – une allure – encyclopédique, interdomaniale, interdisciplinaire, de tonalité universaliste et humaniste. L'allure d'un discours en surplomb (katholou, universaliter, *Überhaupt*) à même de survoler la diversité des situations et rencontres particulières.

Cela est resté vrai d'une certaine manière de certains discours en psychologie, ceux des psychologues majeurs de XXe siècle : Freud, Wallon, et Piaget.

Cela est resté vrai également des très grands noms de la psychanalyse : Freud (encore lui), et Lacan.

Tout cela semble avoir atteint un point d'orgue dans la crise postmoderne, à partir du moment où le discours de l'hyperempirisme (associationniste, élémentariste, positiviste, scientiste) nord-américain a progressivement submergé, après la Deuxième Guerre mondiale, l'ancien discours de la dialectique judéo-chrétienne-franco-germanique continentale.

« Ils n'en mouraient pas tous, mais tous étaient frappés » dit La Fontaine des animaux malades de la peste (Fables : 7.1). Guenancia décrit de façon cruelle les philosophes français de l'époque postmoderne comme chacun « balayant devant la porte » de sa petite maison.

Or, dans cette période toute récente du corpus 2011-2018, par l'intérêt étendu qu'elle suscite et la profondeur vitale des questions qu'elle soulève, la discipline économique semblerait, à certains égards, ambitionner de prendre le relais de cette allure interdisciplinaire et universaliste des discours précédents, comme si l'économie se proposait de remplacer la philosophie et les disciplines connexes (psychanalyse et psychologie) défaillantes.

Comment cela ? Eh bien cela se perçoit dans les propos de certains économistes – quelques-uns seulement, pas tous – sur le paysage par nature interdisciplinaire de la science économique. Voyons-le mieux.

Thomas Piketty déclare ne pouvoir envisager « l'économie que comme sous-discipline des sciences sociales, aux côtés de l'histoire, de la

---

[7] Après Aristote, Descartes, Kant, Fichte, Hegel.

sociologie, de l'anthropologie, des sciences politiques, et de tant d'autres », ceci avec une « visée politique, normative et morale » (2013, 945). « Visée » dont la formulation rhétorique n'est pas si éloignée de ce qu'a pu être l'ambition de certaines philosophies aussi différentes que celles d'Aristote, Spinoza, Kant, Fichte et Hegel.

Michel Aglietta se réfère explicitement à l'anthropologie (17). L'un de ses critiques (Jean Cartelier, 2016) le crédite de l'art de savoir « mobiliser différentes disciplines : de la philosophie politique à l'économie appliquée, en passant par la théorie économique, l'histoire et l'anthropologie, dans la volonté de restituer la complexité des formes sociales. »

Même son de cloche, même si son exposé fait un peu fouillis, chez Jean Tirole qui nous déclare que, selon lui, « en réalité, l'anthropologie, le droit, l'économie, l'histoire, la philosophie, la psychologie, la science politique et la sociologie ne forment qu'une seule et même discipline (2016, 165). Tirole se réfère aux considérations en matière de « philosophie morale » de l'Américain Peter Singer (ibid., 65), tout en accordant une importance majeure, sur l'autre versant plus scientifique, à la « théorie de l'information » (ibid., 158) ; ajoute que « l'éclairage croisé d'économistes, de psychologues et de sociologues est nécessaire pour comprendre les tenants et aboutissants » de son propre discours scientifique (ibid., 501).

Justement, nous allons prendre ici au vol les **références à la psychologie, à la morale et à la philosophie**. Ce sont principalement celles-ci qui vont nous intéresser dans l'examen des auteurs dont les ouvrages font offrir le propos de notre investigation à venir ci-après (au nombre de 16).

De fait, la série des champs disciplinaires psychologie-morale-philosophie qui se propose à nous pour enchâsser la dimension d'interdisciplinarité, dont semblerait se réclamer la discipline économique, est conforme à un certain ordre traditionnel de la nature des choses – l'ordre des matières (du réel) dont parlait Descartes comme opposé à l'ordre des raisons (de l'esprit).

L'ancien *Manuel de Philosophie* de Cuvillier (édition de 1937), après la Psychologie, passe (par la passerelle de la Logique) vers la Morale – à laquelle sont rattachés les développements touchant la sociologie (vie domestique et famille) puis l'économie (travail, profession), avant d'aborder la partie finale consacrée à la philosophie générale.

Cet ordre n'est pas gratuit ; il est déjà à peu près celui d'Aristote : (logique-physique-métaphysique), puis psychologie, puis morale et politique coinçant en sandwich l'économie politique – car celle-ci existe déjà, la métaphysique chapeautant en fait et en principe le tout (William David Ross : *La Philosophie d'Aristote*, 1926).

Kant (1724-1804) suivra le même ordre : psychologie (1781)[8], morale (1788), droit et politique (1797) logeant des propos plutôt rares sur les intérêts commerciaux, la

---

[8] Il s'agit du chapitre sur les « paralogismes » dans la Critique de la raison pure.

circulation des personnes et des biens, l'ensemble étant recouvert par la philosophie du jugement (1790) (Albert Rivaud (1876-1956), *Histoire de la philosophie*, V, 1, 85, 167, 197, 253).

On pourrait démontrer la même chose, dans des paysages philosophiques variés, à propos de la *Doctrine de la Science* de Fichte (1762-1814, 1794) comme de l'*Encyclopédie* de Hegel (1770-1831, 1817-1830).

Chez Fichte, la psychologie (exposée dans la *Doctrine de la science*, 1794), précède la philosophie morale (1798), puis la philosophie économique (1800, exposé sur « l'état commercial fermé »), avant de s'achever par une synthèse finale de la philosophie (1801-1808).

Dans l'Encyclopédie de Hegel, la psychologie se trouve juste avant l'exposé sur la moralité, suivi de celui sur la sociologie (contenant les rudiments d'une économie), précédant l'étage final de la philosophie.

Déjà avant Kant, le même trajet pouvait s'observer, pour qui a de bonnes lunettes, chez Rousseau : la psychologie (*L'Émile* 1762) y précède la morale (la profession de foi du Vicaire Savoyard), suivie par l'économie domestique (*La Nouvelle Héloïse* 1760), le tout couronné par la philosophie politique – certes politique mais philosophie quand même (*Contrat social* 1762).

On a parlé plus haut d'une preuve plus précise indiquant un intérêt de plus en plus marqué du public à l'égard de la science économique, ceci en outre du nombre déjà important des titres formant le corpus 2011-2018. La voici : il s'agit de la « photographie » d'un espace très délimité, mais extraordinairement précise.

La photo en question concerne un document inédit, qui semblerait bien montrer – comme déjà suggéré plus haut –, de la part du public contemporain éclairé, disons d'un niveau culturel honorable, une prédilection très affirmée, massive même, pour le champ des questions économiques, bien plus marqué par exemple que pour la philosophie, ainsi que pour la psychanalyse. Ces deux savoirs semblent, à cet égard, comme usés, éculés. Et il y aurait là comme un symptôme grave et qui ne devrait réjouir personne. Pire, nous pensons que ni les philosophes, ni les psychanalystes, ni les psychologues n'ont jamais fait, dès après les deux tournants majeurs de 1960 et 1980, le travail qu'ils auraient pu, qu'ils auraient dû faire dans l'espace culturel français. L'une des causes, ce n'est pas la seule, est le fait que les universitaires se soient soumis sans discussion au décret scélérat Savary-Mitterrand-Le Pors de 1984, soumettant le progrès des carrières à un système CNU polarisé par le critère débile de listes de revues à comité de lecture de source principalement anglophone. Cela fait quinze ans que nous l'avons répété, au long de quelque 20 000 pages publiées par nous.

Dans cet état de contrainte délimité par le décret scélérat, la responsabilité des philosophes est multiforme. La mode structuraliste les a d'emblée dès 1960 entraînés vers tout un chapelet d'« anti » : anti-humanisme, anti-psychologisme, anti-dialectique. Cependant, préoccupés par l' « urgence » d'une critique de la bureaucratie stalinienne, ils n'ont pas vu venir le danger représenté par l'ouest-totalitarisme, sous la forme de l'invasion progressive à partir de 1960 du nouveau paradigme de l'économie néolibérale (Debreu 1959, Barre 1959).

Sartre s'intéressait à la politique, à la pensée marxiste, à la justice en politique, mais en aucune manière à la critique des idéologies liées aux questions économiques proprement dites (philosophie empiriste, psychologie béhavioriste, modèles classiques et néoclassiques de l'économie), pas plus qu'à la « science ».

Expliquons-nous à présent sur la provenance du document dont nous avons parlé plus haut.

Les Éditions L'Harmattan entretiennent un site qui présente leurs auteurs, avec pour chacun une courte biographie, la liste de ses ouvrages munis de résumés, et enfin à la suite de cette liste une rubrique intitulée **Articles, contributions**, où chaque auteur a loisir de présenter des textes significatifs de ses recherches récentes ou en cours, en rapport avec les livres publiés.

Or ces textes sont accessibles au public, qui peut les consulter et les lire, en laissant pour chaque accès la trace d'un passage repéré en définitive par un chiffre global de consultations.

On peut constater facilement sur la liste de ces textes publiée ci-après par moi-même que le dossier Critique de l'économie a été consulté environ 7 fois plus que celui consacré à la Critique de la philosophie.

Jacques Robion est un psychanalyste français qui introduit des données nouvelles dans le paysage contemporain, et à propos duquel j'ai écrit le livre intitulé *La psychanalyse aujourd'hui. Entretien avec Jacques Robion.* Le dossier le concernant a été consulté environ 2 plus que celui touchant la Critique de la philosophie (95/33).

J'ai parlé ailleurs du « rayonnement déclinant » de la philosophie française depuis les années 1960 (CRIPHI3 2016).

La psychanalyse elle aussi subit un déclin incontestable, à ceci près qu'elle semblerait encore toucher un public de partisans très spécialisé.

En tout cas, même si sa provenance et sa validité peuvent sembler très contingentes, locales, ce document crée un effet très inattendu, et est probablement significatif d'une préoccupation croissante du public pour les destins d'une organisation sociale en crise et en quête de solution pour celle-ci.

Cependant, et de façon paradoxale, les gens ne s'intéressent pas trop au « Déclin de la France ». En réalité, ils n'y croient pas vraiment. Tout ne va pas si mal, « Madame la marquise » !

La statistique dont on vient de faire état concerne une période assez courte : 7 mois de mai à fin novembre 2018. Le chiffre de 715 consultations pour la Critique de l'économie en est d'autant plus impressionnant

Émile JALLEY
ARTICLES CONTRIBUTIONS
PENSÉE LIBÉRALE
publié le 19/04/2018, consulté 67 fois ;

DÉCLIN DE LA FRANCE ?
Publié le 19/04/2018, consulté 74 fois ;

CRITIQUE DE L'ÉCONOMIE
Publié le 19/04/2018, consulté 715 fois ;

CRITIQUE DE LA PHILOSOPHIE
Publié le 19/04/2018, consulté 108 fois ;

DIALOGUE AVEC JACQUES ROBION
Publié le 13/11/2017, consulté 171 fois ;

REVUE DES TRAVAUX ET OUVRAGES D'ÉMILE JALLEY (OCTOBRE 2017)
Publié le 13/11/2017, consulté 206 fois.

En ce qui concerne le plan précis suivi par notre écriture dans ce livre, on a déjà dit plus haut qu'il ne nous avait paru ni souhaitable ni d'ailleurs envisageable et réalisable de procéder sur une telle diversité de données à une quelconque « synthèse ».

Ceci dit, on a plutôt envisagé un certain nombre de carrefours et de perspectives ouvertes par ceux-ci, à propos desquels on a toujours pris le parti de procéder à une revue des ouvrages selon leur ordre de parution successif.

Dans le premier volume appelé « Analyse », un premier chapitre (1) première partie s'intéresse à l'environnement idéologique de la science économique des trois points de vue ordonnés par la série des disciplines : psychologie-éthique-philosophie.

Puis d'autres perspectives sont ouvertes par les questions suivantes :

Chiffres et données significatifs, suivi de Chiffres et données à propos du PIB : chapitre 2.

Chronologie commentée : chapitre 3.

Le double patronage de Hegel et de Marx (chapitre 4) : où un auteur (Pierre Ivorra) dit de manière étonnante que la **dialectique du maître et de l'esclave décrite par le philosophe allemand Hegel est justement celle qui dépeint aujourd'hui la relation de l'Allemagne à la France**.

Une union de circonstance mais sans bonheur est le titre d'un chapitre (5) qui concerne la question des rapports entre la France et l'Allemagne : La France est un pays riche, dont le développement est inhibé, ankylosé, paralysé même du fait qu'elle est devenue l'une des provinces vassales de l'empire européen dont la capitale politique est à Berlin et la métropole administrative à Bruxelles.

Dans le second volume, deux chapitres (6 et 7) présentent le recueil d'un certain nombre de « points saillants » qui ont marqué et retenu notre lecture.

Suivent 2 chapitres (8 et 9) consacrés à la revue de la critique sur le corpus 2011-2018.

Un chapitre final (10) envisage, de façon très utile et même utilitaire, le panorama des diverses solutions, certaines parfois convergentes, proposées par les différents auteurs pour maîtriser la crise toujours en cours de l'économie mondiale.

On reprend ce chapitre dans un « Résumé des conclusions », lui-même commenté.

Nous achevons ces lignes le 30 janvier 2019, date de la manifestation représentant le « Onzième Acte » de la contestation en cours des Gilets Jaunes.

La crise des différents aspects de la culture française, dont nous avons suivi le trajet depuis une quinzaine d'années – et semblant émerger d'une certaine manière positive dans la poussée intéressante du corpus 2011-2018 que nous étudions –, semble bien par ailleurs refléter une crise, parvenue brusquement à maturité, de l'ensemble du système politique qui étouffe la Nation Française depuis quelque soixante ans (1958), date du coup d'État qui a installé cette Constitution d'orientation ultraconservatrice.

Ce système politique est incontestablement dans la lignée d'une tradition bonapartiste, organisé selon un certain nombre de biais qui détournent et ligotent – en l'aliénant, la volonté générale du peuple, de la Nation, notamment au moyen d'un mode de scrutin aux conséquences scandaleusement inégalitaires : un monarque quasi-omnipotent confisque l'ensemble des pouvoirs sous la prévalence écrasante d'un pouvoir exécutif subordonnant et subornant en cascade les deux autres pouvoirs législatif et judiciaire. La séparation des pouvoirs, jadis décrite par Montesquieu, est un devenu un mythe bouffon, où le public éberlué voit par un vrai tour de prestidigitation l'élection d'un président au suffrage universel générer à la sortie du tunnel la représentation boiteuse d'un Parlement Croupion, agenouillé devant un Cromwell de fortune.

François Mitterrand disait qu'il n'y avait pas de majorité de gauche en France. C'est possible, mais cette couleur plutôt droitière du pays s'est renforcée depuis six décennies du fait de la poigne pesante d'un système médiatique géré par un oligopole de vedettes du journalisme, dotées de fortes rémunérations, et qui n'ont aucun intérêt essentiel – bien au contraire, à ce que se modifie vers plus de justice l'organisation de l'ordre social établi. La machine à décerveler, comme dans l'Ubu roi d'Alfred Jarry, tourne à plein régime d'homélies d'éditorialistes sentencieux, de débats téléguidés (c'est le cas de le dire), de slogans sans cesse martelés (trop de fonctionnaires, réduire la dépense publique), de « sondages » aujourd'hui quasi quotidiens sur des questions piégées.

Voilà pourquoi notre corpus 2011-2018 ouvre sur le panorama en ruines d'un pays qui reste magnifique – la plus grande destination touristique du monde – la fenêtre comme d'une bouffée d'air frais. Sait-on jamais ?

La science économique passe à raison pour une discipline difficile à maîtriser, tant s'y rencontrent de difficultés agencées en ponts aux ânes successifs – le problème de neuf ponts de Königsberg est connu : comment les franchir tous sans jamais repasser par le même –, aussi délicates à gérer que certaines qui peuvent se rencontrer dans l'histoire de la philosophie (la critique de Platon par Aristote, celle de Kant par Hegel, celle de Hegel par Marx, etc.).

Dans le corpus que nous examinons, certains passages s'avèrent plutôt difficiles : la discussion de Thomas Piketty avec Gaël Giraud, la critique par Steve Keen de la double courbe de l'offre et de la demande, la réinterprétation par François Morin des notions de valeur-travail et de surprofit selon Marx. C'est pourquoi, il nous a paru nécessaire de laisser parler, et même respirer les choses, ce qui ne pouvait pas se faire, comme on l'a déjà dit, sans citer des passages parfois un peu longs.

De toute manière, l'évitement par nous de toute tentative de synthèse, joint au souci contraire de produire des rapprochements, nous contraignaient déjà, à propos d'une liste de thèmes plausibles, à cette méthode peu élégante de la citation des ouvrages abordés par ordre chronologique.

On aurait peut-être pu mieux faire, et notre livre, tel qu'il sort de notre trajet laborieux, est un enfant qui ne nous plaît pas excessivement.

S'il existe déjà une sorte de Kant capable d'instituer un tribunal de la raison économique (Steve Keen 2014), on n'a pas encore vu paraître de Hegel capable de le dépasser-conserver (le coup de l'*Aufhebung*, dépassement-relève (Badiou), sursomption (Žižek), bref la botte de Nevers dans le Bossu de Pierre Féval).

Ce que nous pensons encore, à propos de la situation politique particulière qui voit l'achèvement de notre écriture, c'est que les Gilets jaunes auraient raison d'être encore bien plus en colère s'ils étaient informés du tiers du quart de ce que nous allons être amenés à raconter dans les pages qui suivent, de ce qui se passe derrière les coulisses du grand Théâtre de la France, et quelque peu aussi dans l'espace de la mondialisation.

C'est vrai, il existe un certain nombre de menteurs doublés de voleurs qui s'en mettent « légalement » plein les poches, plein les « fouilles »[9], et qui font demander par leurs fidéicommis à la télévision si les pauvres qui manifestent condamnent la « violence », mais savez-vous… la violence. Tel est le mot le plus répandu dans le discours médiatique contemporain, comme si le fait de le prononcer produisait l'effet de quelque exorcisme contre quelque chose que l'on sent monter lentement mais inexorablement, et qui risque d'être bien plus qu'une colère, que de la colère.

Mais si cette colère est « légitime », pourquoi réclament-ils sans cesse si ceux qui l'éprouvent « condamnent la violence » ? Ils voudraient peut-être une colère sans jamais de violence, une colère qui bout dedans, mais qui ferme sa gueule, une colère avec un sparadrap en travers de la tronche, comme on voit dans les polars. Une colère de muets, d'handicapés, de dupes. Mais ils se foutent du monde !

Voulez-vous un exemple ? Il y a aujourd'hui plein d'argent dans le monde, des montagnes d'argent, des Himalayas d'argent, plein les paradis fiscaux, dont les plus proches sont la Belgique, les Pays-Bas – surtout n'en parlez pas ! Le Luxembourg, Monaco (on savait un peu mieux). Et on demande aux gens, on leur explique qu'il serait raisonnable pour eux de travailler encore davantage. Et alors on se demande combien d'années il faudra encore pour que les gens aient d'abord envie de rire à écouter de pareilles sornettes. Avant d'avoir envie de se lever pour se montrer tout de même un peu plus… violents, faute d'être jamais entendus.

On nous serine également que si nous les inquiétons trop, les riches, ils vont « partir ». Mais grand bien leur fasse, si ce n'est que cela fait longtemps qu'ils sont déjà partis. La presse de cette semaine nous apprend que le grand capitaine d'industrie Ghosn ne posséderait pas moins de cinq « castels » dans le monde. Et plusieurs centaines d'autres privilégiés, savez-vous ? – en France, les 6 400 personnes formant le 0,001 % des plus riches seraient dans le même cas. Ils ont plusieurs logis au moins, à Paris, à Bruxelles, à Genève, ailleurs peut-être encore.

Pour qui veut en savoir davantage dans ce registre à même de faire monter si peu que ce soit la « colère », que l'on aille d'abord consulter, redisons-le, le chapitre 2 sur les « Chiffres et données significatifs » (pages 117 à 136).

---

[9] À propos du hold-up sur les privatisations réalisé par la bande de Bercy, on consultera le livre récent de Laurent Mauduit sur *La Caste* (La découverte, 2019), qui du reste cite les noms des plus doués de ces grands escamoteurs.

Il semble que le mouvement des Gilets jaunes nous mette en présence d'un type de « contradiction » inscrite dans le réel lui-même (*in natura*, *in re*) et pas seulement dans l'esprit (*in anima*, *in mente*).

La France est un pays d'une économie potentielle riche, dont les impôts sont les plus élevés au monde (48 %), mais où, partout où l'on peut, on ferme les services publics : postes, gares, services hospitaliers, écoles – encore n'est-ce jamais assez selon dans le bavardage médiatique des « experts en communication » – mais où surtout 60 (65 %) des gens laissent entendre qu'ils ne parviennent plus à remplir le frigo à partir du 20 du mois. Les « gens » (*gentes*) commencent à se demander dans leur bon sens manipulé par les sirènes publiques où passe tout de même tout cet argent. On apprend de-ci de-là qu'il existe des centaines, peut-être des milliers de sinécures qui gravitent dans les milieux du pouvoir avec des salaires de quelque 15 000 euros.

Il semble qu'il y ait là une situation « objective » pour que ça ne s'arrête plus, pour que l'eau derrière le barrage continue à monter. Les serpillières ne servent à rien contre les grosses fuites d'eau dans la salle de bain. Cela ressemble, toutes proportions gardées, aux émeutes de la faim dans les années précédant tout juste la Révolution française.

La France est la première destination touristique du monde, probablement aussi le meilleur territoire agricole du monde – quel pays est capable de produire 300 fromages et tout autant de crus de vins célèbres ? – doté d'un climat tempéré d'une palette variée comme aucun autre pays européen, avec une variété de paysages incomparables, entretenus par la ténacité du labeur paysan depuis une dizaine de siècles, avec un périmètre maritime d'une disposition hexagonale sans pareille, n'oubliez pas le deuxième territoire maritime du monde après celui des États-Unis.

Or c'est dans un tel pays que les paysans se suicident, que la précarité alimentaire et matérielle n'a pas encore tout à fait disparu, et que l'on paie les enseignants avec un lance-pierres comparé aux autres salaires européens, cependant que les classements PISA successifs nous enfoncent toujours davantage vers la queue du peloton de la honte.

Mais en même temps, ce mouvement social potentiellement puissant et qui serait d'ores et déjà capable de soulever des montagnes subit une formidable aliénation au niveau du processus de l'escalier de ses indispensables prises de conscience.

Par exemple, les gens répètent toujours, confortés par les pipelettes médiatiques que la causalité des problèmes remonte à 30, voire à 40 ans… Mais non, bonnes gens, elle remonte à au moins 60 ans, au fait que la constitution bonapartiste de 1958 a fini par user, étrangler la conscience politique de ces masses que le dégoût détourne du vote. Mais en deçà encore, il s'agit du passif, difficile à évaluer mais massif dans l'(in)-conscience des personnels politiques tout comme du sentiment populaire, laissé par les Guerres coloniales, la victoire quand même et comme par raccroc de 1945, la collaboration avec l'Allemagne nazie, la demi-réussite ou plutôt le demi-échec du Front populaire.

Par ailleurs, l'étude de notre corpus 2011-2018 nous a mis en face de l'importance qu'y accordent certains auteurs au fait que l'étouffement économique de la France, à l'instar de celui des autres pays du Sud, est à mettre en rapport avec l'insertion de celle-ci dans une « Europe allemande » (Coralie Delaume), dont le cadre ne pourra jamais être modifié sans que soit posé le problème d'une redéfinition complète des relations de la France avec ses deux alliés majeurs : l'Allemagne et les États-Unis. Et ce n'est pas demain la veille que l'aliénation créée et entretenue dans le carcan du bavardage médiatique aidera les malheureux Gilets jaunes à prendre conscience de cet univers quasi démesuré des problèmes. Et, pour le moment, rien ne saurait guère bouger à cet égard (Aglietta, Ivorra, Keen).

Disons que nous sommes à cent lieues de partager sur ce sujet les positions grossières et grotesques du clan Le Pen. Qui se garderait bien de modifier la constitution monarchique de 1958, une fois qu'il y serait installé !

La médiocrité intellectuelle et le manque d'imagination des personnels politiques, de droite comme de gauche, tous formatés dans le moule de l'idéologie néolibérale, ont quelque chose d'abyssal.

Personne par exemple n'a l'idée de l'opportunité formidable que représente la proximité géographique du Maghreb dans la perspective d'une fédération économique et culturelle entre la France et ces trois pays magnifiques. Dans les années 1955-1960, le contingent des pieds noirs était toujours d'une certaine importance dans les promotions de l'Ecole Normale Supérieure : des philosophes notoires comme Jean-Marie Beyssade et Jacques Derrida en étaient venus.

Aucun politique ne songe davantage que la pince États-Unis-Allemagne qui étrangle la France ne persiste que dans une atmosphère de prolongation implicite et traînante de Guerre froide qui dure encore et toujours, et que le seul moyen de se dégager de ce carcan serait de développer une alliance résolue avec la Russie, le plus grand pays du monde en superficie déjà, mais par ailleurs rempli d'immenses ressources encore mal connues. Ce que l'Allemagne a l'intelligence de faire pour son compte, pour ce qui est des liens économiques, avec la Chine.

Il est possible, probable même que la médiocrité intellectuelle des personnels dirigeants, dans tous les domaines, de notre pays soit le résultat de l'effondrement de la structure universitaire, et de ses conséquences destructives à long terme sur la solidité et l'efficacité des institutions préposées à l'éducation et à la formation.

Voici un exemple. Outre le fait que la psychologie et la philosophie sont d'une importance essentielle dans l'économie de l'arborescence des savoirs, elles ont été particulièrement bien illustrées dans l'histoire pas si lointaine de la culture francophone : Wallon, Piaget, Lagache, Anzieu, Lacan, pour ne pas parler du reste de la très grande école de la psychanalyse française entre 1950 et 1980 environ. Or nous avons souvent mis en valeur dans nos travaux passés que cette histoire justement s'était arrêtée au fur et à mesure qu'étaient franchies les étapes de la « pensée vague » (1960), puis de la « pensée tiède » (1980, Perry Anderson), et enfin de la « pensée faible » (2000, Gianni Vattimo). Ces trois étapes étant elles-mêmes recouvertes par le chapeau de ce que le sociologue Emmanuel Terray a dénommé avec beaucoup d'opportunité un parti pris de « penser-à-droite » (2012).

Un ancien collègue de Paris V (Claude Bénichou) me faisait remarquer récemment que les collègues qui habitaient aujourd'hui la psychologie aussi bien que la philosophie n'étaient pas à la hauteur de leur discipline. C'est comme si par exemple la galerie des Glaces du palais de Versailles avait été investie par des squatters voire même des clochards.

Quitte à ce qu'elle intéresse beaucoup le public de notre société contemporaine inquiète et même troublée, la matière dont nous traitons est difficile déjà en soi, mais en outre en raison de la diversité des approches adoptées par les auteurs, même si ceux-ci ont en commun de se ranger dans le camp de l'économie dite hétérodoxe.

Nous ferions à cet égard deux recommandations.

Le lecteur pressé et soucieux des applications concrètes proposées pour l'immédiat pourra se rendre directement au sous-chapitre intitulé **Résumé des solutions pour la crise** (Tome 2), quitte à aborder ensuite le chapitre 10 un peu plus long où ce sous-chapitre est inséré avec pour titre **Solutions pour la crise** (Tome 2).

Par ailleurs, nous avons beaucoup utilisé le procédé assez peu usuel des **caractères gras** en vue de faciliter la lecture. De ce point de vue, un lecteur tout aussi pressé que le précédent pourrait adopter le parti de lire notre livre en diagonales en parcourant ces caractères gras, quitte à entreprendre par la suite une lecture plus approfondie, ou même, s'il le souhaite, en rester là, ce dont l'auteur ne saurait se sentir blessé en aucune manière. Nous avons aménagé, autant que faire se peut, ce procédé des caractères gras de façon à ce que l'on puisse identifier une successivité logique plausible de la progression de nos propos.

Chapitre 1

L'environnement idéologique de la science économique

Abordons donc la série des disciplines psychologie-morale-philosophie qui offre, d'après l'(in)conscient d'un certain nombre d'économistes, le contexte interdomanial de leur discipline.

Par la suite, dans tout le cours de notre texte, les mentions du genre (gg 91), etc. désignent l'ouvrage et la page dans celui-ci d'où a été extraite la citation, par exemple ici : Gaël Giraud, page 91.

On commencera alors normalement par la psychologie et sa voisine, la science connexe qu'est la sociologie.

Psychologie et sociologie

De fait, dans les Manuels en usage pour l'enseignement des Sciences économiques et sociales (SES) au niveau des Classes Terminales, la Première partie consacrée à l'économie proprement dite est suivie d'une Seconde partie consacrée à la sociologie. Dans certains manuels une troisième partie s'intitule « Regards croisés » (Didier Anselm et col., Hatier 2011). Dans d'autres, deux tableaux finaux présentent les « grands courants de l'économie » et « les grands courants de la sociologie ». Comme si l'économie et la sociologie se présentaient comme deux sciences jumelles.

Par contre, l'Index général (*Thesaurus*) de l'*Encyclopaedia Universalis* comprend une rubrique intitulée Psychologie économique, et regroupant une dizaine d'articles.

Le chemin allant de la psychologie (cognitive et clinique) vers la sociologie se présente en fait, dans le paysage universitaire, comme jalonné par le relais offert par la psychologie sociale, suivie de la transition ambiguë psychosociologie ↔ sociopsychologie vers la sociologie proprement dite.

Beaucoup de termes utilisés par le discours économique lui sont communs avec le registre de la psychologie, au sens courant et populaire, ou alors plus recherché – voire même scientifique[10].

Dans notre corpus, on a pu relever, cités par ordre alphabétique, les mots suivants :

Abnégation, acceptation, ambivalence, attente, anticipation, autodestruction, auto-organisation, auto-réalisation, bien-être, bilan, capabilité (Amartya Sen), combativité, comparaison, complicité, confiance, coordination, courage, crédit, crédibilité, croyance, défiance, désenchantement, désillusion, désir, développement personnel et social, distraction, échange, égoïsme, équilibre, évitement, hiérarchie, impuissance, incertitude, individu, individualisme, indifférence, intégration, intérêt, (ir)responsabilité, jalousie, jeu de miroir, langage, lucidité, mépris, mimétisme, peur, positivité, préférence, prétention, privé/social, procrastination, raisonnement, rationnel, rationalité, satisfaction/insatisfaction, sérénité, subjectivité, utilité, valorisation, volonté.

Tous les termes touchant à l'activité inconsciente : cécité, déni, fétichisme, ignorance, insu, involontaire, non-reconnaissance, non-savoir, non-vouloir-savoir, occultation, opacité, oubli, refoulement, schizophrénie, subconscient.

Le terme même de « psychologie est utilisé par plusieurs auteurs : « psychologie rationnelle des foules » (gg 91), « psychologie collective » (ma 67), « psychologie des opérateurs » (dp3 11). On a déjà vu plus haut que tel auteur (Jean Tirole) invoque « la psychologie » comme l'une des disciplines appartenant au cortège interdisciplinaire dont entend s'entourer la science économique.

Susan **George** (2014) nous parle de l' « arrogance sidérante » des hommes et femmes d'affaires, des arbitres privés et autres experts œuvrant à l' « usurpation » des pouvoirs législatifs et judiciaires. « Clinton répond : « Je ne suis que le Président des États-Unis. Je ne peux rien à propos des grandes entreprises »... Les gouvernements sont-

---

10 Psychologie, inconscient : GG 2012 : 59, 91, 157 ; TP 2013 : 268, 567-568, 597-598, 611, 627, 634, 945 ; FM 2015 : 118, 143, 150 ; EA1 2015 : 18, 117, 124 ; MA 2016 : 11, 23-24, 26, 32, 35, 44-47, 67-69, 71-72, 76, 83, 85, 90, 93, 97, 104, 208, 371 ; JT 2016 : 522, 526, 528, 533, 536, 548-549, 553, 560, **563, 587**, 589, **597-598, 601**, 626-627 ; FM 2017 : **8,** 26, 100, 146, 170, **213**, 417, 223, 231, 238, 242, 256 ; SK2 2017 : 26 ; EA2 2018 : 34, 116, 121, 132, 134, 227-228 ; TG 2018 : 115, 122, 125, 130, 139, 169, 181, 197, 205 ; DP1 2016 : 68, 78, 102, 104 ; DP2 2017a : 9, 26, 28, 30, 42 ; DP3 2017b : 11, 55, 62, 64 ; JA 2018 : 97, 104, 110-111, 114, 133, 138, 141, 145-149, 162-165.

ils intimidés ? Aveuglés ? Paresseux ? Ou simplement favorables aux intérêts néolibéraux du secteur privé ? Force est de reconnaître que les entreprises ont une vision plus cohérente et sont mieux organisées que les gouvernements et que les forces sociales qui pourraient leur tenir tête… De centre droit comme de gauche, les pays riches et développés soutiennent de plus en plus la « communauté des entreprises ». Ils n'unissent même pas leurs forces pour défendre les prérogatives de l'État, telles que l'indépendance du pouvoir judiciaire… Les Allemands sont obstinés. »

Le Forum de Davos, impulsé en 1971 par l'Allemand Klaus Schwab a initié le terme « partie prenante » – issu du monde de l'entreprise, « gouvernance » – désormais appliqué à la gestion de toutes sortes d'entités collectives ; « partenariat » est le nouveau lot pour « annexion » (sg 165, 169).

Selon les **Économistes atterrés** (1. 2015) « la relance de l'activité ne peut se faire de manière aveugle, indépendamment des objectifs environnementaux… La crise de 2007 l'a montré : les marchés financiers sont avides, aveugles, instables… La confiance du public vis-à-vis des secteurs bancaires et financiers ne sera rétablie que si la finance, enfin domestiquée, est mise en service de la société » (ea1 18, 117, 124).

Une attitude proche de celle classique en psychologie clinique s'exprime de la part de Jean Tirole dans la recommandation de procéder en économie en « abordant les questions au cas par cas, vu l'impossibilité de formuler une réponse passe-partout (*one size fits all*) » (jt 526). En même temps, l'auteur semble préconiser l'usage d'une pensée complexe fondée sur l'analyse – ce qui définit une pensée dialectique, au sens large. Mais il s'agit de bien connaître le domaine en question. « Des réponses nécessairement complexes doivent se fonder sur une analyse économique fine du sujet » (jt 536), ce qui implique par exemple que, « pour créer des emplois, il faut une culture et un environnement entrepreneurial » (jt 549).

En tout état de cause, « il est nécessaire de repenser notre droit et l'environnement du travail (formation, retraite, assurance, chômage) dans un monde en mutation technologique rapide » (jt 553). De fait Jean Tirole avoue avoir manifesté son soutien à la loi El Khomri.

J. T. semble faire confiance aux progrès futurs de l'intelligence artificielle (tandis que Jacques Attali s'en défie plutôt, 2018). « Demain des sites publics et privés pourront nous profiler et constituer des dossiers beaucoup plus complets sur nous grâce aux progrès rapides de la reconnaissance faciale » (jt 528).

« Les comportements prosociaux jouent effectivement un rôle non négligeable dans de nombreux domaines de la vie économique » (jt 589).

J. T. semble ignorer l'existence d'une psychologie cognitive comme discipline universitaire indépendante. En revanche, il déclare se fabriquer une psychologie cognitive à l'usage de sa propre discipline économique, ceci sous forme de ces expériences mentales déjà connues depuis longtemps en psychologie sociale expérimentale, comme organisées selon un paradigme de pari à propos de jeux d'argent fictifs. Il nous parle de plusieurs recherches, organisées en ce sens et dans ce dessein, dans son propre environnement scientifique. La mise en œuvre d'une telle « psychologie comportementaliste » lui servirait (Jean-Michel Servet 2016) à « mettre en avant les « biais cognitifs » des individus et les incitations possibles ».

François Morin (2. 2017) cite les Américains George Akerloff et Robert Shiller qui « dénombrent cinq pulsions qui peuvent fausser la logique rationnelle : la confiance, le souci d'équité, les tentations de dérives « antisociales » (comme la corruption), l'illusion monétaire et enfin les « histoires » – ces récits élevés au rang de mythes » (fm2 26).

Ailleurs, son analyse mobilise la psychologie des profondeurs, lorsqu'il parle de « cette science économique en réalité très opaque », et qu'il propose d'« ouvrir la réflexion sur l'alternative souhaitable pour arrêter les dérives mortifères de nos systèmes économiques » (fm2 8, 170).

Sa prise de position finale comporte une circulation de sens dans les domaines somme toute communiquant de la psychologie de la personnalité, tout comme de la philosophie morale et politique : « La gravité de la situation est telle que nous sommes dans l'obligation morale et politique, simplement comme citoyen, d'exprimer non seulement notre indignation et notre colère, mais aussi de réfléchir et d'agir pour un changement, dont l'utopie soit, si possible réaliste » (fm2 256).

Jean-Yves **Capul** et Olivier **Garnier** (2017) :

« **Les marchés de produits dérivés** :

Marché dérivé. Forme de marché sur lequel sont **négociés des contrats** portant sur l'avenir et dérivant de produits faisant l'objet de cotations au comptant.

Marché à terme international de France (MATIF). Marché à terme permettant de se protéger contre les risques de fluctuations des taux d'intérêt. »

De fait, « depuis le début des années 1980, la multiplication des innovations financières et la déréglementation ont assuré le développement de nouveaux marchés, appelés dérivés car les produits financiers (contrats) qu'ils proposent sont liés (dérivent) aux évolutions des prix d'actifs financiers tels que les taux d'intérêt, les actions, les devises, les indices boursiers. » Ainsi, « les nouveaux produits sont au départ destinés aux opérateurs qui souhaitent se couvrir, c'est-à-dire se protéger d'une évolution de prix défavorable. Ainsi, le détenteur d'un portefeuille d'obligations, qui craint une hausse des taux (synonyme de baisse des cours), va acheter un contrat particulier qui lui assure, si la hausse des taux se réalise, un gain compensant exactement la baisse de la valeur de son portefeuille d'obligations. Les contrats des marchés dérivés représentent **une promesse** d'acheter ou de vendre à terme un actif donné (valeur mobilière, devise, indice) à un prix convenu. »

Dans ce cadre, « le MATIF (marché à terme international de France), auquel a succédé Euronext-LIFFE avec le rachat par Euronext du marché des produits dérivés de Londres, est le marché à terme qui permet justement de se protéger des fluctuations des taux d'intérêt. Mais **il ne peut fonctionner que si l'agent qui cherche à se protéger rencontre face à lui un autre agent qui fait un pari inverse** sur l'évolution des taux d'intérêt. » Or, « cet autre agent est un spéculateur qui prend, contrairement à celui qui se couvre, un risque réel et important. La **contrepartie de ce risque est l'espoir** de gains très élevés ; risques et gains importants rendent ces marchés très instables » (cg 21-22).

Plus loin : « **Changement social**.

Les changements majeurs de la société française depuis un demi-siècle ont concerné la structure de la population active (la « fin des paysans », par exemple), les modes de vie (famille, consommations) ou encore **les traits culturels (valeurs)**. Ces changements sociaux de grande ampleur bouleversent la société. Le changement social est un phénomène qui intéresse le sociologue. » Et « celui-ci cherche à en connaître les causes, les processus, les éléments moteurs. À cet égard, les mouvements sociaux apparaissent comme un agent déterminant du changement social.

Les facteurs du changement social.

Changement social. Transformation durable des structures, du fonctionnement de l'organisation sociale et de la culture (valeurs, normes, modes de vie) d'une société. »

Or, « davantage que les processus du changement social (le comment), ce sont les causes de celui-ci (le pourquoi) qui ont mobilisé l'attention des premiers sociologues au XIXe siècle. Ils ont ainsi privilégié un grand facteur d'explication, qu'il s'agisse des conditions matérielles de la production et de leurs contradictions (Marx), des mutations du système de valeurs (Weber) ou des innovations et du développement des techniques. » Ceux-ci « ont recherché quel pouvait être le moteur de ces changements (lutte des classes, conflits de générations, etc.). Aujourd'hui, les sociologues refusent l'idée d'une cause dominante et mettent en garde contre le déterminisme qui est un schéma de pensée selon lequel le futur est nécessairement contenu dans le passé. Le changement social est le résultat d'une multitude de facteurs et il n'est jamais déterminé d'avance. »

Ainsi' « certains processus de changement sont parfois qualifiés d'endogènes lorsque leur analyse montre le rôle décisif des causes internes au système social ; les analyses de Marx mettent en avant des processus de changement endogènes. En revanche, un processus de changement exogène insiste sur l'introduction d'un élément extérieur au système social pour expliquer les transformations de ce dernier. » Tel a été « par exemple le rôle de la Réforme protestante qui crée un ensemble de valeurs et de normes prédisposant, selon Max Weber, à des comportements d'investissement et d'épargne qui sont les conditions mêmes de l'accumulation capitaliste. Changement exogène et changement endogène se combinent et s'influencent dans un processus de transformation sociale. » Ceci étant :

« Le refus du déterminisme dans l'étude du changement social a aussi pour conséquence de redonner aux individus et à leurs actions un rôle important.

Action collective et mouvements sociaux :

Les conditions de l'action collective.

Action collective. Action commune menée par plusieurs personnes en vue d'atteindre un certain objectif. »

Dans cet ordre d'idées, « un groupe de pression, une association de consommateurs ou une manifestation sont quelques-unes des formes d'action collective que l'on rencontre aujourd'hui. Mais pourquoi existe-t-il un groupe de personnes mobilisées sur tel sujet et non sur tel autre dont l'importance n'est pas moindre ? » Et « comment un groupe latent (expression du sociologue allemand Ralf Dahrendorf pour désigner un ensemble d'individus caractérisés par un intérêt commun) est-il capable d'entreprendre une action pour faire prévaloir l'intérêt de ses membres ? Par quels processus se transforme-t-il en groupe organisé ?

Mobilisation. Processus qui conduit un ensemble de personnes ayant conscience de leur intérêt commun à s'organiser pour le défendre ou le promouvoir. »

Par rapport à cela, « la création d'un groupe organisé en vue d'une action collective passe par les deux étapes suivantes **: la prise de conscience** par les personnes concernées d'un intérêt commun à défendre ou à promouvoir **et la mobilisation** qui les conduit à s'organiser et à instaurer des mécanismes de décision collective. La mobilisation d'un groupe en vue d'une action collective n'est pas automatique. » Ainsi « Mancur Olson (dans son ouvrage *La Logique de l'action collective*, publié en 1978) a ainsi montré que l'existence d'un intérêt commun ne conduit pas toujours à une action collective. Il met en évidence une limite de l'action collective, à l'aide d'une analyse inspirée par l'individualisme méthodologique et l'*homo oeconomicus.* » D'après lui, « comme les bénéfices de l'action collective seront acquis à tous les membres du groupe, qu'ils aient participé ou non, il est rationnel pour chacun de ne rien faire en comptant sur l'action des autres ; chacun menant le même raisonnement, il n'y a pas d'action collective. Mancur Olson met bien en évidence le phénomène du passager clandestin (*free rider*) qui utilise un bien ou un service sans en payer le prix. »

Ainsi, « le passager clandestin est un acteur économique ou social qui profite d'un bien, d'un service ou d'une action collective dus à d'autres sans en supporter le coût.

Ce phénomène explique la sous-production ou l'absence d'un bien collectif comme la surexploitation d'une ressource naturelle. L'analyse coûts/bénéfices explique aussi la réussite de certaines formes d'action collective comme les groupes de pression (agriculteurs par exemple) car les coûts des mesures prises en leur faveur sont largement répartis sur toute la population des contribuables tandis que les bénéfices sont concentrés sur un petit nombre. » De fait, « ce type d'analyse caractérise l'école américaine du *Public Choice* qui cherche à expliquer les facteurs de la croissance de l'État. Ce dernier augmente les dépenses pour satisfaire les nombreux groupes d'intérêt (les *lobbies*) politiquement importants, sans que la masse des contribuables-électeurs ne s'y oppose.

Groupe d'intérêt : Groupe représentant un intérêt particulier et faisant pression sur les autorités (législatives ou administratives) afin de faire adopter une réglementation qui lui est favorable (ou supprimer une réglementation défavorable). »

Toutefois, « les facteurs économiques ne sont pas les seuls à intervenir dans la constitution d'une action collective. **Durkheim** a par exemple mis en avant l'importance de la « densité morale » au sein d'un ensemble de personnes, c'est-à-dire la fréquence des contacts et des communications, pour expliquer l'organisation d'un groupe en vue d'une action.

Les mouvements sociaux : »

Un « mouvement social est le rassemblement et la mobilisation de personnes dont les actions visent à transformer la société.

Parmi tous les types d'action collective, les mouvements sociaux occupent une place à part dans les analyses des sociologues. Dans le sens courant, un mouvement social désigne une action revendicative, généralement une grève, menée dans une entreprise (un mouvement social à la SNCF par exemple). » Cependant, « d'un point de vue sociologique, les mouvements sociaux correspondent à une action collective qui se déroule à l'échelle de la société tout entière. Qu'il s'agisse de défendre ou de promouvoir un intérêt ou une idée, un mouvement social commence par une phase de mobilisation et d'actions plutôt désordonnées (manifestations, grèves, occupations illégales, etc.) qui peu à peu s'organisent et se structurent. » Ainsi « un mouvement social, à la différence d'autres types d'actions collectives, cherche à généraliser les enjeux, à leur donner un sens qui déborde le contexte de départ afin d'acquérir une puissance qui lui permettra d'agir pour transformer certains éléments de l'organisation sociale.

Alain **Touraine** (né en 1925) définit un mouvement social comme la combinaison de trois principes fondamentaux », qui sont :

« – un principe d'identité : **le mouvement doit avoir conscience de lui-même**, de sa spécificité ;

– un principe d'**opposition** : le mouvement est soudé grâce à une opposition à un adversaire (patronat, gouvernement, État, etc.) ;

– un principe de totalité : le mouvement doit avoir **conscience des enjeux** de son combat. »

Ainsi, « pour Alain Touraine, qui a étudié dans les années 1970 et 1980 de nombreux mouvements sociaux (écologistes, antinucléaires, mouvements féministes par exemple), ceux-ci sont un moteur du changement et un facteur de structuration sociale. Surtout, ils mettent en évidence les relations de domination dans la société, la distribution inégale du pouvoir et de l'autorité et les groupes sociaux centraux qui sont concernés. » De la sorte, « pour Alain Touraine, les conflits sociaux dorénavant opposent moins le capital au travail que les appareils de décisions économiques et politiques à ceux qui sont soumis à une participation dépendante (*La Société post-industrielle*, 1969). À cet égard, les actions menées ces dernières années par les chômeurs ou les sans-papiers constituent de véritables mouvements sociaux » (cg 43-45).

« **Consommation** :

Consommer consiste, pour un ménage, à dépenser son argent pour acheter des biens. Destinée à satisfaire la plupart des besoins, la consommation représente, avec la production et la répartition, l'une des principales opérations économiques. Mais la consommation correspond aussi à un phénomène social.

Les principales définitions :

Qu'est-ce que la consommation ? »

On définit comme « consommation une opération économique consistant dans l'utilisation immédiate des biens ou de services qui seront détruits dans ce processus.

La consommation se caractérise par la destruction immédiate ou progressive du bien à travers son utilisation. Elle se distingue ainsi de l'investissement qui consiste à utiliser d'une façon durable des biens à des fins productives. » Or, « toute consommation ne correspond pas cependant à une destruction immédiate comme c'est le cas pour un produit alimentaire (c'est une **consommation non durable**). Certains biens peuvent être utilisés un grand nombre de fois jusqu'à leur usure. Ces biens, comme l'automobile ou les appareils électroménagers, sont des **biens de consommation durable ou biens durables**. »

Ceci étant, « pour la consommation des ménages, la définition de la consommation est conventionnelle, c'est-à-dire arbitraire. On décide de définir certaines opérations comme des investissements (achats de logement et grosses réparations seulement), les autres étant des consommations (biens non durables et durables, services comme une consultation médicale, un spectacle, etc.). Les achats de valeurs mobilières (actions par exemple) sont considérés comme une opération d'épargne. »

Par ailleurs, « la consommation, qui est le fait de tous les agents économiques (ménages, entreprises, administrations, etc.) cherche à satisfaire des besoins. On peut définir un **besoin comme un sentiment de manque ou de privation, fondé sur le désir de posséder tel ou tel bien, ou d'obtenir tel ou tel service, et accompagné du désir de le voir disparaître**. »

Dans ce cadre, « on distingue ainsi des besoins physiologiques ou primaires, qui correspondent aux exigences naturelles (se nourrir, se protéger contre le froid, etc.), et des besoins secondaires, qui apparaissent après les premiers et sont plus diversifiés (se distraire, etc.). Les besoins, même primaires, sont relatifs, leurs modes de satisfaction peuvent varier selon les sociétés.

Consommation intermédiaire et consommation finale : »

On appelle « consommation intermédiaire la valeur des biens et des services qui sont incorporés à un produit ou détruits lors de la production de celui-ci.

La comptabilité nationale distingue une consommation finale et une consommation intermédiaire. Si un bien ou un service permet de satisfaire directement un besoin, il s'agit d'une consommation finale. » En revanche « s'il est utilisé indirectement pour produire un autre bien, en disparaissant dans le processus de production (énergie par exemple) ou en étant incorporé dans d'autres produits (matières premières, produits semi-finis, etc.), il s'agit d'une consommation intermédiaire.

Ainsi, lorsqu'un ménage achète des pneumatiques pour sa voiture, c'est une consommation finale. Mais l'entreprise automobile qui achète des pneumatiques pour équiper ses véhicules réalise une consommation intermédiaire. » De même, « dans une entreprise, tous les achats, à l'exception des investissements, sont des consommations intermédiaires.

Consommation marchande et consommation non marchande :

Consommation marchande : Utilisation d'un bien ou d'un service acheté sur un marché.

Consommation non marchande : Utilisation d'un bien ou d'un service ne s'échangeant pas sur un marché et dont le prix est inférieur au coût de la production ou est nul. »

Ceci dit, « la plupart des biens consommés sont achetés sur un marché en échange de moyens monétaires (consommations marchandes). Les consommations non marchandes, qui ne passent donc pas par le marché, sont de deux sortes. Il s'agit d'abord de l'autoconsommation qui désigne les biens et les services produits par les agents eux-mêmes pour leur propre consommation (exemple d'un potager personnel). »

Par ailleurs, « ce sont les consommations collectives qui désignent les services collectifs non marchands fournis par les administrations publiques (État, collectivités locales, ou institutions de protection sociale). Ces consommations collectives (routes, justice, etc.) sont financées par l'ensemble de la collectivité grâce aux prélèvements obligatoires. »

En outre, « l'utilisation collective concerne l'utilisation d'un bien collectif ou plus généralement d'un service collectif, c'est-à-dire qui a été produit pour satisfaire les besoins d'une collectivité d'individus (école, éclairage public, etc.).

Depuis 2000, l'Insee calcule aussi la consommation effective des ménages : ce sont les dépenses de consommation des ménages (supportées directement par eux) auxquelles on ajoute les consommations individualisables de services non marchands fournis par les administrations publiques » (cg 81-83).

Morale[11]

Le trajet interdomanial décrit plus haut nous conduit à présent du champ conjoint de la psychologie et de la sociologie vers celui de la morale, de l'éthique, disons même de la philosophie morale et politique, nous offrant ensuite à partir de là une transition vers le champ des problèmes plus généraux de la philosophie tout court.

L'usage par les auteurs de notre corpus de qualificatifs du registre moral est plutôt assez rare. Il se fait surtout dans le registre négatif, chez un petit nombre d'auteurs (4 sur 20). L'un des trois sur quatre présente de ce point de vue un profil un peu à part (Attali).

Chez le politiste Thomas **Guénolé** (2018), le plus enclin à la propagande en faveur d'une action militante sans délai, on trouve les termes : concurrence, culpabilité, escroquerie, imbécilité, indifférence, malhonnêteté, mensonge, propagande, responsabilité. Les **Économistes atterrés** (ea2 2018) nous parlent de poursuite effrénée, de soif de profit. Dominique **Plihon**, de caractère d'habitude si froid et si objectif, lâche soudain l'expression de « patrons voyous » (dp1 104).

Jacques **Attali** (2018) nous invite à surmonter la **propension à différer (procrastination) à se perdre dans les distractions (le divertissement pascalien)**, l'égoïsme, à cultiver la lucidité, le courage, la combativité, l'énergie, la volonté, l'abnégation, la recherche des solutions, le sacrifice de soi, l'intérêt pour le futur, la positivité, la sérénité, la loyauté. C'est presque trop beau. En tout cas, il est l'auteur chez qui le registre moral est le plus imbriqué, interfère le plus avec l'analyse psychologique (voir supra), et qui invite le plus l'individu à se réformer et à se dépasser, quasiment dans le sens du stoïcisme antique prolongé dans l'humanisme français classique (Montaigne, lecteurs de Plutarque, Corneille). Cette

[11] Morale : GG 2012 : 81-82, 85-86, 89, 99-100, 110, 144, 148-149 ; TP 2013 : 251-256, 712-714, 931, 938, 940-941, 945-946 ; PI 2015 : 22, 53-54, 59 ; FM1 2015 : 131 ; EA1 2015 : 34 ; MA 2016 : 68-69, 71, 73, 75, 85, 325-326 ; PI 2015 : 22, 53, 58 ; FM2 2017 : 189 ; SK2 2017 : 26 ; EA2 2018 : 227 ; TG 2018 : 115, 122, 125, 130, 169, 181, 205 ; DP1 2016 : 104 ; JA 2018 : 138, 145-149, 165.

reprise individualiste intervient curieusement chez lui, comme on le verra, après une description plutôt catastrophique de la situation générale.

Il y a lieu de mettre à part autres deux cas de signification majeure du point de vue qui nous intéresse ici : il s'agit des deux mots d'un accent très énergique dont usent Gaël Giraud (**illusion**) et Steve Keen (**imposture**) dans les titres de leurs ouvrages respectifs : *L'illusion financière* et *L'imposture économique.*

« Imposture » est la traduction française de l'anglais *debunking* (démystification : on démystifie bien une imposture). Illusion a, dans l'histoire de la philosophie une signification d'abord cognitive : chez Aristote, Descartes, Spinoza, Kant, Lagneau, sans entrer dans le détail (Voir les Vocabulaires de Lalande et Morfaux). On en retrouve également le concept en psychologie normale et pathologique. Mais le terme a par ailleurs une dimension éthique avec la connotation d'aberration, chimère, duperie.

Envisageons à présent, dans la perspective la plus large de l'éthique, nos différents auteurs selon l'ordre historique de la parution de leurs livres.

Selon Gaël **Giraud** (2012) :

« La planche à billets, ce sont les banques ?

C'est ici que le secteur bancaire stricto sensu et le secteur financier travaillent main dans la main… En d'autres termes, le secteur financier est une **formidable machine à produire des pyramides de Ponzi**[12], et donc à entretenir la flamme des emprunteurs auprès des banques. » Or, « l'un des meilleurs exemples de ce phénomène nous est fourni par les fonds de *private equity* (c'est-à-dire les fonds d'investissement dans les sociétés non cotées, notamment au moyen du rachat par endettement, *leverage-buy-out*, LBO), dont la tâche consiste à s'endetter dans des proportions considérables pour racheter une entreprise, la restructurer au pas de charge, puis la revendre avec une plus-value substantielle. » Et, « sans un secteur bancaire pour prêter jusqu'à 95 % de la valeur de l'entreprise, permettant ainsi un effet de levier, la plupart des fonds de *private equity*

[12] Un système de Ponzi est un montage financier frauduleux qui consiste à rémunérer les investissements des clients essentiellement par les fonds procurés par les nouveaux entrants. Si l'escroquerie n'est pas découverte, elle apparaît au grand jour au moment où elle s'écroule, c'est-à-dire quand les sommes procurées par les nouveaux entrants ne suffisent plus à couvrir les rémunérations des clients. Elle tient son nom de Charles Ponzi, escroc italien devenu célèbre après avoir mis en place une opération basée sur ce principe à Boston dans les années 1920.

n'existeraient pas. Inversement, sans l'activité fébrile de ces fonds, les banques auraient beaucoup moins d'emprunteurs à leurs guichets. »

Alors, « dans ces conditions, pourquoi tant de banquiers nient-ils qu'ils disposent du pouvoir de création monétaire *ex nihilo* ? Parce qu'une fois que cela aura été compris, les banques ne pourront plus s'abriter derrière le contexte international difficile ou les normes Bâle III pour réduire l'encours du crédit qu'elles accordent : si elles choisissent de réduire leurs crédits, c'est uniquement afin de préserver leurs profits » (gg 81-82).

« Certaines banques seraient donc capables de raconter des histoires à leurs clients, et même au grand public ?...

Dès qu'ils prennent la parole, les banquiers sont pris dans une structure potentiellement mensongère » (gg 85-86).

Ainsi, « ne sommes-nous pas précisément dans l'une des rares situations où Benjamin Constant a raison contre Emmanuel Kant ? Où mentir est socialement bénéfique pour tous ?

Mais pourquoi, dans ces conditions, avoir écouté ces banques, puisque nous savons qu'elles n'ont structurellement pas intérêt à dire la vérité ? » Même « l'action en justice menée actuellement en Grande-Bretagne et sur le continent européen ne permettra peut-être pas de répondre à cette question. Car ce vers quoi elle pointe, c'est une **complicité organisée** de la part des autorités de marchés elles-mêmes, qui n'ont été trompées que parce qu'elles voulaient bien l'être » (gg 89).

« Encore une fois, **ce piège du mensonge structurel dans lequel sont enfermés les banques et, désormais, la plupart des États de la zone euro**, n'a rien à voir avec la vertu personnelle de tel ou tel édile. Nous verrons d'ailleurs qu'il est possible d'en sortir » (gg 100).

« Les banques d'investissement actuelles sont dopées à la titrisation et aux opérations de hors-bilan, aux raids financiers contre les entreprises cotées (le *private equity*) ou encore aux paris du type « pile, je gagne; face, tu perds » (cf. le rôle des CDS ; *Credit default swap* ou produit dérivé). »

Enfin, « il serait prudent d'interdire le pantouflage de la haute fonction publique dans les banques privées et de supprimer la mobilité, sauf mission d'intérêt public pour le compte de l'État. Il n'est que trop clair en effet, que la mansuétude des régulateurs et des politiques à l'égard du secteur bancaire trouve une partie de son explication dans le **conflit d'intérêts qui se loge au sein de la possibilité même du pantouflage »** : car « tant que cette possibilité ne sera pas supprimée, tout haut fonctionnaire appelé à se prononcer sur la réforme bancaire restera le potentiel futur salarié d'une banque privée tenté de se montrer clément à l'égard de ses futurs employeurs » (gg 144-145).

« Les banques privées n'auraient plus de pouvoir de création monétaire *ex nihilo*. Seule la banque centrale conserverait le droit de frapper monnaie. Quel est l'intérêt de cette mesure ? Elle permet de séparer le métier de prêteur de celui de créateur de monnaie...

La proposition de Chicago fut soutenue par Maurice Allais, Milton Friedman et, sous une forme atténuée (le *narrow banking*), par James Tobin, tous trois prix Nobel d'économie » ; celle-ci « vient d'être reprise à leur compte par des chercheurs du FMI...

Le problème fondateur d'une banque, lié à la différence de liquidité entre son passif et son actif, disparaît. Et avec lui le mensonge structurel par omission où elle se trouve enfermée. »

Dès lors, « associée à la séparation des métiers bancaires, cette mesure délivrerait également les politiques du mensonge structurel où ils se trouvent eux-mêmes piégés. La vie de la sphère publique exigerait aussi une bien plus grande autonomie des médias à l'égard du politique et de la sphère financière : il n'est que trop clair, hélas, que **le mensonge structurel s'étend, par capillarité sociologique et par intérêt à une grande partie de la presse européenne** » (gg 147-149).

Selon Thomas **Piketty** (2013) :

« De façon générale, l'expression « règle d'or » (*golden rule* en anglais) renvoie à l'idée d'une règle morale permettant de fixer les obligations de chacun vis-à-vis des autres. Elle est souvent utilisée en économie et en politique pour évoquer des règles simples permettent de fixer nos obligations vis-à-vis des générations futures » (tp 929-930).

« La **transparence économique et financière** n'est pas simplement un enjeu fiscal. Elle est également et peut-être surtout un **enjeu de gouvernance démocratique et de participation aux décisions**... Par exemple, il est important de pouvoir étudier où se situent les responsables politiques des différents pays dans la hiérarchie des revenus et des patrimoines de leur temps » (tp 938).

« L'information doit nourrir des institutions fiscales et démocratiques ; elle n'est pas un but en soi. Pour que la démocratie parvienne un jour à reprendre le contrôle du capitalisme, il faut d'abord partir du principe que les formes concrètes de la démocratie et du capital sont encore et toujours à réinventer. »

Ainsi, « j'ai tenté dans cet ouvrage de présenter l'état actuel de nos connaissances historiques sur la dynamique de la répartition des revenus et des patrimoines depuis le XVIIIe siècle, et d'examiner quelles leçons il est possible d'en tirer pour le siècle qui s'ouvre. »

Et, « redisons-le : les sources rassemblées dans le cadre de ce livre sont plus étendues que celles des auteurs précédents, mais elles sont imparfaites et incomplètes. Toutes les conclusions auxquelles je suis parvenu sont par nature fragiles et méritent d'être remises en question et en débat. La recherche en sciences sociales n'a pas vocation à produire des certitudes mathématiques toutes faites et à se substituer au débat public, démocratique et contradictoire » (tp 940-941).

« **L'État-nation demeure l'échelon pertinent** pour moderniser profondément nombre de politiques sociales et fiscales, ainsi que dans une certaine mesure pour développer de nouvelles formes de gouvernance et de propriété partagée, intermédiaire entre propriété publique et privée qui est l'un des grands enjeux de l'avenir. » Cependant, « seule **l'intégration politique régionale** permet d'envisager une régulation efficace du capitalisme patrimonial globalisé du siècle qui s'ouvre.

Pour une économie politique et historique.

L'expression « économie politique » est peut-être un peu vieillotte, mais a le mérite d'illustrer ce qui me paraît être la seule spécificité acceptable de l'économie au sein des sciences sociales, à savoir la **visée politique, normative et morale**. »

Certes, « cette prétention invraisemblable à étudier le bien et le mal, qui est une matière dont chaque citoyen est le spécialiste, peut faire sourire, et elle est le plus souvent usurpée, ou tout du moins exagérée. Mais en même temps elle est nécessaire, et même indispensable » vu qu' « il est trop facile pour les chercheurs en sciences sociales de se placer en dehors du débat public et de la confrontation politique, de se contenter de jouer les commentateurs et les déconstructeurs de tous les discours et de toutes les statistiques. » De fait, « **les chercheurs en sciences sociales, comme d'ailleurs tous les intellectuels, et surtout tous les citoyens, doivent s'engager dans le débat public**. Cet engagement ne peut pas se contenter de se faire au nom de grands principes abstraits (la justice, la démocratie, la paix dans le monde). » Et « il doit s'incarner dans des choix, des institutions et des politiques précises, qu'il s'agisse de l'État social, des impôts ou de la dette. **Tout le monde fait de la politique, à la place qui est la sienne**. Il n'y a pas d'un côté une fine élite de responsables politiques, et de l'autre une armée de commentateurs et de spectateurs, tous juste bons à mettre un bulletin dans l'urne une fois tous les cinq ans. » En réalité, « l'idée selon laquelle l'éthique du chercheur et celle du citoyen seraient irréconciliables, et qu'il faudrait séparer le débat sur les moyens et celui sur les fins, me semble être une illusion, compréhensible certes, mais pour finir dangereuse. Trop longtemps, les économistes ont cherché à définir leur identité à partir de leurs supposées méthodes scientifiques. » En fait, « ces méthodes sont surtout fondées sur un usage immodéré des modèles mathématiques, qui ne sont souvent qu'une excuse permettant d'occuper le terrain et de masquer la vacuité du propos » (tp 945-946).

Selon Pierre **Ivorra** (2015) :

« Si l'on veut agir pour un monde en développement, à la fois plus juste et plus équilibré, pacifique, prospère, de même que respectueux de l'environnement, il faut parvenir à substituer, y compris en ce domaine, la coopération, l'esprit public, à la concurrence et à l'esprit du lucre » (pi 22).

« Telle est la limite qui borne le capitalisme dans sa mise en œuvre de cette mutation de l'humanité : il ne conçoit le partage que de manière exclusive, ségrégative, afin de mieux accaparer des biens, des connaissances, des patrimoines. Le type d'essor de la productivité qui lui est propre – l'**accumulation de travail mort contre le travail vivant**, les machines à la place des hommes et contre eux – grippe les ressorts mêmes de la révolution informationnelle.

Le capitalisme utilise à son profit ce potentiel, mais il l'opère sous la férule de la rentabilité financière. Il tente de maîtriser la **contradiction entre le besoin de partage d'une part, l'impératif de la concurrence pour le profit** et les critères et la culture du capitalisme, d'autre part » (pi 53-54).

« La **révolution informationnelle** a notamment une particularité : elle dispose d'un potentiel inédit d'économie de travail vivant et mort. Elle permet une élévation considérable de la productivité du travail et des équipements. Mais cette puissance nouvelle qu'elle procure au travail est en grande partie gâchée par l'insuffisance du développement humain imposée par les critères de rentabilité, tant il est vrai qu'elle requiert recherche, formation, qualifications, bonnes conditions de travail... pour être vraiment efficace » (pi 59).

Selon François **Morin** (1. 2015) :

Des affaires récentes (*Swissleaks* 2015) montrent « avec une lumière crue l'impuissance des responsables politiques face à ces mastodontes bancaires, qui se relèvent toujours indemnes des pires scandales... Ces banques nous mèneront vers l'abîme économique... **Aussi puissantes puissent-elles être, ces banques sont bien incapables de se protéger elles-mêmes** » (fm1 131).

Selon les **Économistes atterrés** (1. 2015) :

« Faire de l'égalité un objectif de l'ensemble des politiques publiques...

La société a pour devoir de veiller à ce que les différences entre les personnes ne se cristallisent pas en inégalités de statuts : que les plus talentueux, en tel ou tel domaine, soient honorés et récompensés, sans pour autant bénéficier de privilèges héréditaires. Chacun, citoyen d'une république réconciliée avec elle-même doit trouver sa place dans **une société sobre, efficace, égalitaire** » (ea1 33-34).

Selon Michel **Aglietta** (2016) :

« Avoir confiance dans la monnaie, c'est donc tenir l'ordre monétaire pour légitime. Puisque **l'ordre monétaire** considéré comme un tout est un bien public, il **est de nature politique**. Il s'agit donc d'une confiance, vis-à-vis d'un collectif. C'est **fondamentalement une norme éthique** qui reconnaît la légitimité de l'institution émettrice et régulatrice de la liquidité ultime…

La monnaie est le symbole de la civilisation moderne, de son esprit, de ses formes et de sa pensée. L'ordre monétaire **a une base morale**. Sa vertu est de contenir les tensions, les frustrations, les rivalités qu'une société concurrentielle d'individus libres engendre. C'est d'éviter la formation de tout pouvoir arbitraire, l'excroissance de puissances financières capables de détourner la discipline monétaire pour fabriquer des rentes et finalement détruire la société libérale elle-même » (ma 68-69).

« Pour que la monnaie n'apparaisse pas comme une convention arbitraire, donc versatile et susceptible de captation par des pouvoirs, **il faut que l'ordre monétaire soit d'essence éthique. C'est le jugement moral sur ce qui fait la cohésion de la société** qui permet d'accéder au raisonnement partagé, bien au-dessus du calcul rationnel des coûts et des avantages » (ma 71).

« En étudiant la monnaie comme système de règles, on a montré comment la **dimension horizontale des paiements** réalisait le règlement des dettes privées. En essayant de définir ce qu'est la confiance dans la monnaie, on ne peut occulter la **dimension verticale de l'appartenance au tout social, celle que l'on a identifiée comme une confiance éthique** » (ma 73).

« Dans le monde moderne, les valeurs morales supérieures se recommandent de l'intégrité et du bonheur de la personne humaine. Cette affirmation des droits de l'homme a accompagné l'autonomisation de l'économie de marché **pour le meilleur et pour le pire**. Car, dans la logique du marché, la personne humaine n'a aucun fondement ontologique. Elle est conçue en projection de son devenir à la poursuite d'un **bonheur futur sans cesse repoussé. Le désenchantement des sociétés** en découle. La poursuite du bien-être est un devoir-être intériorisé dans la raison individuelle, donc une attitude éthique. Mais le projet de libération du sujet est menacé par l'incertitude du futur qui déclenche l'asservissement à l'autoréférence par la **recherche éperdue de la liquidité**. La confiance éthique fondée sur la vie humaine comme valeur suprême peut éviter le vide de l'autoréférence en affirmant le primat de la lutte contre la mort. Aujourd'hui, **la menace climatique d'un effondrement de la civilisation à un horizon indéfini est le possible vecteur d'une conscience éthique capable d'endiguer la course du marché vers l'abîme dans les décennies qui viennent**. En ce point aveugle et indicible, l'archaïque et le moderne se rejoignent. Pour tenter d'aller plus loin dans la compréhension de la confiance éthique, il est grand temps de se préoccuper des liens entre la légitimité de la monnaie et les formes de la souveraineté » (ma 85).

« L'intégration financière internationale sous l'étalon-or et sa destruction :

L'étalon-or international a été le régime monétaire le plus proche d'une souveraineté universelle, sinon sur le plan politique, du moins sur le plan éthique (Aglietta, 1986). Il fut appelé une constitution monétaire non écrite. Car l'or monnayé, forme de monnaie qui n'était la dette d'aucun pays, jouait le rôle de liquidité ultime extérieure à tous les pays. » Effectivement, « les gouvernements s'engageaient à ce que les monnaies nationales soient convertibles en or de manière illimitée, tant pour les résidents que pour les non-résidents. » Il faut rappeler que « la convertibilité était légitimée par la dominance du principe de souveraineté appelé « ordre naturel ». La convertibilité était la norme d'une société postulée universelle qui était fondée sur la propriété privée et le respect des contrats, une société qui fut appelée bourgeoise. » En réalité « l'internationalisation du capital dans la seconde moitié du XIXe siècle lui a donné un caractère universel, bien que ses racines aient été ancrées aux Pays-Bas et en Angleterre.

La convertibilité était bien plus qu'une relation arithmétique liant chaque unité de compte nationale au prix déclaré du poids et du titre d'or qui la définissait. » Elle « était la croyance que la préservation de la valeur nominale des contrats privés était d'un ordre éthique supérieur aux objectifs politiques que les gouvernements pouvaient atteindre en manipulant leurs monnaies. Sur le plan monétaire, la confiance inébranlable dans la permanence de la convertibilité rendait les masses monétaires sensibles aux variations des réserves d'or » (ma 325).

« Quant au caractère hiérarchique du système monétaire, qui faisait de la livre sterling le pivot du système international et qui permettait à la Banque d'Angleterre de diriger l'ensemble des taux d'intérêt internationaux, il évitait les mouvements de capitaux déstabilisants.

Ces caractéristiques formelles sont essentielles pour comprendre que **la confiance éthique dans l'étalon-or engendrait la confiance hiérarchique** dans la Banque d'Angleterre et la projetait à un niveau transnational. » Néanmoins, « il faut plus pour comprendre la permanence de cet ordre dans la durée. Car nous avons montré en étudiant les trajectoires historiques de la monnaie que tout ordre monétaire fondé sur un principe bien défini de souveraineté est mortel. Néanmoins, comment la résilience de l'étalon-or a-t-elle duré un demi-siècle, si l'on sait que le bimétallisme géré par la France convergeait vers l'étalon-or dès les années 1860 ? »

Car « la seconde moitié du XIXe siècle fut l'époque de la seconde révolution industrielle, de la montée en puissance des États-Unis, de l'Allemagne et du Japon. D'ailleurs, l'étalon-or international n'a pu empêcher la **longue déflation de 1873-1896 et les multiples crises financières qui l'ont émaillée**, mais ce n'est qu'au début du XXe siècle, surtout à partir de la terrible crise financière de 1907 que la position dominante de la Banque d'Angleterre a commencé à s'éroder. »

On a fait saisir « que **la monnaie n'est jamais neutre** et qu'elle se transforme avec les structures économiques et financières. Pour bien saisir ce qu'était l'étalon-or international, il faut donc saisir son adéquation à la trajectoire du capitalisme de cette époque » (ma 326).

Selon François **Morin** (2. 2017) :

Il s'agit « d'ouvrir la réflexion sur l'alternative souhaitable pour arrêter les dérives mortifères de nos systèmes économiques » (fm2 170).

« L'idée que nous souhaitons défendre est celle du renforcement nécessaire du champ de l'économie sociale et solidaire pour aller dans le sens d'une économie fondée sur la valeur-travail, et celle à la fois de l'aide qu'il convient d'apporter à cette économie pour qu'elle puisse retrouver, au plus vite, ses fondements éthiques et, par conséquent, ses pratiques qui ont pu être contaminées ici ou là par l'idéologie de la valeur-capital. »

Ainsi, « le développement de l'économie sociale et solidaire fait évidemment partie des orientations essentielles pour le devenir de nos sociétés » (fm2 189).

Philosophie[13]

La question des relations entre la discipline économique et le champ de la philosophie est complexe. Aujourd'hui, il n'existe pour ainsi dire pas de pont visible entre ces deux territoires.

Il n'y a pratiquement pas de philosophe (professionnel et/ou écrivain) qui se réclame d'un intérêt pour les questions économiques.

Du côté des économistes, la déclaration que font certains d'entre eux de leur préoccupation pour les connexions interdisciplinaires peut bien valoir pour la manifestation d'une forme de reconnaissance, disons peut-être de souci à l'égard du champ de la philosophie. De fait, la philosophie n'a jamais en réalité rien d'autre que la préoccupation touchant le réseau des liens entre tous les registres de savoirs.

C'est cette allure traditionnelle de la philosophie occidentale, indiscutable chez tous les philosophes d'importance majeure, qui rapproche la philosophie de ce que l'on a qualifié, en divers contextes d'épistémologie. Rappelons rapidement pour servir de boussole ce qui a déjà été dit dans notre Introduction

Pour Fichte, la philosophie théorique s'identifie, au moins clairement pour la première fois, comme épistémologie, autrement dit « doctrine de la science », expression qui est justement le titre de son ouvrage majeur (*Wissenschaftslehre*, 1894).

Au contraire, Jean Piaget entend construire une épistémologie génétique de caractère scientifique, posée comme clairement à l'écart de toute idéologie philosophique (*Sagesse et illusions de la philosophie*, 1965), et dont le terrain de référence expérimental est envisagé par lui comme la psychologie de l'enfant (développementale, génétique), mais pas seulement, également l'histoire critique des disciplines scientifiques.

---

[13] Dialectique, contradiction, opposition, équilibre/déséquilibre, crise, Ponzi : GG 2012 : 55, 74 ; TP 2013 : 220-221, 251, 253, 267, 269, 451, 563, 583, 597-598, 627, 636-637, 672, 681, 687, 740, 743, 751, 755-756, 822, 834, 942-943 ; SK1 2014 : 52, 59, 60, 67, 156-157, 296, 403-404 ; Alternatif : 214, 359 ; PI 2015 : 20-21, 25, 52, 54, 56-58, 69, 90, 249, 253, 277, 280, 284, 338 ; FM1 2015 : 17-19, 23-24, 32, 35-36, 131 ; EA1 2015 : 53, 113 ; MA 2016 (+ histoire, interdisciplinarité) : 11, 14-18, 21-23, 26, 32-34, 39-41, 45, 50, 55, 63, 66-68, 71, 73, 75, 80, 97-98, 107, 109, 113, 125-126, 129, 140, 150, 155-156, 163, 166-167, 170, 171, 199, 220, 232, 243, 245-247, 250, 252, 256, 259, 260, 267, 277, 284, 288, 294, 296, 300, 303, 305, 326, 314, 348, 377, 423, 436 ; FM 2017 : 38, 54, 57, 221 ; SK2 2017 : 63 ; CG 2017 : 22, 28, 42-45, 49, 290-291, 351, 527, 530, 538, 540-541, 544 ; EA2 2018 : 34-35, 41, 46, 59-60, 73-74, 88-89, 97, 133, 135, 140, 148, 175, 177, 192, 199, 202, 210-211, 228-229 ; TG 2018 : 15-17, 182, 245 ; DP1 2016 : 3, 32, 60, 65, 72, 78, 89 ; DP2 2017a : 23, 39, 41-42, 83, 112 ; DP3 2017b : 34, 38, 48, 65-67, 80-84, 86, 113 ; JA 2018 : 68-70, 86, 89, 93-94, 100, 110-111, 142-144, 148,168, 173.

Il a existé tout de même un certain un nombre de philosophes qui, au cours de l'histoire de la culture occidentale, se sont intéressés aux questions économiques. Certains cités par Michel Aglietta : Aristote (384-322), Nicolas Oresme (1320-1322 - 1382), Jean Bodin (1529-1530 - 1596).

Mais aussi pour qui y regarde de plus près Platon (42 - 348-347), Thomas d'Aquin (1225-1274), Thomas Hobbes (1588-1679), John Locke (1632-1704), Adam Smith (1723-1790), Jean-Jacques Rousseau (1712-1178), et évidemment Karl Marx (1518-1883), parti de la philosophie des *Manuscrits de 1844*.

On ne peut pas s'attarder ici à montrer la nature variée des interférences entre philosophie et économie, bien évidemment différente dans chacun de ces cas. Sauf à insister rapidement, dans le cas de Marx, qu'il est indissociablement un philosophe et un économiste, et réciproquement. Et que c'est sa capacité philosophique qui a conféré à ses conceptions économiques une telle densité et une telle sagacité. Et qu'il reste d'actualité, bien que fortement contrebattu, quand il n'est pas sciemment ignoré – mais le plus souvent contourné aussi de façon plus ou moins adroite – par des bataillons d'adversaires.

La pertinence qu'il y a à reconnaître un pont naturel entre la philosophie et la science économique tient au fait que **le champ des questions économiques illustre, comme aucun autre à ce point, la prégnance des mécanismes variés de la contradiction dialectique**. Et ceci aussi bien au niveau de la réalité matérielle des faits que de la nature représentative de la pensée qui reflète cette réalité. Ceci mérite une explication qui ne pourra être produite que progressivement.

Un certain nombre des textes produits par nous depuis plusieurs années se sont expliqués sur la nature et l'existence d'un **« noyau rationnel de la dialectique » (NRD)**, observable aussi bien dans la psychogenèse du développement mental chez l'enfant humain (Freud, Wallon, Piaget, Winnicott) que dans les multiples mises en œuvre qu'en représentent un très grand nombre de systèmes de pensée à travers l'histoire de la philosophie occidentale, de façon claire chez au moins une centaine de noms illustres de celle-ci (des Présocratiques jusqu'à Sartre et Merleau-Ponty) (WP 2006, CPF21 2013, LAQA 2013, CRPH1-5 2017, PHE 2017).

Jean **Piaget** a démontré, au niveau de la psychogenèse infantile, l'émergence de « formes élémentaires de la dialectique » (1980), organisant une « genèse des structures » (1959) de la « psychologie de l'intelligence » (1947). Qui veut comprendre ces questions ne saurait faire autrement que de retourner vers ces millésimes fondateurs de l'épistémologie contemporaine.

La dialectique de l'esprit consiste pour l'essentiel dans l'émergence de couples d'oppositions, que l'effort intellectuel cherche à gérer en les surmontant par la production d'un supplément représentatif. Telle est la clé nécessaire, depuis toujours, du progrès cognitif de l'activité mentale, dans tous les domaines, idéologiques et scientifiques. **Opposer et composer, recomposer. Soit encore : analyse et synthèse. Hegel est le continuateur fidèle de Descartes.**

La nature de ces oppositions peut être de qualité et de degré d'intensité variable : de la simple différence aux diverses formes – faible ou forte – de la négation. On peut se référer sur ce point aux conceptions du logicien français Robert **Blanché** (1898-1975), exposées en détail dans mon article de l'*Encyclopaedia Universalis* (1989, tome 16) sur *Concept d'opposition* (pp.961-962).

Les procédés au moyen desquels les molécules binaires de cette **« pensée par couples » (Wallon 1945)** sont élaborées vers un niveau d'intégration supérieur sont variables. La **production d'une « synthèse » dépassant le couple des opposés n'est pas toujours réalisée ni réalisable.** Dans le cas où elle l'est, cette synthèse est de structure variable, d'étendue et de qualité plus ou moins complexes. Seule la synthèse « hégélienne » (appelée dépassement-relève par Alain Badiou, sursomption par Slavoj Žižek) est de nature idéale, parfaite, archétypique. De fait, la synthèse hégélienne est conçue de manière ingénieuse – artificielle disent les méchants, qui la rend capable d'une capacité générative indéfinie, susceptible de porter le véritable arbre de Jessé d'une descendance cumulative de nacelles de base, vues comme de plus en plus riches en contenu.

Le « noyau rationnel de la dialectique » (NRD), qui offre la base de toutes ces activités de l'esprit, qu'il s'agisse de la dynamique individuelle de la psychogenèse infantile, ou de celle de l'histoire culturelle dont s'animent les diverses réalisations de systèmes philosophiques, idéologiques et scientifiques, consiste en un **« dispositif de la contradiction de type genèse/figure, histoire/structure, transformation/état, métonymie/métaphore »** (Jalley, Wikipédia).

Mais cela ne suffit pas. La dialectique de ou dans l'esprit, lequel est une partie du réel, n'a de sens que dans la mesure où lui correspond une dialectique objective du ou dans le réel.

L'esprit est un repli du réel où se reflète le réel. Et **il n'y a de dialectique de l'esprit que parce que celle-ci reflète d'une certaine manière une dialectique opérant dans le réel**, la réalité, la nature, l'univers.

Or ce dernier point fait doute, a fait doute pour nombre de philosophes, représentants en fait d'un certain idéalisme en philosophie, même sans le savoir. Sartre par exemple niait qu'il y eut une certaine dialectique de la nature.

Or si toute philosophie commence nécessairement par l'« idéalisme » d'un Je pense (le *cogito* de Descartes, le *Ich denke* de Kant, le *Ich setze* (Je pose) de Fichte, le *Geist* (l'Esprit-Nous) de Hegel), elle mobilise en définitive la **dialectique matérialiste**, dans la mesure où le repli du réel que constitue l'esprit humain n'est rien d'autre que l'effet-reflet d'une dialectique de la réalité naturelle. C'est dans la mesure où il est issu de la vie, et celle-ci de l'énergie de l'univers inorganique, que l'esprit devient susceptible et capable de les refléter. **L'esprit est un Pli particulier de la matière**, suggérait Gilles Deleuze. C'est tout simple, ne trouvez-vous pas ?

Or la considération du champ des questions économiques montre deux choses.

– D'abord une grande abondance des contradictions entre les théories et les modèles économiques. En premier lieu celle fondamentale entre économistes hétérodoxes et économistes orthodoxes (ceux-ci classiques et néoclassiques). Cependant aussi une décourageante variété – comme nulle part ailleurs – des oppositions entre les modèles locaux œuvrant à l'explication de toutes sortes de mécanismes.

– Ensuite de multiples formes de contradictions existant au niveau des faits et processus économiques eux-mêmes. Disons rapidement que ce sont ces contradictions du réel économique qui expliquent les « crises économiques » dont en particulier l'époque moderne nous produit à foison des exemples.

Or ce fait de contradictions existant comme des forces perceptibles agissant de façon évidente dans le réel ne comporte pas d'évidence obligée par exemple pour les représentants de la psychologie cognitive de tradition anglo-américaine, qui à cet égard n'y voient goutte. Cette idée n'effleure en aucune manière les grands bavardages récents sur l' « intelligence artificielle ». **Une telle idée de la contradiction-dans-le-réel peut échapper** à nombre de sociologues, tout comme d'historiens.

Osons dire enfin qu'une telle idée contredit de manière frontale le **postulat aberrant de l'épistémologie poppérienne** comme quoi un modèle ne peut être reconnu comme plausible que si une expérience conçue d'après le modèle contradictoire s'avère impossible. Mais c'est complètement idiot. L'ambivalence des psychanalystes, et déjà connue du théâtre de Racine, montre bien au contraire que l'amour et la haine peuvent cohabiter, et même que ces deux contraires peuvent se renverser, passer (Hegel : *passieren*) l'un dans l'autre, et même qu'ils sont la même chose dans leur différence même. **Je t'aime, moi non plus** (Gainsbourg après Racine).

De façon plus technique, la compréhension fine des mécanismes en jeu dans la plupart des processus économiques importants – la variation des taux d'intérêt, celle des taux de change – implique le maniement aisé et comme automatique des **deux formes de la réversibilité piagétienne** : inversion (+ –) et réciprocité (> <), elles-mêmes coordonnées dans le groupe des 4 transformations de **Klein (INRC)**, lui-même offrant le module de base de tous les enchaînements bouclés à 3-4 temps qui organisent la **spirale amplifiante du savoir**.

Mais ce qui est intéressant en économie, c'est que la dialectique échoue d'ordinaire à se parfaire, mais tend plutôt à rater, achopper, bégayer : des cercles de contradiction évolutive (microcycles) s'y forment sans pouvoir s'organiser en « cercles de cercles » (mégacycles d'appareillage correct : la spirale de Hegel et de ses suivants : Sismondi (1819), Marx (1857), Engels (1882), Lénine (1914), Politzer (1935), Wallon (1936), Piaget (1950). Les contradictions tournant en cercles fermés y débouchent sur des crises sans dépassement positif (*Aufhebung*), mais ouvrant sur des répétitions cycliques sans connexions claires (cycles de cycles ou mégacycles formés d'anneaux plus ou moins dépareillés).

C'est effectivement Hegel le premier qui envisage la philosophie comme un cercle de cercles, notion qui anticipe celle de spirale développée par la suite par les auteurs tout juste cités : Sismondi, Marx, Engels, Lénine, Wallon, Piaget.

Malgré tout, et ce qui est intéressant aussi, c'est que les économistes ont proposé une **typologie originale des cycles économiques plus ou moins vastes** (8-9 ans, 50-60 ans) et à concevoir selon des possibilités d'emboîtements (Juglar 1862, Kondratieff 1920, Schumpeter 1942).

Abordons maintenant la série chronologique de nos auteurs.

Dialectique-Contradiction-Opposition :

Selon Joseph **Lajugie** (1976)[14] :

L'histoire du problème de la liberté économique présente « une de ces évolutions en spirale, si fréquente en matière d'institutions sociales ou économiques » (jl 6).

Dans un ensemble économique considéré, « la structure s'oppose à la conjecture » (jl 7).

---

[14] Ce titre est par exception le plus ancien de notre corpus. Il reste intéressant par le contraste que son contenu présente à l'égard de ce qui se pense aujourd'hui, 45 ans plus tard, après la révolution conservatrice du tournant des années 1980.

Cette opposition binaire **structure-conjecture** (Joseph Lajugie), tout comme celles de **stock-flux** (chez Jacques Attali)[15], de **verticalité/horizontalité** (Aglietta) et même de **forces de convergence/divergence** (Piketty, Plihon DP3) en usage dans le domaine économique, se conforment de manière tout à fait isomorphe au paradigme synchronie-diachronie, etc., caractéristique du « noyau rationnel de la dialectique » (NRD).

On voit ici, de manière aussi surprenante qu'intéressante, le champ d'une science sociale (SHS) venir enrichir de nouvelles formulations le domaine de la philosophie traditionnelle.

C'est à partir de l' « idée centrale d'équilibre économique » que l'on peut « classer les divers types de systèmes » (jl 8).

« L'essor du capitalisme aura **deux conséquences contradictoires**. La richesse et le bien-être réalisent des progrès considérables… Mais des **crises périodiques de surproduction** apparaissent en même temps, des crises d'un caractère tout à fait nouveau » (jl 46-47).

« La crise du capitalisme libéral [vers un capitalisme réglementaire] se manifeste, d'abord, par les Révolutions de l'après-guerre, Révolution soviétique de 1917 qui instaure, en Russie, un régime collectiviste fondé sur la doctrine marxiste, Révolutions italienne (1923) et allemande (1933) qui conservent bien du capitalisme le principe de la propriété privée mais le vident de son libéralisme. Elle s'affirme surtout, avec la crise économique de 1929 » (jl 53-54).

« La structure du système capitaliste était caractérisée, au XIXe siècle, par la conjonction de la propriété privée et de la liberté économique. La première sera tant bien que mal sauvegardée, dans les Nations occidentales tout au moins, mais la seconde disparaîtra progressivement.

La structure des entreprises évolue de la forme individuelle à la forme collective et, partant, **de la concurrence au monopole.** » Alors « aux petites entreprises familiales des XVIIIe et XIXe siècles succèdent, de plus en plus, des entreprises géantes organisées en sociétés anonymes. On passe d'un capitalisme concurrentiel de petites unités à un capitalisme monopolistique de grandes unités.

L'organisation de la production à l'intérieur de chaque pays cesse d'être abandonnée à l'initiative privée…

Le capitalisme individualiste et abstentionniste fait place à un capitalisme interventionniste et, parfois à un capitalisme d'État » (jl 53-55).

---

15 Autres polarités recouvrant les coordonnées ordonnée/abscisse chez Aglietta : confiance éthique/paiements des dettes ; chez Attali : long terme/court terme, infrastructure/consommation, passé-avenir/présent.

« Le marché du vin connaît un engorgement dû à l'arrivée en plein rendement des vignobles d'Algérie et du midi…

Le marché du blé connaît des difficultés analogues. Les récoltes mondiales de 1932 et 1933 sont fortement excédentaires. Il en résulte un effondrement des cours… Devant cette situation, les Pouvoirs publics vont tenter des **expériences successives et contradictoires** » (jl 68).

Entre 1947 et 1996, « la planification française apparaît comme une planification souple et partielle, par opposition à la planification autoritaire et totale des pays collectivistes…

Le Plan français… apparaît, à ce titre, comme un **effort pour résoudre la contradiction apparente entre liberté individuelle et intérêt de la communauté nationale**, au sein du système capitaliste…

Cette politique, cependant, est très sérieusement remise en question depuis quelques mois [écrit en 1976]. » De fait, « la période de préparation d'un VIIe Plan a coïncidé avec les élections présidentielles de 1974 [Giscard d'Estaing est élu dans le nouveau contexte créé par la suspension de l'accord de Bretton Woods en 1971. E. J.] et avec un retour affirmé à des tendances plus libérales en matière économique et à la primauté des automatismes de marché ». De la sorte, « l'orientation à court terme de la politique économique semble marquer un recul très net de la planification à moyen terme reposant sur une concertation proposée à toutes les forces économiques et sociales de la nation. »

Dès lors, « que subsistera-t-il dans ces conditions, de ce qui faisait l'originalité de la planification française, et qui traduisait, selon la formule de Pierre Massé, « la recherche d'une voie moyenne conciliant l'attachement à la liberté et à l'initiative individuelle avec une orientation commune du développement ? » » (jl 77-78).

« Les priorités régionales doivent être définies à la fin de l'année 1975 et le VIIe Plan lui-même doit être approuvé au cours du premier semestre 1976, cependant que la fin de la même année verra l'établissement de leur propre plan par les régions » (jl 78).

« Le rythme de croissance assignée à l'économie française est de 5,5 % par an [IVe Plan 1962-1965, compte tenu des] pressions inflationnistes qui mettent en péril l'équilibre de l'économie française… de 5 % par an pour la production intérieure brute [Ve Plan 1966-1970]… entre 5,8 et 6 % [VIe Plan 1971-1975] » (jl 74-75).

« Le système des « Trusts soviétiques » a été profondément modifié par la réforme de 1957 (Sovnarkhozes) qui, tout en renforçant la direction planifiée centralisée, décentralise au contraire la gestion de l'économie » (jl 102).

Dans des pays d'Europe centrale et orientale – à l'exception de la Tchécoslovaquie – « [ces] pays ayant conservé jusqu'en 1939 des structures essentiellement agraires : Pologne, Hongrie, Roumanie, Bulgarie, Yougoslavie… Depuis 1945, on peut distinguer quatre phases dans le développement de leur système économique : l'une que M. Marczewski qualifie de période de « croissance autonome » et qui va jusqu'en 1948, une phase de croissance intégrée à l'économie russe de 1948 à 1954, puis après la mort de Staline, une période marquée par des mouvements antagonistes qui aboutiront, après 1965, à une réforme assez profonde des méthodes de gestion » (jl 106-107).

Dans « l'économie collectiviste… la division du travail y est aussi poussée qu'en économie capitaliste. L'économie collectiviste moderne est une économie complexe comportant, elle aussi, un développement équilibré de l'agriculture, de l'industrie, du commerce, des transports » (jl 87).

À propos de l'« équilibre » et de son rapport à la « liberté » au XIXe siècle, « La loi Le Chapelier (1791) et le Code pénal ayant prohibé toute coalition comme contraire aux principes libéraux et individualistes, les travailleurs sont isolés en face des employeurs, chacun devant discuter avec un patron les conditions de son contrat individuel de travail. » Certes, « régime dont les grands ancêtres attendaient la réalisation de conditions du travail normales, l'harmonie des intérêts devant jouer spontanément pour assurer l'équilibre naturel. Régime qui aboutit en fait, et c'était inévitable, à l'exploitation d'une classe par l'autre, à la loi de la jungle, au triomphe du plus fort sur le faible. »

[**C'est exactement cet état de choses déjà critiqué voici plus de 120 ans que tendrait à rétablir la loi « socialiste » El Khomri**. E. J.]

« Un régime de liberté incontrôlée ne peut aboutir qu'à l'écrasement du premier par le second. En ce domaine, dira plus tard Lacordaire, c'est la liberté qui opprime et la loi qui affranchit . »

[D'autres ont parlé de **« liberté du renard dans le poulailler** ».]

« Sous la pression de nombreux économistes (les Interventionnistes, les Socialistes, les Chrétiens sociaux), les Pouvoirs publics vont être amenés, dès la fin du XIXe siècle à renoncer au laisser-faire pour intervenir activement en matière sociale ; dans le second quart du XXe siècle, la réglementation gagnera le domaine économique lui-même » (jl 51).

[Or c'est le **mouvement inverse** qui sous le nom de néolibéralisme tend à s'imposer depuis les années 1980.]

Selon Gaël **Giraud** (2012) :

L'effet de levier est susceptible de produire des effets inverses, « à l'envers : en phase haussière, il permet de soulever des montagnes avec un apport en capital dérisoire ; en phase baissière, il transforme la moindre crevasse (dette) en un précipice » (gg 55).

Deux points de vue opposés s'affrontent concernant la création monétaire : « Le premier affirme que ce sont les dépôts qui font les crédits... En face, le second point de vue souligne, au contraire que ce sont les crédits qui font les dépôts » (gg 74).

Selon Thomas **Piketty** (2013) :

« Les électeurs français font preuve en 1981 d'un certain **sens du contre-temps**... puisqu'ils portent au pouvoir une nouvelle majorité socialo-communiste, dont le programme consiste notamment à amplifier le processus de nationalisation des secteurs bancaires et industriels entamé en 1945. » Certes, « l'intermède est cependant de courte durée, puisque **dès 1986 une majorité libérale lance un très important mouvement de privatisation dans tous les secteurs, repris et amplifié en 1988-1993 par une nouvelle majorité socialiste.** La régie Renault devient une société par actions en 1990, de même que l'administration des télécommunications, transformée en France Télécom, dont le capital est ouvert en 1997-1998. » Puis, « dans un contexte de croissance ralentie, de chômage élevé et de forts déficits budgétaires, la vente progressive des participations publiques au cours des années 1990-2000 permet d'apporter quelques recettes supplémentaires aux gouvernements successifs, sans pour autant empêcher l'augmentation régulière de l'endettement. Le patrimoine public net tombe à des niveaux très bas. » Et « pendant ce temps, les patrimoines privés retrouvent peu à peu les niveaux qui étaient les leurs avant les chocs du XXe siècle. C'est ainsi que **le pays, sans avoir vraiment compris pourquoi, a totalement transformé à deux reprises, et dans des directions opposées, la structure de son patrimoine national au cours du siècle écoulé** » (tp 221-222).

« Vers 1800, les esclaves représentent près de 20 % de la population des États-Unis... Dans les États du Sud 40 %... C'est la marque d'une civilisation traitant certains individus comme des objets à posséder, et non comme des sujets de droit... Le Nouveau Monde combine en fait **deux réalités totalement opposées**... Une moitié de la population possède l'autre moitié » (tp 250-254).

« Cette **relation complexe et contradictoire des États-Unis avec l'inégalité** se retrouve dans une large mesure jusqu'à nos jours : d'un côté une promesse égalitaire... de l'autre une forme extrêmement brutale d'inégalité, notamment autour de la question raciale, toujours très présente aujourd'hui… [Il y a] non-développement de l'État social en Amérique » (tp 254).

Cet état de choses explique évidemment aussi **l'orientation originelle du paradigme béhavioriste vers une psychologie de l'homme-machine**. E. J.

« La deuxième loi fondamentale du capitalisme – β = s/g – est **au contraire le résultat d'un processus dynamique** : elle représente un état d'équilibre vers lequel tend une économie épargnant à taux s [par exemple 12 %] et croissant à taux g [par exemple 2 %], mais cet état d'équilibre n'est en pratique jamais parfaitement atteint [ici = 600 %] » (tp 266-267).

À l'encontre, « si le stock de capital est inférieur à six années de revenu, une épargne égale à 12 % du revenu va conduire le stock de capital à croître de plus de 2 % par an, donc plus vite que le revenu, si bien que le rapport capital/revenu va augmenter jusqu'à ce qu'il atteigne son niveau d'équilibre » (tp 269).

À l'inverse, « inversement, si le stock de capital est supérieur à six années de revenu, un taux d'épargne de 12 % implique que le capital croît à moins de 2 % par an, si bien que le rapport capital/revenu ne peut être maintenu à ce niveau et se met à diminuer en direction de son point d'équilibre » (tp 269).

Mais, « dans tous les cas, le rapport capital/revenu se dirige dans le long terme vers le niveau d'équilibre β = s/g (éventuellement augmenté des ressources naturelles pures), à condition toutefois que les prix des actifs évoluent en moyenne comme les prix à la consommation sur longue période » (tp 269).

En résumé « la loi β = s/g n'explique pas les chocs de court terme subis par le rapport capital/revenu – pas plus qu'elle n'explique l'existence des guerres mondiales ou la crise de 1929, événements qui peuvent être considérés comme des chocs d'une ampleur extrême –, mais elle permet de comprendre vers quel **niveau d'équilibre potentiel** le rapport capital/revenu tend à se diriger dans le long terme, par-delà les chocs et les crises » (tp 269).

« La complexité de la période 1914-1945 est que se superpose à une trame générale relativement claire (une très forte chute de la part du décile supérieur entre 1914 et 1945, tiré par un effondrement de la part du centile supérieur) **une trame secondaire composée de multiples retournements contradictoires**, à l'intérieur des années 1920 comme des années 1930… dans tous les pays » (tp 451).

« La hausse des salaires a-t-elle causé la crise financière ?... La crise financière en tant que telle ne semble avoir d'impact sur la cause structurelle des inégalités. Qu'en est-il de la **causalité inverse** ? » (tp 468).

« Il existe **des forces** poussant vers une diminution de ce rendement [5 %], et d'autres allant dans la direction de son augmentation » (tp 563).

« Le cas de Pareto [Vilfredo, 1848-1923, italien] illustre une certaine **illusion de la stabilité éternelle à laquelle conduit parfois l'usage immodéré des mathématiques** en sciences sociales » (tp 583).

« Le XXIe siècle sera-t-il encore plus inégalitaire que le XIXe siècle ?... La part de la classe moyenne dans le patrimoine national pourrait être divisée approximativement par deux... **D'autres forces poussent potentiellement dans la direction inverse**, celle d'une concentration du capital encore plus forte qu'en 1900-1910 » (tp 597).

Dans le contexte de la « globalisation financière... l'inégalité des rendements du capital constitue **une force de divergence supplémentaire**... Il est illusoire d'imaginer qu'il existe dans la structure de la croissance moderne, ou dans les lois de l'économie de marché, **des forces de convergence** menant naturellement à une réduction des inégalités patrimoniales ou à une harmonieuse stabilisation » (tp 597).

« Les fortunes les plus considérables peuvent souvent réépargner bien plus que les trois cinquièmes des rendements obtenus (ce qui accentue le **processus de divergence** du patrimoine aux âges les plus élevés » (tp 627).

« Ce processus est d'autant plus rapide et inégalitaire que le taux de rendement du capital est élevé et que le taux de croissance est faible » (tp 635-636).

[Il a là **quelque chose qui choque l'imagination morale** : plus la croissance est faible, plus l'avidité des riches se sert une part plus grande du gâteau social. Il le faut pour conserver le même train de vie, le même niveau social. La conclusion de bon sens serait que l'intérêt du corps social est de se débarrasser des riches. De leur point de vue et de celui de ceux qui le défendent, plus la croissance est faible, plus il faut de capital pour obtenir le même rendement. Et pourquoi pas plus encore ! ? E. J.]

« En démocratie, l'égalité proclamée des droits du citoyen contraste singulièrement avec l'inégalité bien réelle des conditions de vie, et pour sortir de cette contradiction il est vital de faire en sorte que les inégalités sociales découlent de principes rationnels et universels, et non de contingences arbitraires. » Ainsi, « les inégalités se doivent donc d'être justes et utiles à tous (Les distinctions sociales ne peuvent être fondées que sur l'utilité commune, annonce l'article premier de la Déclaration de 1789), au moins dans l'ordre du discours, et autant que possible dans la réalité. »

Déjà « en 1893, Émile Durkheim avait même pronostiqué que les sociétés démocratiques modernes ne supporteraient pas longtemps l'existence de l'héritage et finiraient par restreindre le droit de propriété de façon que la possession s'éteigne avec le décès des personnes » (tp 672).

« Une controverse a opposé **dans les années 1980 deux thèses rigoureusement inverses parmi les économistes américains**, avec d'une part Modigliani (ardent défenseur de la théorie du cycle de vie, et qui défendait l'idée selon laquelle les patrimoines hérités représentaient à peine 20 %-30 % du total des patrimoines américains), et d'autre part Kotlikoff et Summers (qui concluaient au contraire sur la base des données disponibles que la part des patrimoines hérités atteignait 70 %-80 % du patrimoine total). Pour le jeune étudiant que j'étais, découvrant ces travaux au début des années 1990, cette controverse fit l'effet d'un choc : **comment peut-on être à ce point en désaccord surtout entre économistes réputés sérieux** ? » (tp 681).

« Les fortunes mondiales les plus importantes (y compris les fortunes héritées) ont progressé en moyenne à des taux très élevés au cours des dernières décennies (de l'ordre de 6 %-7 % par an) » (tp 687).

Or, « un tel mécanisme peut conduire mécaniquement à une divergence radicale de la répartition du capital... L'inégalité des patrimoines tend naturellement à s'élargir sans limite... Dans le cadre de la nouvelle économie-monde... ce mécanisme de divergence peut aller très vite et... atteindre en quelques décennies des niveaux extrêmes. » Ainsi « la différence r-g peut être élevée pour les plus hauts patrimoines sans l'être nécessairement au niveau de l'économie considérée dans son ensemble » (tp 687).

« **Divergence** internationale, divergence oligarchique » (tp 740).

« Le fait est qu'il très difficile pour un gouvernement pris isolément de réguler ou d'imposer les patrimoines et leurs revenus... Le territoire [européen] est morcelé en petits États concurrents les uns des autres pour attirer les capitaux, ce qui aggrave les processus à l'œuvre. » Par ailleurs, « la très forte progression des positions financières brutes entre pays (chacun est de plus en plus possédé par ses voisins), participe également de cette évolution et de cette impuissance...

Un impôt mondial sur le capital - ou à défaut européen - peut constituer un outil adapté pour **dépasser ces contradictions** » (tp 743).

« Ce sont les guerres, dans une large mesure, qui ont fait table rase du passé et qui ont conduit à une transformation de la structure des inégalités au XXe siècle. » Et, « en ce début de XXIe siècle, certaines inégalités patrimoniales que l'on croyait révolues semblent en passe de retrouver leurs sommets historiques, voire de les dépasser, dans le cadre de la nouvelle économie-monde, porteuse **d'immenses espoirs (la fin de la pauvreté) et de déséquilibres qui le sont tout autant (des individus aussi riches que des pays)** » (tp 751).

« Certains réclament à cor et à cri le retour de l'État, sous toutes ces formes, laissant entendre qu'il aurait disparu ; d'autres exigent son démantèlement immédiat, notamment là où il est le plus absent, aux États-Unis, où certains groupes issus des *Tea Parties* veulent supprimer la Réserve fédérale et revenir à l'étalon-or ». Cependant qu'« en Europe, les joutes verbales entre « Grecs paresseux » et « Allemands nazis » ne sont pas toujours plus tendres. Tout cela ne facilite pas le règlement des problèmes. Pourtant, **les deux points de vue, anti-marché et anti-État, ont chacun leur part de vérité** » ; ainsi, « il faut tout à la fois inventer de nouveaux outils permettant de reprendre le contrôle d'un capitalisme financier devenu fou, et rénover et moderniser profondément et en permanence les systèmes de prélèvements et de dépenses qui sont au cœur de l'État social moderne », et qui ont réalisé « un degré de complexité qui menace parfois gravement leur intelligibilité et leur efficacité sociale et économique » (tp 755-756).

« Après avoir connu une grande passion pour l'égalité des années 1930 aux années 1970, les États-Unis et le Royaume-Uni sont repartis avec le même enthousiasme **dans la direction opposée** au cours des dernières décennies » (tp 822).

« L'expérience de la France à la Belle Époque démontre si besoin est le degré de mauvaise foi atteint par les élites économiques et financières pour défendre leur intérêt, ainsi parfois que par les économistes, qui occupent une place enviable dans la hiérarchie américaine des revenus », et qui montrent « souvent une fâcheuse tendance à défendre leur intérêt privé, tout en se dissimulant derrière une improbable défense de l'intérêt général » (tp 834).

« La **contradiction centrale du capitalisme** : r > g

La leçon générale de mon enquête est que l'évolution dynamique d'une économie de marché et de propriété privée, laissée à elle-même, contient en son sein des **forces de convergence** importantes, liées notamment à la diffusion des connaissances et des qualifications, **mais aussi des forces de divergence puissantes**, et potentiellement menaçantes pour nos sociétés démocratiques et les valeurs de justice sociale sur lesquelles elles se fondent. »

De ce point de vue, « la principale force déstabilisatrice est liée au fait que le taux de rendement privé du capital r peut être fortement et durablement plus élevé que le taux de croissance du revenu et de la production g.

L'inégalité r > g implique que les patrimoines issus du passé se recapitalisent plus vite que le rythme de progression de la production et des salaires. » Or, « cette inégalité exprime une contradiction logique fondamentale. **L'entrepreneur tend inévitablement à se transformer en rentier**, et à dominer de plus en plus fortement ceux qui ne possèdent que leur travail. **Une fois constitué, le capital se reproduit tout seul, plus vite que ne s'accroît la production. Le passé dévore l'avenir** » (tp 942).

« Avec un rendement moyen du capital de 4 %-5 %, il est probable que l'inégalité r > g redevienne la norme du XXIe siècle, comme elle l'a toujours été dans l'histoire… Il faut ajouter que, d'un point de vue strictement logique, une hausse du taux de croissance g peut également conduire à une hausse du rendement du capital r, et ne conduit donc pas nécessairement à une réduction de l'écart r-g » (tp 942-943).

Selon Steve **Keen** (1. 2014) :

« La plupart des phénomènes économiques au niveau social (le niveau des marchés et des économies globales plutôt que celui des consommateurs et producteurs individuels – perspective erronée de l'école classique) sont des « **phénomènes émergents** » ; ils adviennent du fait de nos interactions les uns avec les autres (**interactions que l'économie néoclassique ne peut décrire**) plutôt que de nos comportements isolés pour lesquels elle semble proposer des descriptions relativement justes. »

Ceci dit, « le concept de propriété émergente étant une notion complexe [Mobilisant celle, dialectique, de **progrès par bonds, saut brusque, conversion qualitative (Politzer, 1935)**[16]. E. J.], je ne m'attends pas à ce que cet argument soit accepté d'emblée » (sk1 51-52).

« Il y a à discuter la validité de l'application d'une **analyse classique (sans temporalité)** à la discipline économique, alors que l'économie elle-même est clairement dynamique » [Le paradigme dialectique étant marqué par la prévalence de la dynamique historique sur la statique structurale. E. J.] (sk1 59).

« Un modèle strictement monétaire du capitalisme peut être construit avec une facilité déconcertante, une fois que tous les facteurs que la théorie néoclassique ignore ont été intégrés : **le temps, le déséquilibre et les structures sociales et institutionnelles du capitalisme**…

Une **mauvaise utilisation des mathématiques a conduit ces derniers à persister dans une analyse d'équilibre statique non pertinente**. Le système social dynamique, hors équilibre, qu'est l'économie de marché, doit être analysé avec **des outils dynamiques hors équilibre** » (sk1 60).

---

[16] Georges Politzer : *Principes élémentaires de philosophie*, Editions sociales, 1972, 193, 195, 197 ; spirale, cycle : 169, 182 ; autodynamisme, contradiction, antagonisme, lutte, destruction, conflit : 173, 175, 177-178, 180, 191.

Steve Keen récupère **l'adage fameux de Keynes d'après quoi « l'équilibre est idiot »** (sk1 224), au moins en économie. Alors que ce concept est doté d'une grande valeur par exemple dans la psychologie de l'intelligence d'un Piaget.

L'histoire du concept d'équilibre en philosophie semble remonter, en métaphysique générale, au fameux principe du maximum et de minimum, formulé par G. W. **Leibniz** (1646-1716), selon lequel la création du monde par le calcul divin (*Dei calculo fit mundus*) procéderait d'après une balance qui ménagerait la production du maximum d'effets par le minimum de moyens.

À la même époque, intervient également la troisième loi ou principe de l'action-réaction d'Isaac **Newton** (1643-1727, 1687), d'après lequel « L'action est toujours égale à la réaction ; c'est-à-dire que les actions de deux corps l'un sur l'autre sont toujours égales et de sens contraires. »

Cette notion d'égalité de sens contraire de l'action et de la réaction, qui représente depuis cette époque le contenu de la notion moderne d'équilibre, devient d'abord par la suite, dans la fameuse Table des 12 catégories de la Critique de la raison pure de **Kant** (**1781**, TP 94), la troisième catégorie de la relation (n° 9) dite « de la communauté (action réciproque de l'action et de la réaction ».

Or, c'est cette catégorie cardinale de la fameuse Table des catégories de la logique transcendantale kantienne, et d'abord validée par le modèle de la dialectique classique (de Hegel 1812 jusqu'à même Politzer 1935) qui ne serait plus opérante en économie moderne.

Il se peut que l'intérêt originel de la pensée empiriste anglaise pour la notion d'équilibre, dont l'origine inconsciente se rattacherait à Newton, lui soit venu en philosophie par le canal de David Hume, dans la mesure où celui-ci prétendait de manière explicite être justement le Newton de la nature humaine (Deleuze, 1959)[17]. Et qu'il soit passé de là aux économistes de la première école classique (Walras, Jevons, Menger). Au moins cela serait-il à vérifier. Le concept d'équilibre ne serait en fait rien d'autre qu'une version affaiblie – *soft* – dans le courant de l'empirisme du concept fort – *hard* – d'action-réaction, d'interaction propre à la pensée dialectique de Kant-Fichte-Hegel-Marx-Engels-Politzer.

En **philosophie morale, la notion d'équilibre** intervient d'une certaine manière dans les conceptions métaphysiques de la vie morale, en tant que celle-ci est référée aux notions de Bien, Souverain bien, Bien absolu, dans une vision de l'univers où celui-ci apparaît comme le règne

[17] Jalley Émile : *Althusser et quelques autres, Notes de cours 1958-1959. Hyppolite, Badiou, Lacan, Hegel, Marx, Alain, Wallon*, Paris, L'Harmattan, 2014, 161.

de la finalité, comme un ordre de perfection, ou une hiérarchie d'essences. La vertu consistant alors, pour l'homme, à se conformer à cet ordre universel. Dès lors, cette vertu se confond avec le bonheur (eudémonisme) ou encore la béatitude : doctrine admise par Platon (427-347), Aristote (384-322), Épicure (342-306), Malebranche (1638-1715), Leibniz (1646-1716), Spinoza (1632-1677).

En réalité, les économistes classiques et néoclassiques admettent la même vision d'un monde bien réglé des faits économiques, régi par le **mythe d'une loi de la concurrence parfaite, assortie d'un modèle du parapluie** d'où la richesse ruisselle tout de même un peu sur les pauvres.

Ce constat nous met dans une situation intéressante et même problématique dans le champ de l'épistémologie : **un concept d'extension générale peut s'avérer valide dans un champ scientifique, mais invalide dans un champ scientifique connexe.**

Il y aurait lieu également à partir de là de distinguer entre une **dialectique faible** en psychologie (Piaget surtout, Wallon moins) et une dialectique **forte** (Marx) en économie. Le statut particulier de la dialectique hégélienne ouvrant sur l'une et l'autre descendance. La qualité d'une **dialectique freudienne,** existant incontestablement, est une question certes importante, mais dont on ne peut pas discuter ici (É. Jalley, 2006)[18].

La distinction entre deux modalités du paradigme dialectique (en psychologie et en économie) par rapport à la philosophie (Hegel) doit nous amener à évaluer la notion de « **crise** », en tant que liée à cette première question.

L'auteur lui-même nous parlera plus loin (sk1 296) d'une « dialectique eau douce *versus* eau salée ».

Plus loin (sk1 67), l'auteur S. K. dit donner raison aux critiques de l'économie classique et néoclassique, en ce qu' « **une société est davantage que la somme de ses membres individuels**, et que son comportement ne peut pas être conçu comme la simple addition des comportements des individus qui la composent... Le résultat économique de la société est substantiellement différent de la somme de ses parties... [Pour cela], il faut aller faire un tour dans les faubourgs de notre mémoire collective, à la fin du XVIIIe siècle anglais » (sk1 67).

Effectivement, le paradigme hégélien de la dialectique est naturellement « holiste » (« **Le vrai est le tout** », 1807). Cette particularité de l'holisme (le tout plus que la somme des parties) se retrouvant plus tard

---

[18] É. Jalley, *Wallon et Piaget. Pour une critique de la psychologie contemporaine*, Paris, L'Harmattan, 2006, 497 pages.

au XXe siècle dans les principes de la Gestaltpsychologie (Wertheimer, Köhler, Koffka).

L'idée opposée à l'holisme est l'élémentarisme insistant sur l'atomisme mental, et défendu par l'empirisme associationniste depuis Locke (1632-1704), Hume, Berkeley, John Stuart Mill, Spencer (1820-1903). Également par Tarde (1843-1904) pour ce qui est de l'analyse du corps social. C'est la même idée qu'exploite encore aujourd'hui le paradigme dit de l'individualisme méthodologique admis de façon non critique par les économistes de la tendance dite orthodoxe, par exemple Jean Tirole.

L'idée que le « micro » est la seule clé de la saisie du « macro », et par débordement, l'individu la clé du social – préjugé fort de l'individualisme méthodologique, doit en fait être recherchée et exhumée à partir de la philosophie médiévale.

Le franciscain **Duns Scot** (*Doctor subtilis*, 1266-1274 – 1308) soutient que l'objet essentiel de la connaissance sensible comme intellectuelle est un être concret et individuel, singulier. Suivi tout juste un peu plus tard par Guillaume d'**Ockham** (1300 – 1349-1350), qui considère que toute connaissance vraie porte sur le particulier, seul concret.

En même temps, ce parti pris de la négation des « genres » s'associe à un thème connexe, d'attestation plus ancienne, qualifié de **nominalisme** et qui consiste à affirmer que le concept, l'idée générale, n'est qu'un nom attaché à une idée particulière, voire une simple convention. Cette idée de source médiévale se prolonge selon un fil continu, à travers l'empirisme anglais et français, comme aussi le conventionnalisme plus récent, jusqu'à l'époque moderne : Roscelin de Compiègne (1050-1121), Guillaume de Champeaux (1070-1121), George Berkeley (1685-1753), David Hume (1711-1776), Étienne Condillac (1714-1780), John Stuart Mill (1806-1873), Hippolyte Taine (1828-1893), Pierre Duhem (1861-1916), Le Roy (1870-1954).

Il est intéressant de comprendre comment les vues réactionnaires et antidialectiques de l'individualisme méthodologique toujours en vogue, *always going strong* telle la figurine publicitaire du Whisky Johnny Walker (Boudon, Tirole), tirent leur généalogie d'aussi archaïques chevaux de bataille. Même Thomas d'Aquin (1225-1274), dont la *Somme* a inventé l'exposé dialectique moderne, avait déjà dépassé les limites des médiévaux cités ci-dessus.

On nous dit (sk1 156-157) que « l'absence de temps dans l'analyse est l'une des faiblesses fondamentales de l'économie conventionnelle… La règle « quand le temps demeure fixé » est invraisemblable. Même un économiste ne peut arrêter le temps. »

Effectivement, le paradigme dialectique est en soi dans le temps, car mobilisant « la genèse des structures ». De fait, « l'esprit est le temps » (Hegel, *Geist ist Zeit*).

Plus loin (sk1 403), l'auteur dit se réclamer d'une « perspective à la **Marx-Schumpeter-Keynes-Minsky** », s'agissant de modéliser l'échange triphasique entre les « trois classes » constituées par « les salariés, les capitalistes, et les banquiers ».

François Morin dit de son côté se réclamer à la fois de Marx et de Keynes (fm2, 257).

On nous dit encore qu'il existe en économie beaucoup d'« écoles de pensées alternatives » (sk1 214, 359). Ce propos nous introduit à une **dialectique des différences, susceptibles de présenter divers degrés de « force », sans être pour autant opposées comme contradictoires**.

Par exemple, à propos d'une théorie du change monétaire dite de la « parité du pouvoir d'achat » (PPA), D. Plihon (dp3, 2017 b, 46-48) nous donne les précisions suivantes très nuancées. Cette théorie du change est la plus connue à cause de sa simplicité, ce qui n'empêche pas qu'elle souffre d'importantes limites. Un grand nombre de travaux empiriques sur ce sujet ont donné des résultats contradictoires. Les hypothèses de la PPA sont validées à long terme, mais pas à court-moyen terme (de 2 à 5 ans). De plus, certaines économies, ainsi celles des pays en développement, sont rebelles à la PPA : les taux de change y sont marqués par la volatilité et une dérive tendancielle. On conclut que la notion de PPA n'est **pas une théorie explicative satisfaisante, mais qu'elle reste utile** pour effectuer des comparaisons internationales entre PIB de différents pays. Cela n'explique pas mais reste utile pour aider à comprendre, thème lié à la doctrine dite **pragmatisme**. La question épistémologique que laissent subsister de tels propos est sérieuse, tout en étant difficile à bien formuler.

Plus loin, toujours dans Plihon, on nous expose qu'il existe deux modèles explicatifs de l'« instabilité des changes » (Dornbusch 1976, Krugman 1986). En nous laissant entendre que leur **différence de principe ne les rend pas incompatibles**. La première serait d'inspiration walrassienne orthodoxe, la seconde d'inspiration keynésienne hétérodoxe serait, nous avance-t-on, « plus séduisante » (dp3 62-66).

On se trouve donc, avec de telles conceptions, en présence d'une **doctrine de la rationalité complexe (Hegel, Bachelard)**, plus riche que celle du cousin pragmatiste dont il vient d'être question, et qui exclut aussi bien l'idée d'une confirmation clairement lisible dans le réel – réclamée par l'empirisme, que celle d'une logique de l'identité non ambigüe selon le simple clivage vrai-ou-faux – conforme au rationalisme classique et non dialectique (Descartes, Kant, néokantisme).

Selon Pierre **Ivorra** (2015) :

La monnaie comporte la **contradiction d'« être certes un bien privé,** mais elle ne l'est que dans la mesure où elle est acceptée et **utilisée par des collectifs humains** » (pi 20).

« La monnaie, par sa seule existence, est une énorme épine dans les chaussures de la pensée libérale [qui ne veut « pas d'État ».] En effet, il n'y a pas de marché sans monnaie et il n'y a pas de monnaie sans État » (pi 21). Ceci en accord partiel avec Aglietta, comme vu ci-dessus.

Tel est justement le **problème avec l'euro**, qui est littéralement une monnaie sans État.

Plus loin, « Les capitaux accumulés sur les grandes places boursières ont **gonflé** comme des baudruches, **bien au-delà de la croissance de la richesse réelle et de fait contre elle** » (pi 25).

Depuis la fin des années 1960, le monde est dans une situation paradoxale… [À suivre le modèle de] l'économiste austro-américain Josef Schumpeter… l'avènement de la révolution informationnelle est contemporain d'une crise sans précédent… L'hypothèse que nous faisons avec d'autres **économistes marxistes** est que l'humanité est à une étape inédite de son histoire. » Alors que « la plupart des dirigeants politiques et des grands groupes capitalistes [avec] quelque chose de **schizophrénique**… considèrent que développer les qualifications, la formation, les savoirs des salariés et de la population, cela a un coût qui peut compromettre la rentabilité immédiate des capitaux. Cette **ambivalence** est particulièrement exacerbée dans la crise » (pi 52).

Plus loin, « le capitalisme utilise à son profit le potentiel de la révolution informationnelle, mais il l'opère sous la férule de la rentabilité financière. Il tente de maîtriser la **contradiction entre le besoin de partage d'une part, l'impératif de la concurrence** pour le profit et les critères et la culture du capitalisme d'autre part (pi 54).

Ceci encore : « selon Boccara : **la société de non-partage récupère le partage** » (pi 56).

Puis ceci : « les **mécanismes des crises cycliques** [s'expriment dans la balance qui va] de l'excès de capital à sa dévalorisation » (pi 56).

Le tome 1 du livre 3ème du Capital mobilise le concept de suraccumulation-dévalorisation du capital pour traiter du développement des **contradictions liées à la loi de la baisse tendancielle du taux de profit** (pi 57). C'est « la suraccumulation du capital, conséquence de la surexploitation du travail, qui fait baisser le taux de profit et provoque des crises de surproduction, et l'augmentation de la population au chômage…

Il paraît nécessaire d'avoir une **approche des cycles économiques, de l'ensemble des cycles**, et de leur raison d'être au sein du système » (57).

[Cette notion de cycle, corollaire de celles d'action réciproque, de rétroaction au sein d'un tout, d'une totalité, et également de celles d'alternance et de négation de la négation, est essentielle au paradigme dialectique : Hegel ayant formulé que la philosophie est un cercle de cercles, notion qui anticipe, comme vu ci-dessus, celle de spirale développée ultérieurement par Sismondi, Marx, Engels, Lénine, Politzer, Wallon, Piaget. E. J.]

Plus loin, « c'est l'expansion même de la production capitaliste qui est la **cause de ses hoquets périodiques, de ce mouvement alternatif d'expansion et de contraction, le répétant par une nécessité mécanique**. L'application de méthodes qui rendent le travail plus productif diminue la demande de travail, rétrécit de fait le marché, imprimant à l'industrie moderne ses mouvements caractéristiques de **balancier** » (pi 58).

« Avant même Le *Capital* de Marx, dès 1862, en étudiant en détail les premières crises du XIXe siècle, comme déjà dit, l'économiste français Clément **Juglar découvre les cycles d'une durée de sept à douze ans**, cycles de moyenne période tels qu'ils existent encore de nos jours. Plus tard, dans les années 1920, l'économiste marxiste russe Nicolas **Kondratieff met à jour des cycles ayant une durée d'environ cinquante à soixante ans.** » De fait, « étudiant les évolutions économiques des grands pays capitalistes de l'époque, il met en évidence l'**alternance de longues phases d'expansion et de déclin de l'activité économique d'une durée moyenne de vingt-cinq à trente ans chacune, traversées en leur sein par des crises de moyenne période répertoriées par Juglar** » (pi 58).

En outre, « cette analyse des cycles longs est prolongée par l'économiste autrichien Joseph **Schumpeter** (1883-1950) qui **centre son explication des cycles économiques sur le rôle de l'innovation**. C'est l'apparition d'innovations majeures, d'un progrès technique qui se développe par vagues successives et non de façon linéaire, stimulé par la recherche du profit, qui entraîne le développement de l'économie pendant de longues années » (pi 58-59).

Ceci dit, « durant la période d'assimilation, de diffusion et d'amortissement des nouvelles innovations, l'économie progresse. Mais la généralisation de l'innovation épuise sa capacité à assurer des profits et à promouvoir la croissance et explique le **retournement du cycle, la crise ; crise au sein de laquelle apparaissent de nouvelles innovations, points de départ d'un nouveau cycle ascendant** » (pi 59).

Plus loin, « Le besoin d'un autre système monétaire international se fait jour... Il est possible de mettre un terme à **cette captation**. Cela d'autant qu'elle **nourrit d'énormes contradictions** » (pi 69).

Ceci encore : « les premiers pas de cette union monétaire [européenne] sont en fait très ambivalents... Les pays de la CEE visent non pas à assurer la protection des intérêts des peuples européens mais le développement de leurs propres capitaux, de leurs propres groupes, **en concurrence mais aussi en association** avec ceux des États-Unis » (pi 90).

Puis ceci : « le type de relations que la Chine entretient avec ses principaux partenaires commerciaux, principalement les États-Unis et l'Allemagne, est **contradictoire** avec la nécessité pour elle de rééquilibrer son économie en faveur de la demande intérieure, de la consommation et de son développement humain » (pi 249).

Plus loin, « il s'agit de soulever le couvercle que la domination du dollar fait peser sur l'humanité. Ce règne, même s'il est devenu chancelant, est un facteur de crise pour l'ensemble de la planète. Par ailleurs, le développement chinois actuel, **à la fois sous tutelle des États-Unis et en opposition avec eux**, est lui aussi – à un moindre degré, certes – un facteur d'instabilité pour l'économie mondiale » (pi 253).

Ceci encore : « À un moment, la capitalisation boursière a été telle, comparée à l'accumulation des richesses réelles, à la production des biens et de services, que la valeur totale de leurs titres s'est effondrée. C'est ce qu'on appelle la dévalorisation du capital. **En dépit de la baisse de valeur des titres, le niveau des profits et des dividendes restant malgré tout important** permet de relever la profitabilité. » D'autre part, « le pouvoir politique offre notamment en cadeau aux stars du CAC 40 les milliards du crédit emploi-compétitivité et du Pacte de responsabilité [CICE]. C'est cette spirale qu'il faut briser » (pi 277).

Puis ceci : « Les groupes français se sont engagés dans une **spirale mortifère : avec ces opérations d'acquisition**. Certes, ils font ainsi grimper la valeur de leurs titres en bourse mais, en dopant le cours de leurs actions, ils se contraignent eux-mêmes à augmenter leurs résultats car ce qui intéresse l'actionnaire c'est la rentabilité d'un titre. Ils sont pris dans un **véritable cercle vicieux ; plus ils accumulent d'argent, plus il leur en faut** ! **Mais ce gonflement financier s'est opéré contre la croissance réelle**, l'emploi, les dépenses pour les hommes, jusqu'à ce que ce soufflé se dégonfle brutalement. C'est bien tout le système qui est malade ! » (pi 280).

Et encore ceci : « Les marchés financiers dictent leur loi mais ce sont les gestions d'entreprise qui les font roi. Il y a en quelque sorte une **dialectique savante entre les marchés financiers mondialisés et les grands groupes multinationaux** » (pi 284).

Plus loin, « Marx se prononce en faveur d'un conditionnement plutôt réciproque sans aller pourtant jusqu'au terme de sa réflexion sur le sujet…

Il y a chez lui une **conception plus dialectique qu'il n'y paraît** des relations entre les différentes facettes de cette création historique qu'est l'individualité » (pi 338).

« Dans le fameux Livre 3ème du Capital [**utilisé également par F. Morin (2017) dans sa réinterprétation de la valeur-capital**, voir pp. 68-69, 93-96 et chapitres 4 et 6. E. J.], Marx donne une base critique et analytique plus tangible, plus effective, à ses anticipations de jeunesse des voies et moyens d'une sortie par le haut du capitalisme permettant un changement de système » (pi 337-338).

Selon François **Morin** (1. 2015) :

Des affaires récentes (*Swissleaks* 2015) montrent « avec une lumière crue l'impuissance des responsables politiques face à ces mastodontes bancaires, qui se relèvent toujours indemnes des pires scandales… Aussi puissantes puissent-elles être, ces banques sont bien incapables de se protéger elles-mêmes » (fm1 131).

[Aussi fragiles que puissantes, elles sont **minées par la contradiction** d'être des colosses aux pieds d'argile. E. J.]

Selon les **Économistes atterrés** (ea1 2015) :

« La **contradiction s'approfondit** entre, d'un côté, une organisation du travail qui requiert des coopérations de plus en plus fortes entre salariés et, de l'autre, des pratiques de « management » qui organisent, au sein même des entreprises et des collectifs de travail diverses formes de concurrence entre les salariés » (ea1 53-54).

Il importe de distinguer en les opposant « deux types de déficit. Le **déficit expansionniste** : lorsque c'est nécessaire, le déficit public initial permet de relancer l'activité, ce qui engendre finalement un surcroît de recettes (l'État « gagne ce qu'il dépense »). Le déficit **récessif** : les politiques d'austérité budgétaire, en plombant l'activité, creusent les déficits par défaut de recettes » (ea1 113).

Selon Michel **Aglietta** (2016) :

Avec la crise systémique de 2007, « c'est l'impossible qui s'est déchaîné, non pas à cause d'un méga-événement exogène, mais parce que **la spéculation a rongé de l'intérieur et de manière endogène** tout sens du raisonnable et toute barrière à l'appel du lucre » (ma 11).

Plus loin, « la manière dont la coordination s'opère grâce à la monnaie ne fait pas de l'équilibre l'alpha et l'oméga de la connaissance en économie. Il faut au contraire penser l'économie **en termes de résilience, domaines de viabilité, bifurcations et crises** » (ma 14).

Ceci encore : « la **monnaie est ambivalente**... L'économie n'est pas coordonnée par la figure de l'équilibre... La monnaie est le concept le plus fondamental de l'économie » (ma 16, 26).

[La monnaie met en jeu une **dialectique non pas de l'équilibre, mais du déséquilibre**. E. J.]

Et ceci : « la contradiction entre la prétention du capital à l'universalité et la pluralité indépassable des souverainetés dans l'ère historique où se déploie le capitalisme est indépassable » (ma 18).

[On nous dit clairement ici que **certaines contradictions sont indépassables, c'est-à-dire ne trouvent pas de synthèse**. E. J.]

Plus loin, « Comment se fait-il qu'une société supposée fondée sur la souveraineté de l'individu **se transforme en son contraire**, la dictature du marché ? » (ma 32).

Plus loin, « pour Robert Lucas (1972)... l'équilibre est toujours optimal, la politique macroéconomique [holistique] n'a pas lieu d'être... Ce sont les fameuses politiques « structurelles » dont les dirigeants européens sont friands, ainsi que la Commission européenne... On peut alors simuler des modèles qui engendrent des fluctuations cycliques appelées « cycles de productivité » » (ma 39).

[L'« équilibre » et la « structure » sont des notions relevant de la **composante statique, molle, verticale, inerte du NRD** (noyau rationnel de la dialectique). Les politiques européens actuels persistent à gouverner encore d'après des modèles économiques datant des années 1960-1970 (Debreu, Barre). E. J.]

Ceci encore : « La **cathédrale dogmatique** appelée économie pure nous met devant un paradoxe de taille. Dans toute cette élaboration de l'équilibre, qui va de la transcendance des prix à la transcendance du futur, il n'a jamais été question de monnaie. **L'économie pure est entièrement amonétaire** » (ma 40).

Puis ceci : « La marchandise porte une **tension entre le privé et le social** qui résulte de la séparation des activités humaines. La monnaie **réunit ce qui est séparé** » (ma 45).

Du fait de la liquidité et de la confiance qui en résulte, « il y a une **différence de nature et non de degré** entre la monnaie et les autres formes de la richesse » (ma 66).

Il existe un paradoxe lié à l'« ambivalence » de la monnaie, en tant qu'elle est à la fois **un bien public et un objet d'appropriation privée** (ma 67-68).

Il existe « une **tension irréductible** dans la formation des désirs entre le singulier et l'universel, le subjectif des promesses et l'objectif des contraintes ; d'où la conception impérieuse de la confiance éthique que Georg Simmel (1858-1918) partageait avec Carl Menger (1840-1921) et l'École autrichienne [en économie] » (ma 71).

La « **dimension horizontale** des paiements » qui réalise le règlement des dettes privées s'ajuste à la « dimension **verticale** de l'appartenance au « tout social » », identifiable comme « une confiance éthique » (ma 73).

[C'est la **coordination des deux axes vertical et horizontal de la métaphore et de la métonymie** qui justement exhibe le modèle fondamental du « noyau rationnel de la dialectique » (NRD). E. J.]

« C'est le génie de Keynes d'avoir tiré les leçons politiques de l'ambivalence de la monnaie » (ma 80).

Plus loin, « Les grandes transformations historiques ne sont font pas sans **crises par lesquelles les mutations s'opèrent** [Il y aurait des crises fécondes, vitales et des crises stériles, létales. E. J.]. Les crises monétaires sont des moments privilégiés pour révéler la nature de la monnaie, notamment ses liens avec la souveraineté… Des crises ont fait advenir des mutations majeures dans les trajectoires de la monnaie » (ma 97-98).

Ceci encore : « La **contradiction** entre la tentation de l'arbitraire que permet le pouvoir souverain sur la monnaie et la légitimité de ce pouvoir au nom du bien commun qu'est l'identité collective a traversé l'histoire de la civilisation occidentale » (ma 107).

Et encore ceci : « Lorsque l'ordre monétaire facilite l'essor d'un capitalisme commercial et financier international, il est corrodé par la force destructrice du désir privé de richesse. **Cette contradiction préoccupait au plus haut point Aristote**… Aristote se préoccupait beaucoup de l'ambivalence de la monnaie » (ma 109).

Puis ceci : « **Confiance et méfiance sont dans un rapport dialectique** » (ma 113).

Plus loin : « La dévaluation de la livre tournois [créée par Louis IX] révélait la **contradiction entre la régulation de la monnaie et les besoins financiers de l'État**. Elle devint l'enjeu de conflits sociaux aigus » (ma 125).

Puis ceci : « Les époques de dépréciation accélérée sont interrompues par des périodes de stabilité monétaire. **L'ordre et le désordre** paraissent se succéder. Les époques d'ordre stoppent l'emballement monétaire et repoussent l'échéance » (ma 126).

Et encore ceci : « **L'alternance** des périodes de dépréciation des unités de compte et des périodes de stabilité se trouvent probablement dans les **cycles de longue durée** qui rythment l'histoire de l'Europe à partir de l'an mil » (ma 129).

[Ce qu'apprend donc l'histoire des faits économiques, c'est l'existence de cycles historiques d'étendue plus ou moins longue (Kondratiev). Hegel avait déjà cette idée, mais n'était pas capable de la fonder scientifiquement. Cette idée existe déjà dans une certaine mesure dans les spéculations grecques sur les « âges » de l'humanité, en particulier dans le *Politique* de Platon. E. J.]

Plus loin, « Au point de vue de la formation des principes de souveraineté, il est clair qu'on est dans **un processus évolutionnaire où les contradictions sont explicites** et débattues dans des instances qui permettent de les dépasser… Tocqueville, Rawls » (ma 150).

« Le risque systémique qui a est associé à la centralisation des paiements est une **contradiction** qui a été résolue par la formation d'une structure hiérarchique avec pour pivot la banque centrale s'imposant comme banque des banques » (ma 155-156).

Puis ceci : « L'époque dite bienheureuse du XIXe siècle fut parcourue de **crises financières abominables**… et comme c'est toujours le cas dans toute avancée de la globalisation » (ma 163).

Et encore ceci : « En ce début du troisième millénaire, le monde est entré dans **une crise extraordinaire d'amplitude et de durée**, puisqu'elle est à la fois financière, sociale et environnementale… De bourgeoises qu'elles étaient au XIXe siècle, les nations capitalistes sont devenues salariales dans la seconde moitié du XXe siècle, après des décennies de convulsions où des nations se recommandant de **principes contradictoires de souveraineté** se sont affrontées dans des guerres sans merci » (ma 166-167).

Plus loin : « les caractéristiques des pièces et des billets sont **opposées** à celles des moyens de paiement adossés à des réseaux organisés : décentralisation contre centralisation, anonymat contre identification, liquidité autoportée contre liquidité déposée, marque souveraine contre signature privée » (ma 170-171).

Puis encore ceci : « Les crises financières systémiques engendrent de **longues périodes de marasme** parce qu'elles annoncent des mutations profondes dans les régimes de croissance, appelées révolutions industrielles » (ma 199).

« Considérons les **effets contradictoires** d'une période prolongée d'étroitesse dans un royaume [de Louis XIV à Louis XVI]… Les **contradictions profondes** de la France ne pouvaient pas être surmontées sans un changement radical de souveraineté… Law ne pouvait pas accomplir cela » (ma 220, 232).

C'est « le péché originel de l'indépendance des États-Unis, c'est-à-dire les **aspirations contradictoires** à l'autonomie des États et à l'unité fédérale de la nation, qui hante la politique intérieure américaine jusqu'à nos jours » (ma 243).

En fait, « tout système monétaire est soumis à **l'ambivalence** de la monnaie. La liquidité est à la fois le pivot unificateur du système de paiements et un objet de désir privé illimité. **Cette contradiction** est surmontée par la confiance hiérarchique qui tient en respect le désir d'appropriation immédiate de la richesse liquide. Les crises monétaires sont des situations dans lesquelles cette confiance est rompue » (ma 245).

De fait, « le mouvement de l'ensemble des prix perd tout lien avec les conditions réelles de la production. Il devient à la fois **la cause et l'effet [causalité rétroactive**, E. J.**] d'une spirale** qui s'auto-entretient de plus en plus vite… La spirale inflationniste prend de l'ampleur… L'inflation et la dépréciation du *Deutsche Mark* commencèrent leur spirale conjointe » (ma 246-247, 250).

Par ailleurs, « l'hyperinflation nominale est aussi une hyperdéflation réelle **en totale contradiction avec la théorie quantitative de la monnaie** et sa neutralité monétaire sur l'économie réelle » (ma 252).

[**La contradiction peut exister au sein du réel lui-même, par ailleurs entre le réel et l'esprit qui la théorise, et aussi entre les différentes conceptions théoriques**.]

Il a existé une « spirale hyperinflationniste » dans les économies latino-américaines des années 1970-1990 (256). Il s'agissait de briser « l'effet de circularité » (ma 259). L'Argentine et l'Équateur se sont distingués par « le caractère ultra-radical de la **stratégie de sortie de la spirale hyperinflationniste** » (ma 260).

Il existe un « **schéma circulaire typique des crises autoentretenues** » (ma 267).

Il s'agit de savoir « comment conduire la politique monétaire dans des **sociétés conflictuelles où les médiations ne fonctionnent pas** » (288).

« Le *risk management* consiste à **tenir compte des déséquilibres financiers** dans la conduite de la politique monétaire » (ma 294).

L'étalon-or à l'âge classique et le système de Bretton Woods dans la société salariale étaient « deux systèmes différents par les règles qui les définissaient et [par] les **contradictions qui les ont emportés** » (ma 314).

« Il est difficile de trouver plus **opposés les traits fondamentaux** des deux globalisations financières, celle qui s'est déployée dans la seconde partie du XIXe siècle, l'âge d'or du capitalisme, et celle qui s'est répandue à partir des années 1980 » (ma 326).

La contrainte de contrôle des capitaux par les autres pays, dans le système de Bretton Woods, « entre **en conflit** avec la volonté des entreprises américaines d'exporter leur capital » (ma 348).

Ceci étant, « les **forces contradictoires** de la licence donnée au capital financier de se déplacer sans limite et des besoins de développement durable des pays ne peuvent que s'exacerber, finissant par provoquer une dégénérescence du semi-étalon dollar » (ma 377).

D'ailleurs, « le système quasi homogène qu'est devenu le SMI inondé par la surabondance de dollars **peut se retourner en son contraire**, un système fractionné de monnaies nationales ou de groupes de monnaies nationales, dont la concurrence pour la liquidité internationale devra être restreinte pour éviter l'indétermination des taux de change » (ma 423).

Ainsi : « Expression de la valeur, la monnaie est **une dans la pluralité** de ses formes » (ma 436).

En outre : « La **centralisation et le fractionnement** sont en interaction pour que la monnaie fasse ce qu'elle doit faire, c'est-à-dire que la liquidité soit vraiment acceptée… » (ma crit.)

Donc : « Une **verticalité – complément nécessaire à l'horizontalité** des relations économiques et garante de la cohérence sociale » (ma crit.).

Jean **Tirole** (2016) :

Dont l'adhésion de fait au paradigme orthodoxe est manifeste, a tendance à réduire toutes les questions de la dialectique économique à la notion d'équilibre sur laquelle il propose quelques remarques sans surprise.

On nous dit que les anticipations des agents économiques sont rationnelles si « leurs stratégies sont en « équilibre » (parfois appelé « équilibre de Nash », qui en 1950 développa la théorie générale de ces équilibres » (jt 152).

« Dans la dynamique des interactions… le concept d'équilibre est appelé en jargon économique l' « **équilibre parfait** ». Dans un équilibre parfait, chaque acteur est lucide quant aux conséquences de ses actes sur les comportements futurs des autres acteurs…

De telles situations sont étudiées grâce au concept d'équilibre bayésien parfait… ce qui amène à la théorie de l'information » (jt 157).

« La notion d'équilibre de Markov parfait est aujourd'hui utilisée de façon routinière par les économètres qui tentent d'analyser et de mesurer les comportements dynamiques d'entreprises en concurrence les unes avec les autres.

Avec Drew Fudenberg, aujourd'hui professeur au MIT et comme moi premier étudiant d'Eric Maskin, j'ai affiné la notion d' **équilibre bayésien parfait** » » (jt 162).

« Les *communs* posent de façon nouvelle la question des droits d'usage, de la mutualisation des activités en dépassant celle de la **complémentarité et l'opposition** des interventions publiques et privées » (jt crit.)

François **Morin** (2. 2017) :

Propose d'étudier « la valeur-capital et son cycle organique » en faisant appel à « une double comptabilisation, **en synchronie d'une part, et en diachronie d'autre part** » (fm2 54), donc selon les deux axes de coordonnées caractéristiques du NRD (noyau rationnel de la dialectique).

Il s'agit d'étudier les « transferts internes » et les « transferts externes » de valeur (fm2 57).

On va retrouver plus loin la question de la valeur.

Avec une monnaie commune, tous les États retrouvent ou conservent leur souveraineté monétaire (ce qui n'est évidemment pas le cas avec une monnaie unique [telle que l'actuel euro]) (fm2 221).

Donc **une monnaie unique coexistant avec des monnaies différentes**. On y reviendra plus tard dans le chapitre 10.

Steve **Keen** (2. 2017) :

Dans son deuxième et tout récent ouvrage (2. 2017) aborde de question frontale et positive la question de la pensée dialectique en économie :

« Un concept que la pensée orthodoxe s'est toujours efforcée d'éluder est **la complexité** [**autre nom « moderne » de la dialectique**. E. J.]

Dans les sciences dures, cela fait bien longtemps qu'on a découvert que des phénomènes d'ordre supérieur ne peuvent être extrapolés directement des systèmes d'ordre inférieur. L'étude des systèmes complexes appelle cela la question de l' **« émergence »** » ; or, « celle-ci postule que les caractéristiques majeures d'un tel système sont **déterminées par les interactions** entre ses diverses composantes, et non par les propriétés d'une seule composante prises isolément. »

[C'est le **saut qualitatif** de Marx, Engels, Politzer. E. J.]

« Ce ne sont pas les comportements des molécules H2O individuelles qui créent les merveilleuses propriétés de l'eau, mais les interactions entre de multiples molécules H2O identiques » (sk2 63).

[Les vues de l'école classique et néoclassique en économie, toujours vivaces chez les auteurs plus ou moins « orthodoxes » s'appuient sur un atomisme social (individu→ société) directement calqué sur l'atomisme représentationnel (sensation→perception→image-concept) propre à l'empirisme associationniste des XVIIIe-XIXe siècles : David Hume (1711-1776), David Hartley (1705-1757), James Mill (1773-1836), Stuart Mill (1806-1873), Thomas Brown (1778-1820), Alexandre Bain (1818-1903), Herbert Spencer (1820-1903), Hippolyte Taine (1828-1893 : « L'esprit est un polypier d'images »), Dugald Stewart (1753-1828), Harald Høffding (1843-1931), Pierre Maury (1890-1956), Jules-Bernard Luys (1828-1897).

De telles vues persistent en « psychologie » plus ou moins chez Élie Rabier (1846-1932), Victor Brochard (1848-1907), Théodule Ribot (1839-1916), Wilhelm Wundt (1832-1920), William James (1842-1910), James Mark Baldwin (1861-1934), Édouard Claparède (1873-1940), Edward Bradford Titchener (1867-1927), Howard C. Warren (1867-1934), etc., d'après Cuvillier, *Manuel de psychologie*, tome 1, 336-342, 1947.

La carrière d'Henri Bergson (1849-1951) a débuté par une critique vigoureuse de cette psychologie philosophique associationniste avec son *Essai sur les données immédiates de la conscience* (1889). Les radotages contemporains anglo-américains sur l'individualisme méthodologique ne font que suivre de façon inconsciente et passive cette tradition éculée. Il faudrait en finir avec cette histoire d'un conservatisme atterrant. E. J.]

Jean-Yves **Capul** et Olivier **Garnier** (2017) :

« Le marché à terme ne peut fonctionner que si l'agent qui cherche à se protéger rencontre face à lui un autre agent qui fait **un pari inverse** sur l'évolution des taux d'intérêt » (cg 22).

Plus loin : « Le capital est un **stock**, par opposition aux revenus qui sont des **flux** » (cg 28).

Ceci encore : « Sur le marché du travail, la confrontation de l'offre et de la demande conduit à déterminer deux grandeurs : Le salaire et le niveau d'emploi. La théorie néoclassique utilise ce mécanisme de marché pour démontrer que le chômage ne peut être durable. Il suffit en effet de diminuer les salaires pour que la demande de travail des entreprises s'accroisse et fasse disparaître le chômage. » Cependant, « les économistes keynésiens ont cependant contesté ce mécanisme car une baisse des salaires réduit le pouvoir d'achat et donc la demande qui s'adresse aux entreprises de telle sorte que celles-ci ne sont nullement incitées à embaucher, pour accroître leur production. Le chômage résulte au contraire d'une insuffisance de la demande effective » (cg 49).

On envisage à présent un point d'importance : « **Marxisme** [La doctrine marxiste est assez bien connue du public. Nous avons pris le risque d'en produire ici un résumé un peu précis par souci d'utilité et de clarification pédagogique à l'égard de l'ensemble de notre propos. E. J.]

« Le marxisme peut être défini, dans un sens strict, comme l'ensemble des thèses exposées par le philosophe allemand Karl **Marx** (1818-1883). S'il est impossible de séparer le marxisme de l'utilisation qui a été faite de cette doctrine au cours du XXe siècle, on ne présentera cependant ici que la composante économique de l'œuvre de Marx. »

Or, « Karl Marx a été un philosophe et un militant révolutionnaire. Aussi, la prudence dans l'analyse s'est-elle souvent effacée devant la doctrine politique. Pourtant, l'œuvre de Marx est loin de présenter une vision unique de la réalité, une orthodoxie précise. Au contraire, la diversité de ses travaux, historiques, économiques, politiques, philosophiques, témoigne du caractère ouvert de ses réflexions. » De la sorte, « son œuvre majeure qui concerne l'économie, *Le Capital* (1867, pour une partie de l'ouvrage) est restée inachevée. L'analyse du capitalisme n'a donc pas conduit Marx à fournir des éléments définitifs. En particulier, il met en évidence **non des lois de développement inéluctables, mais seulement des tendances, susceptibles d'être infirmées par des mouvements inverses.** » Le marxisme se propose comme :

« **Une interprétation économique de l'histoire** :

Les modes de production :

Chaque société peut se caractériser, à un moment donné, par son mode de production. Celui-ci désigne la combinaison de deux éléments qui sont les forces productives et les rapports de production.

Mode de production : Combinaison des forces productives et des rapports de production qui permet, dans l'analyse marxiste, de caractériser une société donnée à un moment de son histoire. »

Tout d'abord, « les forces productives regroupent les instruments de production, la force de travail, physique et intellectuelle, des hommes, les objets du travail, les sciences et les techniques en vigueur, l'organisation du travail. À l'occasion de cette activité de production, les hommes nouent entre eux des relations sociales que Marx appelle précisément des rapports de production. » Plus précisément, « les rapports de production correspondent aux rapports de propriété des moyens de production (machines, usines, etc.) et permettent de donner une définition des classes sociales selon la place qu'elles occupent par rapport à la propriété de ces moyens.

Forces productives : Ensemble des éléments qui assurent, à un moment donné, l'existence et le développement des activités productives.

Rapport de production : Relations sociales et juridiques qui accompagnent les forces productives. »

Ainsi donc, « au lieu de parler de régime économique ou de structure sociale à une époque donnée, Marx utilise la notion de mode de production. Il peut alors distinguer les étapes de l'histoire humaine en déterminant quatre modes de production :

- le mode de production asiatique se caractérise par des sociétés quasi esclavagistes dans lesquelles la population est subordonnée à l'État, qui est relativement développé, centralisé et fort » ; par ailleurs :

« - le mode de production antique est caractérisé par l'esclavage ;

- le mode de production féodal est défini par le servage, la société étant divisée en deux camps antagonistes, les seigneurs et les serfs ;

- le mode de production capitaliste ne se distingue pas par la propriété des moyens de production, mais par le salariat qui assimile le travail des hommes à une marchandise qui peut être achetée et vendue. » Envisageons :

« **La dynamique des modes de production** :

Pour Marx, le mouvement de l'histoire s'explique par les **contradictions entre les forces productives et les rapports de production**. Dans un mode de production, **les forces productives représentent un élément dynamique** comme le montrent l'histoire des découvertes, les inventions, les progrès de la division du travail, la rationalisation de la production, etc. » Mais « comme **les rapports de production sont, en revanche, relativement stables et immuables**, il arrive un moment où ils entravent le développement des forces productives.

Le schéma peut ainsi expliquer le passage du mode de production féodal au mode de production capitaliste. » De la sorte, « la naissance de l'industrie moderne avec les manufactures et le développement de l'économie marchande sont venus peu à peu buter sur des rapports de production figés (division de la société en ordres, corporations qui entravaient la liberté du commerce et du travail). En effet, comme le rappelle Marx, « les conditions féodales de la propriété ne correspondaient plus aux forces productives déjà développées. Elles se transformaient en autant de chaînes. Il fallut les briser, elles furent brisées ». »

Ceci étant, « le même processus doit, selon Marx, conduire du mode de production capitaliste au mode de production socialiste ou communiste. À travers une série de crises, le capitalisme doit peu à peu s'effondrer pour laisser la place au socialisme (à chacun selon son travail), puis au communisme (de chacun selon ses capacités, à chacun selon ses besoins) caractérisé par l'abolition de l'État, des classes sociales et de l'exploitation de l'homme par l'homme. » Par ailleurs :

« Communisme : Notion marxiste caractérisant une société débarrassée des hiérarchies sociales et de l'exploitation de l'homme par l'homme.

Le matérialisme historique :

Ce schéma d'analyse a reçu le nom de matérialisme historique. Il s'agit d'abord d'un matérialisme car ce sont les conditions matérielles, c'est-à-dire la base économique de la société, qui expliquent le mouvement de l'histoire. » Ainsi, « ce ne sont donc pas les idées qui mènent le monde, mais les contradictions qui naissent au sein du mode de production de chaque société (contradictions qui assurent aussi le développement de la lutte des classes). » Aussi « Karl Marx est-il ainsi amené à opposer l'infrastructure d'une société (son mode de production) et sa superstructure qui comprend l'organisation juridique (le droit), l'organisation politique (l'État, les partis), le système de valeurs (la religion, l'idéologie, etc.). Une superstructure caractérise donc tout mode de production, mais elle en est le reflet, la conséquence. » Par ailleurs :

« Matérialisme historique : Doctrine explicative de l'évolution des sociétés humaines fondée sur les caractéristiques matérielles, c'est-à-dire économiques, de ces sociétés.

Ce matérialisme peut être qualifié en outre d'historique car Marx montre comment les modes de production se sont nécessairement succédé dans l'histoire. Il s'agit cependant de l'histoire occidentale, le mode de production asiatique ne constituant pas une étape de l'histoire de l'Occident. » D'ailleurs, « ce mode de production se révèle intéressant car, en raison de son fondement sur l'exploitation de la société entière par l'État ou la classe bureaucratique, il a pu être appliqué autant à l'Égypte pharaonique qu'aux anciens pays socialistes caractérisés par la propriété collective des moyens de production (analyse du sociologue Karl Wittfogel dans *Le Despotisme oriental*, 1984). » On examine à présent :

« **L'analyse du système capitaliste** :

Le mécanisme de l'exploitation et la plus-value :

Selon Marx, la société capitaliste est divisée en deux classes antagonistes. C'est la propriété privée des moyens de production qui est à l'origine de cette organisation économique et sociale : ceux qui possèdent des moyens de production (la bourgeoisie ou les capitalistes) dominent et exploitent ceux qui ne possèdent que leur travail, leur « force de travail » (les prolétaires et le prolétariat, c'est-à-dire la classe ouvrière). Cette capacité de travail est donc une simple chose, une marchandise comme une autre. » Enfin :

« Bourgeoisie : Dans l'analyse marxiste, classe sociale qui possède les moyens de production.

Force de travail : Capacité de travail que les ouvriers vendent au propriétaire des moyens de production. »

Ceci dit, « selon la théorie marxiste, les capitalistes achètent cette force de travail contre un salaire de subsistance (qui assure juste la survie des ouvriers, c'est-à-dire l'entretien et la reproduction de leur force de travail), mais ils opèrent surtout un prélèvement sur la valeur créée par le travail de ces ouvriers. » En fait, « la force de travail peut fournir davantage de travail qu'elle n'en coûte. Rappelons que **Marx, comme certains économistes classiques (Ricardo, par exemple), considère le travail comme l'unique source de la valeur des biens produits**. » Selon lui, « la différence entre la quantité de travail fournie par les ouvriers et la quantité de travail juste nécessaire au paiement de leurs salaires revient au capitaliste : c'est la plus-value. Elle résulte donc de la propriété privée des moyens de production et de l'exploitation des salariés. » Donc :

« Plus-value : Dans l'analyse marxiste, différence entre la valeur créée par la force de travail des ouvriers et la valeur que cette force de travail coûte au capitaliste (salaire des ouvriers).

Les contradictions du système capitaliste :

Mais, selon Marx, le capitalisme est un système dans lequel se développent des contradictions qui peuvent l'amener à disparaître. Il existe ainsi une contradiction entre capitalistes et prolétaires, mais aussi au sein même de la classe des capitalistes. » Donc :

« Capitalisme : Système économique caractérisé par la propriété privée des moyens de production ainsi que par la nécessité d'accumuler sans cesse du capital (utilisation des profits pour investir et développer la production).

L'essence du capitalisme réside dans le réinvestissement des profits (les marxistes parlent, à ce propos, d'accumulation), mais le développement illimité de la production s'oppose aussi au pouvoir d'achat de plus en plus limité des salariés (phénomène de paupérisation). » Dès lors, « apparaissent régulièrement des crises de surproduction. Marx montre ainsi que les crises sont des phénomènes nécessaires de remise en ordre.

Il met aussi en évidence une **« loi » de la baisse tendancielle du taux de profit.** » En effet, « les capitalistes utilisent, en effet, de plus en plus les machines (effet du progrès technique et du réinvestissement des profits dans l'acquisition de moyens de production toujours plus nombreux), ce qui traduit une suraccumulation du capital. Mais, dans le même temps, la rentabilité des capitaux diminue car la plus-value, donc les profits baissent en raison du remplacement des travailleurs par les machines. » Envisageons à présent :

« **L'analyse marxiste aujourd'hui** :

Sans réduire le marxisme à un économisme (tout s'expliquerait par l'économie et non par les idées, les valeurs, les sentiments) ou à un déterminisme (la révolution et la victoire du prolétariat seraient l'unique issue du capitalisme), force [serait] de reconnaître le caractère erroné de l'analyse marxiste de la plus-value. » De fait, « en refusant d'admettre le rôle spécifique de l'entrepreneur justifiant une rémunération particulière (combiner les facteurs de production, prendre des risques, etc.), Marx fait du profit le résultat de la seule exploitation des ouvriers. C'est sur ce postulat que repose toute son analyse de l'exploitation et de la lutte des deux classes (bourgeoisie et prolétariat). »

Cependant, « l'analyse marxiste conserve un intérêt pour décrire le système capitaliste. Le bouleversement perpétuel nécessaire des activités productives, l'extension sans limites de l'économie marchande et l'**aliénation** de l'homme de la société capitaliste, dépossédé de ses moyens de production, de sa production et, finalement, de son être (impossibilité de se sentir concerné par ce qu'on fait) sont des aspects des analyses de Marx qui restent d'actualité » (cg 290-294).

« Une dernière critique importante de la politique budgétaire, liée elle aussi au financement d'un déficit, concerne le problème de la dette. Plusieurs années de déficits budgétaires peuvent conduire à une accumulation de la dette publique (en cas de financement par l'emprunt). Un risque important apparaît alors, celui d'un **effet boule de neige de la dette. Il s'agit du cercle vicieux** suivant » : c'est qu' « une dette importante implique le versement d'intérêts considérables aux épargnants créanciers de l'État. Le poids de ces intérêts, qui sont une charge, c'est-à-dire une dépense du budget, aggrave le déficit et conduit à un nouvel endettement public qui, à son tour, conduira à un niveau d'intérêts encore plus important, etc. » (cg 351).

Plus loin : « Les caractéristiques des valeurs mobilières :

Le choix des épargnants en faveur des actions ou des obligations prend en compte quatre critères : la sécurité, la rentabilité, la liquidité et la fiscalité. Investir en Bourse consiste alors à faire un **arbitrage entre ces critères parfois opposés** » (cg 527).

Plus loin : « **Les variations des cours des valeurs mobilières** :

On met en évidence un mécanisme général des cours (valable aussi pour les actions, par effet de contagion) :

hausse des taux → baisse des cours,

baisse des taux → hausse des cours.

Les perspectives économiques de baisse des taux d'intérêt sont donc favorables à la Bourse tandis que les risques de hausse dépriment la Bourse » (cg 530).

Plus loin : « **Chocs d'offre et chocs de demande :**

- Comment les chocs d'offre et de demande affectent-ils l'activité économique ?
- Faut-il un choc d'offre ou de demande pour relancer la croissance ?
- Les chocs d'offre et les chocs de demande sont-ils équivalents ? »

De fait, « les économistes évoquent de plus en plus souvent les notions de chocs, du **choc fiscal** (hausse ou baisse brutale et massive des prélèvements) au **choc astral** (conjonction favorable des planètes avec un niveau peu élevé des prix du pétrole, de l'euro et des taux d'intérêt en 2015-2017), pour désigner une situation, provoquée ou subie, qui a un fort impact sur l'activité des agents économiques. » En réalité, « ce sont surtout les chocs d'offre et de demande qui retiennent l'attention, quoique ces notions permettent davantage de décrire une situation ou une action que de l'analyser. »

Ceci dit, « on parle davantage des chocs d'offre et de demande pour stimuler la croissance, qu'il s'agisse de soutenir le **pouvoir d'achat des ménages** (choc de demande) ou d'**accroître l'activité des entreprises** (choc d'offre), grâce notamment à une **baisse du coût du travail ou de la fiscalité**. Par exemple, le **CICE** (crédit d'impôt pour la compétitivité et l'emploi) constitue un choc d'offre visant à améliorer la compétitivité des entreprises et leur capacité à investir en restaurant leurs marges (profits). » Toutefois, « les analyses économiques montrent que l'impact de cette hausse des taux de marge (excédent brut d'exploitation en pourcentage de la valeur ajoutée) sur l'investissement est lent tandis que la hausse de l'activité économique (valeur ajoutée des entreprises) a un effet bien plus important à court terme. » En outre, « la mise en place du CICE peut aussi conduire à un choc de demande, négatif, puisque son financement repose sur une baisse des dépenses publiques et une hausse de la fiscalité pesant sur les ménages (TVA et fiscalité écologique). » De fait, « les études économétriques *expost* permettent de mesurer ces **effets contradictoires** et l'OFCE a ainsi mis en évidence un effet récessif à court terme de cette mesure (multiplicateur budgétaire plus élevé à court terme tandis que les mesures sur l'offre ont un impact maximal à plus long terme). »

Enfin, « le « **choc astral** » est à la fois un choc d'offre et un choc de demande [**Cas où les opposés sont compatibles mais sans résultat positif convaincant.** E. J.] car il favorise simultanément les marges des entreprises et la consommation des ménages. Mais il n'a pas eu le même impact que par le passé, la croissance demeurant faible (autour de 1 %). » À ce propos, « certains pensent que des **freins structurels** [(**structure vs conjoncture**). E. J.] plus profonds constituent des obstacles à la reprise de la croissance tandis que d'autres mettent en évidence un choc de demande négatif avec une réduction excessive des déficits budgétaires en Europe dans un contexte mondial de croissance ralentie » (cg 538).

Plus loin : « **Mondialisation et démondialisation :**

- Le nouveau contexte international conduira-t-il à un recul de la mondialisation ?
- Quelle est la nature de la démondialisation ?

L'élection présidentielle de D. Trump, la victoire du Brexit et la montée des populismes conduisent les pays riches à s'interroger sur les **effets de la mondialisation** alors que les pays émergents et la Chine s'en font désormais les plus ardents défenseurs. Les responsables politiques des premiers relèvent que si l'écart de richesse entre pays pauvres et pays développés s'est réduit grâce à une croissance tirée par le libre-échange, les inégalités au sein même des pays riches se sont accrues. »

Par ailleurs, « pour certains économistes, **le libre-échange n'est pas irréversible** comme l'a montré la première mondialisation, à la fin du XIXe siècle, portée par le développement du chemin de fer, des transports maritimes et d'une intégration financière internationale : au cours des années 1930, le commerce mondial a été divisé par 3 en valeur. Pour d'autres, la mondialisation est au contraire un **processus inéluctable** dont seuls les effets néfastes peuvent être atténués. » À ce propos, « les menaces protectionnistes lancées par le nouveau président américain ne peuvent aller bien loin, excepté quelques secteurs, fortement soumis à la concurrence chinoise, comme l'acier par exemple. Pour Pascal Lamy, ancien directeur général de l'OMC, c'est la mondialisation qui protège de la démondialisation car il serait trop coûteux de défaire l'enchevêtrement de relations clients-fournisseurs qui caractérise désormais la chaîne mondiale de production.

La mondialisation est pourtant un processus qui connaît un **net ralentissement** depuis de nombreuses années. » Pendant « longtemps, le commerce mondial a progressé deux fois plus vite que la croissance des PIB. **Depuis 2008, les échanges mondiaux progressent faiblement tandis que l'on assiste à l'émergence de grands blocs régionaux. Avec la réduction des écarts de salaires** entre les pays riches et les pays pauvres, la **fragmentation des chaînes de production** entre plusieurs pays se ralentit et des relocalisations ont lieu. » En outre, « on observe également un **ralentissement des mouvements de capitaux** depuis la crise de 2008, les institutions financières et bancaires diminuant les prêts qu'elles se font entre elles. Enfin, la Chine recentre son développement sur son marché intérieur. »

Donc, « la démondialisation est donc un phénomène multiple : à la fois force puissante déjà à l'œuvre dans le monde depuis la crise, mais aussi contestation des excès de la mondialisation. Toutefois, la mondialisation continue à progresser dans de nouveaux domaines, comme le tourisme ou l'économie numérique » (cg 540).

Plus loin, « **Politique budgétaire et politique monétaire** :

• Comment s'articulent politique budgétaire et politique monétaire selon **les situations et les stratégies des grandes zones** (États-Unis, Union européenne) ?

• Quelles sont les évolutions récentes de ces stratégies économiques des grands pays ?

L'efficacité d'une politique économique repose sur la combinaison des politiques monétaires et budgétaires, ce qu'on appelle le ***policy mix***. Ces **politiques peuvent jouer dans le même sens (une relance de l'économie) ou être contradictoires [Type dialectique où les opposés peuvent être en certains cas compatibles (Kant, Hegel)**. E. J.], avec une politique monétaire qui **soutient l'activité** et une politique budgétaire qui contribue à **réduire la demande**. » Or, « c'est clairement la situation des pays de la zone euro depuis la crise de 2008 : la politique de la BCE vise à lutter contre les menaces de déflation en acceptant des taux d'intérêt quasiment nuls et en accordant aux banques des liquidités considérables tandis que les États mènent des politiques de restriction budgétaire. »

Toutefois « cette présentation doit être nuancée, à plusieurs titres. Les objectifs de ces deux politiques peuvent être parfois différents. La stratégie monétaire de la BCE a d'abord cherché à **écarter une crise financière** des pays en difficulté. Ensuite, **la politique monétaire relève d'une institution européenne indépendante** alors que **les politiques budgétaires relèvent des stratégies nationales** ainsi que des accords passés entre les États membres (Pacte de stabilité et de croissance). » Pour finir, « les situations divergent fortement entre les pays européens, notamment entre ceux qui ont réalisé des excédents budgétaires et ceux qui ont échappé de justesse à des sanctions de la Commission européenne pour déficits excessifs (**la France en 2015**).

Ceci étant, « la combinaison et le dosage entre ces deux politiques peuvent également varier au cours du temps. Dans la zone euro, les entreprises ont toujours des capacités de production inutilisées et n'ont donc pas intérêt à investir malgré le faible coût des emprunts. Le relais doit donc être pris par la **politique budgétaire pour soutenir la croissance**, la politique monétaire continuant à être très souple. » Ainsi, « ce retour de la politique budgétaire est réclamé depuis peu par toutes les institutions économiques internationales. Aux États-Unis, la relance budgétaire de D. Trump s'accompagne d'une **politique monétaire désormais plus stricte**, avec le relèvement progressif des taux d'intérêt par la FED. **Les deux stratégies sont donc opposées.** » De ce point de vue, « la politique économique des États-Unis n'est pas sans rappeler celles des années 1980 et 1990 ou une politique budgétaire expansive (grâce aux dépenses militaires sous la présidence Reagan) se combinait avec une politique monétaire très restrictive (mais l'inflation était alors très élevée) » (cg 544).

Les **Économistes atterrés** (2. 2018) :

Voient une **contradiction « entre deux mondes**, celui de l'économie du travail et de la production d'un côté, et celui de la finance et de la spéculation de l'autre [**Capital financier vs capital industriel**. E. J.]… Keynes distingue à ce sujet deux types de comportements : celui de *spéculer*, qui consiste à prévoir la psychologie des marchés, et celui d'*entreprise* qui s'intéresse au rendement du capital immobilisé » (ea2 34). Par ailleurs, « la préférence pour la liquidité est, selon André Orléan, à la suite de Keynes, « un **désir contradictoire** qui ne peut manquer de se détruire dès l'instant qu'il est poursuivi simultanément par tous » » (ea2 35).

Plus loin : « La monnaie renferme en elle une ambivalence [expression fréquente également chez Aglietta supra], un côté pile et un côté face pour au moins trois raisons » (ea2 41).

[« **Ambivalence » en psychologie clinique et pathologique est l'équivalent de « contradiction » en philosophie dialectique**. L'usage qu'en font certains économistes avoisine ces deux champs différents. E. J.]

Plus loin : « La monnaie devenue capital dissimule le rapport social d'exploitation et d'aliénation du travail car **le profit perçu par le capitaliste semble naître du capital [Piketty : le capital grossit comme tout seul] alors qu'il est engendré par la force de travail** » (ea2 46).

Plus loin : « **Deux conceptions opposées** » s'affrontent dans la conception de la création de la monnaie dite « exogène » par les monétaristes, et « endogène » par les économistes keynésiens. Pour les premiers : Monnaie centrale (MC) → M (Monnaie en circulation). C'est la théorie du « multiplicateur monétaire ». Pour les seconds, « **la causalité est inversée** » : M→MC (ea2 59-60).

Plus loin : « L'arrivée de la gauche au pouvoir [1981] fait apparaître une **contradiction**. D'un côté, depuis plusieurs années déjà, le circuit du Trésor avait été peu à peu démantelé au fur et à mesure que s'imposaient les prérogatives du marché. De l'autre, en appliquant son programme commun de gouvernement, la gauche a commencé par renforcer l'intervention de l'État dans le secteur bancaire en 1982. **Le nouveau gouvernement nationalise 39 banques françaises** » (ea2 73-74).

Plus loin : « Pour l'instant, les sociétés soumises à l'ordre de la dette subissent la **contradiction du capital** : le moins d'impôts possible pour pouvoir se gaver de titres de dette publique, tout en craignant que celle-ci, devenue trop grosse, ne conduise les États à recourir à nouveau à la création de monnaie, s'ils obligeaient les banques centrales à leurs acheter leurs titres lors de leur émission, avec le risque de ruiner la rente financière » (ea2 88).

Plus loin : « La monnaie est indispensable à l'accumulation du capital et, plus généralement, à tout processus de développement économique. Cette nécessité est aussi à l'origine du déclenchement des crises du **capitalisme. La monnaie est donc étroitement liée aux contradictions de ce système** » (ea2 89).

Plus loin : « **La dynamique économique n'est pas linéaire, sans heurts ; au contraire, elle avance par cycles, retournements et crises. Les crises sont toujours des moments où les contradictions inhérentes au système s'exacerbent tellement qu'elles éclatent** » (ea2 97).

[Un tel éclatement ne conduit pas de soi à un dépassement, mais plus probablement à un recommencement, une répétition après retour au point de départ, y compris l'éventualité d'un aggravement de la crise au terme de cette répétition. C'est l'activité circulaire dans le sens de la détérioration, de l'entropie, la compulsion de répétition chez Freud. Il existe aussi, comme vu plus haut, des emboîtements de cycles plus courts (Juglar) dans des cycles plus longs (Kondratieff), donc un développement sur le long terme de caractère moins clastique, semblant présenter une plus grande régularité. E. J.]

Plus loin : « **Friedman et les monétaristes** adoptent une vision exogène de la monnaie et sont convaincus de l'émergence naturelle d'un équilibre général réel sur les marchés : la quantité de monnaie n'a aucune influence sur les variables réelles comme le niveau d'activité ou l'emploi » (ea2 133).

Plus loin : « **Un conflit peut se produire entre politique monétaire et politique budgétaire** » (ea2 135).

Ceci encore, les monétaristes avancent « **le concept de chômage naturel et la croyance en un équilibre budgétaire à long terme** » (ea2 140).

Plus loin : « Le cours des titres obligataires et le taux d'intérêt **évoluent en sens inverse** » (ea2 148).

[C'est le maniement intellectuel familier de tels mécanismes qui rend la maîtrise de la discipline économique très difficile, notamment pour les « philosophes » dont c'est pourtant l'intérêt de les approcher et de s'y initier. E. J.]

Plus loin : « La régulation microprudentielle est un choix qui avait pour fondement réel le postulat erroné de la théorie néoclassique selon lequel la stabilité des systèmes économiques dépend du comportement des acteurs individuels. En réalité, **les banques forment un « système »** [**« Le vrai est le tout », dit Hegel !** E. J.] **dont la dynamique dépasse les banques individuelles**. D'où la nécessité d'une régulation macroprudentielle » (ea2 175).

Plus loin : « **Entre le dogme libéral de l'efficience des marchés et la thèse mynskienne de l'instabilité intrinsèque, il n'y a pas de convergence possible**. En effet, contrairement à la croyance libérale en la capacité de la finance à procurer stabilité et allocation optimale des ressources, **l'instabilité et les déséquilibres financiers sont permanents** » (ea2 177).

Plus loin : « Le SMI actuel présente une double caractéristique. D'une part, les monnaies utilisées dans les relations internationales sont des monnaies nationales ; il n'y a pas de monnaie supranationale. Et d'autre part, le SMI est fondé sur une hiérarchie des monnaies, le dollar étant la monnaie dominante. Cela génère des situations sous-optimales » (ea2 192).

Plus loin : « Le triangle de Mundell est généralement représenté de la façon suivante. Tout régime monétaire est nécessairement situé dans ce triangle » (ea2 199).

Schéma 1. Typologie des régimes de change : le triangle de Mundell

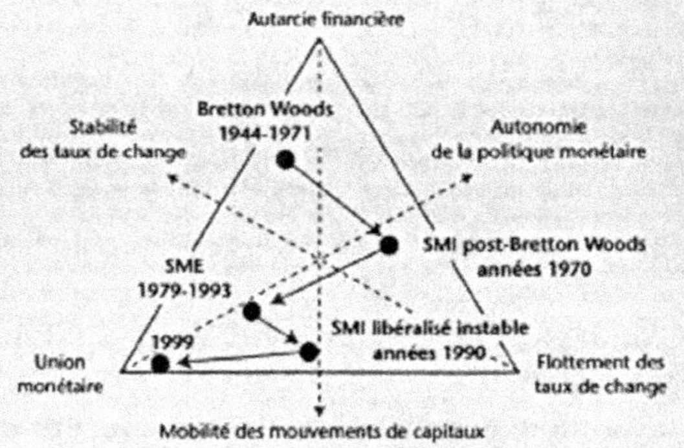

Sources : d'après Banque de France [1998].

Chaque sommet et chaque côté y sont dans un rapport de tension dynamique avec les deux autres. Il s'agit incontestablement d'une entité complexe de caractère dialectique, conçue comme fonctionnant dans la réalité économique et non de nature simplement cognitive, donc dans la chose (*in re*) et pas uniquement dans l'esprit (*in mente*).

Par ailleurs, l'évolution des régimes de change à travers le temps semble s'être inscrite selon **un trajet d'alternance en zigzag sous forme d'une sorte de spirale à plat**, ce qui est une autre sorte de processus dialectique venant recouvrir le premier et qui ne semble pas avoir été remarqué jusqu'ici.

Plus loin : « Touchant les stratégies de **change, « deux types de stratégies** peuvent être mises en œuvre… la « guerre des monnaies » [ou alors] des accords au niveau mondial ou régional, et pouvant conduire à la création d'unions monétaires » (ea2 202). [Donc **la guerre ou la paix.** E. J.]

Plus loin : « L'euro, une monnaie incomplète… une monnaie régionale en crise… facteur de déséquilibres entre pays de la zone… La monnaie unique allait être un facteur de convergence des économies de la zone euro. **Il s'est produit exactement le contraire** : l'UEM a contribué à aggraver les déséquilibres macroéconomiques entre les membres. » Ainsi, « La zone euro s'est fracturée en deux groupes de pays : les pays exportateurs du Nord (Allemagne, Autriche, Pays-Bas) ont accumulé des excédents croissants à l'égard des pays du Sud (Portugal, Italie, Grèce et Espagne, lesdits PIGS). » Dès lors, « ces derniers pays cherchent à s'ajuster par des politiques d'austérité et de déflation salariale ; avec un coût considérable pour les populations, en particulier une montée du chômage à des niveaux dramatiques, pouvant aller jusqu'à 50 % chez les jeunes » (ea2 208-211).

Plus loin : « ici surgit la **contradiction** : la monnaie prétendument neutre doit être mise au service des intérêts dominants » (ea2 225).

Plus loin : « La croyance religieuse en l'efficacité des marchés est **une idéologie** pour légitimer la circulation sans entraves des capitaux… Exit la dimension de **bien public** de la monnaie, place seulement à sa dimension de **bien privé** » (ea2 229).

Selon Thomas **Guénolé** (2018) :

« Ce programme est souvent appelé : **« néolibéralisme »**. Je pense que c'est une erreur. Les politiques antisociales consistent à démanteler l'État-providence en tant que prestataire de services publics, à déposséder l'État-actionnaire en tant que propriétaire d'entreprises publiques, à abolir l'État-stratège en tant que planificateur des grandes évolutions du pays, et à défaire l'État-arbitre en tant que contrôleur des abus du secteur privé, financier notamment. » Comme « il s'agit, dans tous ces aspects, de revenir à une situation passée caractérisée par moins de service public, moins de protection sociale, moins d'intervention de l'État dans l'économie, et moins d'encadrement du secteur privé, **le préfixe « néo- » est inapproprié**. »

Pour ce qui est du « libéralisme économique, l'examen de son principal père fondateur, le philosophe et économiste **Adam Smith**, permet de constater que celui-ci était en fait farouchement hostile à la dynamique rétrograde de l'Antisocial qu'on lui met sur le dos. Cette affirmation peut surprendre le lecteur » tellement « depuis des décennies, Adam Smith nous est dépeint comme partisan d'un État réduit à ses fonctions de police, d'armée, de justice et de monnaie, laissant les initiatives privées s'occuper de tout le reste, et comptant sur la providentielle main invisible du marché pour que la somme de ces initiatives contribue harmonieusement à l'intérêt général. »

Or, « cette présentation de sa pensée est un mensonge. D'abord, dans son œuvre tout entière, l'expression main invisible n'apparaît que trois fois : ce concept est donc secondaire sous sa plume. Ensuite, lorsqu'il l'emploie, ce n'est pas pour prétendre qu'une force providentielle permet au marché de satisfaire l'intérêt collectif sans avoir à être encadré par l'État. » C'est qu' « il se contente de juger que, malgré nous, nos actes accomplis par égoïsme peuvent contribuer à l'intérêt collectif [E J. : Mandeville, Hegel]. Ce n'est assurément pas la même chose. »

En outre, « comme l'a établi le prix Nobel d'économie Amartya Sen, Adam Smith n'a jamais proposé une économie de marché débridée où chacun courrait après sa seule satisfaction égoïste. Il refuse même un jeu économique sans règles ni arbitre. Et juge dans sa *Théorie des sentiments moraux* que la morale, l'altruisme doivent guider tout homme dans sa vie. » Et « il va jusqu'à condamner les prises de risque excessives de ceux qu'il appelle les « dissipateurs moraux et spéculateurs ». Et préconiser l'intervention active de l'État pour l'éducation et la redistribution des richesses » (tg 15-17).

« **Le paysage des économistes français est profondément fracturé** entre les partisans et les adversaires de l'Antisocial. Cette conflictualité a atteint un [grand] point de tension… Derrière l'apparente neutralité d'un conseil des sages, il y a bien un parti pris politique. »

Par ailleurs, « **la prétendue neutralité du chercheur en sciences humaines est elle-même un concept sans fondement**. Souvent invoquée dans la communauté des chercheurs français, cette neutralité axiologique, traduction française par Julien Freund du concept de *Wertfreiheit* de Max Weber, serait un principe de non-engagement du savant, qui doit s'abstraire de ses propres valeurs afin de poser un regard neutre sur son objet de recherche. Cependant, si l'on retourne à la source, en réalité Max Weber n'a jamais écrit cela » (tg 182).

« Presque trente ans plus tard, **en 1995, la principale originalité du mouvement social est son caractère foncièrement défensif**. Il ne s'agit plus d'obtenir de nouveaux droits, mais de défendre ceux qui existent déjà. Il y a certes plusieurs précédents : par exemple les grandes grèves de fonctionnaires à l'été 1953, pour conserver leurs conditions de retraite et d'avancement face au plan d'austérité du président du Conseil Joseph Laniel. » Cependant, « c'est la première fois [en 1995] qu'un grand mouvement de grève générale se déploie au nom du *statu quo* et non pas pour aboutir à de nouvelles conquêtes. L'on peut certainement y voir **la conséquence d'une défaite du progressisme dans la bataille des idées depuis les années 1980**, problème fondamental », de telle sorte que « les **mobilisations auparavant offensives, car porteuses d'un contre-projet de société, sont devenues des mobilisations défensives**, car dépourvues d'un idéal perçu comme possible et souhaitable dans la grande masse de la population salariée.

Hormis cela, la guerre sociale de 1995 reprend les facteurs de succès de 1919, 1936 ou 1968. Face au plan d'austérité du Premier ministre Alain Juppé » (tg 245).

Selon D. **Plihon** (DP1, 2016) :

« Au tournant du millénaire… émergence progressive d'un nouveau capitalisme mondialisé sous l'effet de deux grandes forces : **les nouvelles technologies (NTIC) et la globalisation financière**… une nouvelle forme de capitalisme marqué par la **domination de la finance et du savoir** » (dp1 3).

À ce propos, selon lui « **deux visions extrêmes** sont contestables [**Dialectique dans l'esprit où les deux thèses contraires sont fausses**. E. J.]... [Pour certains, c'était] le *new age*, [c'est-à-dire un] nouvel âge d'or... pour d'autres, la « nouvelle économie » est un mythe, une pure spéculation intellectuelle qui s'est dégonflée avec le *e-krach* et la crise des *subprimes* de 2007 » (dp1 3-4).

Plus loin : du fait d'« **une globalisation financière asymétrique... résultent d'importantes distorsions et inégalités dans l'économie mondiale** : les pays les moins riches ont des ressources humaines abondantes mais des ressources financières faibles, tandis qu'à l'inverse les pays développés connaissent une évolution démographique peu dynamique accompagnée d'une richesse financière importante » (dp1 32).

Plus loin : « Loin de financer les entreprises, les marchés boursiers, au contraire, les ponctionneraient [Auvray et al., 2016] ! Sur les trois fonctions mentionnées plus haut – **financement, évaluation et restructuration des entreprises** –, les marchés d'actions ne remplissent véritablement que les deux dernières... » (dp1 60).

Plus loin : « Un certain nombre d'analyses montrent que les pratiques des entreprises en matière de gouvernance tendent à converger vers les **standards internationaux, d'origine anglo-saxonne** » (65).

Plus loin, surgit une contradiction massive : « l'exigence d'un taux de rendement du capital élevé (le fameux ROE, ou *return on equity*) est intenable à terme. **Le maintien d'un ROE à 15 % impliquerait une croissance des profits largement supérieure à celle du PIB**, ce qui signifierait que l'ensemble de la richesse nationale aurait fini dans les mains des détenteurs de capitaux ! » (dp1 72).

Plus loin : « À moins de réformer radicalement les méthodes de gestion des investisseurs et de leurs gestionnaires, **la démocratie actionnariale est donc une illusion. Le salarié actionnaire se trouve ainsi dans une situation « schizophrénique »** : en tant que salarié, il souhaite obtenir des hausses de salaire et le maintien de son emploi » ; inversement, « en tant qu'actionnaire, il demande un rendement maximal pour son épargne, ce qui signifie souvent une réduction des coûts salariaux de l'entreprise... » (dp1 78).

Plus loin : « La multiplication de ces bulles spéculatives n'est pas le fruit du hasard. Elle est le résultat du fonctionnement du **nouveau capitalisme dominé par la finance, de ses contradictions internes et de sa dimension spéculative** » (dp1 89).

Selon D. **Plihon** (DP2, 2017 a) :

« **Deux approches** [opposées] **du processus de création monétaire peuvent être distinguées. Le multiplicateur monétaire** repose sur l'hypothèse que la masse monétaire est exogène car elle est déterminée par la monnaie centrale, contrôlée par la banque centrale. » Au contraire, « l'**approche dite du diviseur** considère au contraire que la monnaie est endogène, c'est-à-dire que son évolution est déterminée par les besoins de financement des agents non bancaires ; la causalité est alors inverse dans le sens M = >MC. La banque centrale intervient *in fine* pour satisfaire les besoins de financement du système bancaire » (dp2 23).

Plus loin : « Les **économistes s'opposent** sur la nature et le rôle de la monnaie, avec un clivage fondamental entre la monnaie considérée comme **une marchandise, ou comme une dette**. Ce qui a d'importantes implications pour la politique monétaire » (39). **Dialectique dans l'esprit tout comme dans la chose**.

Plus loin : « Lorsqu'une banque accorde un crédit à une entreprise, cette opération se traduit immédiatement par deux écritures au bilan de la banque : le prêt accordé apparaît **à l'actif**, et le montant des liquidités ainsi créées figure **au passif** de la banque car elles constituent un dépôt dans cette banque sur le compte de l'entreprise emprunteuse » (dp2 41).

Plus loin : « Les banques partagent les risques pris par les entreprises et qui sont liés à l'incertitude du futur. Les banques et la création monétaire jouent donc un rôle actif dans le développement de l'activité économique : **la monnaie n'est pas *neutre***. Cette conception de la monnaie et de son rôle dans l'économie est **à l'opposé de celle défendue par la théorie quantitative de la monnaie** » (dp2 42).

Plus loin : « Dès les années 1960, le système de Bretton Woods a fini par atteindre ses limites face aux besoins croissants de l'économie mondiale en liquidités internationales. **Le dollar** ne parvient plus à jouer son rôle de monnaie internationale, car il **doit satisfaire deux exigences contradictoires ; c'est le paradoxe de Triffin**, du nom de cet économiste belge qui explicita le premier ce problème » : d'une part, « le rôle de « devise clé « du dollar exige que celui-ci demeure stable… mais d'une autre part il existe une véritable « soif de dollars » dans le monde qui nécessite l'émission d'une masse considérable de dollars. » Dès lors, « le dollar ne peut plus jouer son rôle d'étalon : il est **détaché de l'or en 1971**. Les changes fixes sont abandonnés, le **flottement des monnaies se généralise en 1973**. C'est la fin du SMI de Bretton Woods, fondé sur l'hégémonie du dollar et la stabilité des changes » (dp2 83).

Plus loin : « Les banques centrales ont joué un rôle majeur mais ambivalent, face à la crise financière internationale à partir de 2007. D'un côté, on peut reprocher à ces dernières d'être en partie responsables du déclenchement de la crise des *subprimes.* » Ainsi, « la hausse brutale des taux d'intérêt décidée à partir de 2004 par la Fed, banque centrale nord-américaine, pour lutter contre la bulle immobilière, a contribué à l'insolvabilité des ménages et à la crise bancaire internationale. » En outre, « les banques centrales ont sous-estimé l'impact de leur politique sur la stabilité financière. La **période de « grande modération » des années 2000**, caractérisée par des taux d'intérêt très bas et une inflation basse et stable, a favorisé une moindre aversion au risque » et, de ce fait, « incité un grand nombre d'agents économiques, au premier rang desquels les banques, à prendre des risques excessifs auxquels les banques centrales n'ont pas assez prêté attention.

D'un autre côté, les banques centrales sont intervenues pour éviter l'effondrement du système financier international et soutenir l'activité. » Mais, « pour atteindre ces objectifs, les banques centrales ont élargi la gamme de leurs interventions en menant des politiques non conventionnelles. Ainsi, quatre procédures nouvelles ont été mises en œuvre par la BCE… » (dp2 112).

Selon D. **Plihon** (DP3 2017 b) :

« Il faut remarquer que toute opération de spéculation appelle, quand elle est *débouclée* (lorsqu'il y a prise de bénéfice), **une opération de sens inverse** » (dp3 34).

[C'est la réversibilité propre à la dialectique élémentaire piagétienne par inversion (+ -) ou par réciprocité (><). E. J.]

Plus loin : « En fin de compte, **deux grandes *tendances contradictoires*** s'opposent en permanence sur le marché des changes :

– l'arbitrage exerce une **force de *convergence*** [cf Piketty] qui, si elle était seule à agir, finirait par faire disparaître toute différence de cours ;

– les opérations de change liées aux transactions commerciales et financières internationales font surgir, à chaque instant, les ***divergences*** des comportements acheteurs et vendeurs. » C'est entre autres « le cas des opérations de spéculation et de termaillage, dont on a vu qu'elles pouvaient avoir des effets déstabilisants sur l'équilibre du marché des changes. Aussi **le marché des changes atteint-il rarement un équilibre durable**, ce qui explique pourquoi les taux de change sont **soumis à d'incessantes fluctuations** » (dp3 38).

Plus loin : « Ce **concept de « bulle rationnelle » apparaît en fait largement antinomique** car les notions de bulles et de rationalité, au sens où l'entend la théorie orthodoxe, sont peu compatibles. L'étude des phénomènes de « bulles de change » suggère en effet que les opérateurs ne semblent pas faire usage de toute l'information disponible dans de telles situations. » Ainsi, « le cas de la bulle observée sur le dollar de 1980 à 1985 est éclairant : comme l'a indiqué Krugman [1986], « **le marché n'a pas bien fait ses comptes** » » (dp3 65). **Contradiction au sens de la logique aristotélicienne ordinaire**.

Plus loin : « Il existe donc **deux paradigmes concurrents** du marché des changes : d'un côté, on trouve une **approche d'inspiration walrassienne, reposant sur trois postulats : l'homogénéité des comportements, l'équilibre général et les anticipations rationnelles** ; à cette conception se rattachent les théories de l'efficience et des bulles rationnelles. » Tandis que « d'un autre côté, il y a une analyse théorique d'inspiration keynésienne, qui introduit les comportements mimétiques et met en avant l'hétérogénéité des acteurs et leurs interactions. Cette seconde approche apparaît plus séduisante car elle donne un fondement microéconomique mieux adapté au fonctionnement effectif des marchés, dans lesquels la psychologie des différentes catégories d'opérateurs est essentielle. » En outre, « de plus, ce cadre théorique est plus en mesure d'expliquer l'instabilité des changes que **l'approche walrassienne selon laquelle les marchés convergent spontanément vers un équilibre général stationnaire**. » Ainsi, « plusieurs analyses, notamment par De Grauwe et al. [1993], ont montré que l'interaction entre opérateurs fondamentalistes et chartistes engendre une dynamique de marché instable, de type chaotique, dont les caractéristiques sont très proches de celles constatées empiriquement. » Et, « à court terme, le marché ne converge pas spontanément vers un équilibre général ; **il y a une multiplicité d'équilibres possibles selon les configurations du marché et les anticipations** » (dp3 66-67).

Plus loin : « Il y a eu stabilité des monnaies au temps de l'étalon-or au sens où la parité or des monnaies est restée inchangée du milieu du XIXe siècle aux années 1920. Mais **cette stabilité monétaire s'est accompagnée d'une grande instabilité des économies** (variation de prix, de la production et de l'emploi). » En outre, « la stabilité monétaire a moins résulté de mécanismes automatiques que d'interventions actives des banques centrales dans le cadre d'une domination de la livre sterling » (dp3 80).

Plus loin : « Le **SME a implosé en 1993** car les changes fixes sont incompatibles avec la forte mobilité des capitaux organisée par le marché unique des capitaux créé en 1990.

À partir de **1999 : la mise en place de l'*Union monétaire européenne*** rétablit une fixité désormais irréversible des parités intra-européennes. La création de l'euro, susceptible de concurrencer le dollar, pose en des termes renouvelés la question du fonctionnement du SMI » (dp3 81).

Plus loin : « L'histoire monétaire nous enseigne **deux leçons : d'une part**, les régimes de change fixes, tels que ceux de Bretton Woods, sont devenus incompatibles dans le contexte de la finance globalisée ; **mais d'autre part**, les régimes de changes flottants sont loin d'avoir toutes les vertus stabilisatrices vantées par leurs défenseurs » (dp3 82) [**Dialectique dans la chose (*in re*) et dans l'esprit (*in mente*).** E. J.]

Plus loin : « Au total, on constate que les régimes de change polaires – changes fixes ou changes flottants – ne sont plus pratiqués par la plupart des pays. Dans la réalité, les pays adoptent des régimes de change **intermédiaires** » (dp3 84).

Plus loin : « La grande majorité des pays recherchent un ancrage plus ou moins important de leur monnaie sur une monnaie de référence, même s'ils déclarent officiellement au FMI pratiquer un régime de flottement » (dp3 86). **Situation contradictoire**.

Plus loin : « Il existe une incertitude sur le rythme auquel se produira le processus d'internationalisation de la monnaie européenne car cela mettra en jeu **des forces de sens contraire** » (dp3 113).

Jacques **Attali** 2018 :

« Les **huit crises possibles** :

[Une analyse aussi précise et détaillée n'a existé jusqu'ici nulle part ailleurs. E. J.]

« Au total, cela conduira à un ensemble de huit crises, de huit catégories différentes : financière et économique à court terme, sociale, politique et géopolitique à moyen terme, technologique, écologique et idéologique à plus long terme. Ces **huit crises, dont les paramètres s'entremêlent**, se définissent ainsi... » (ja 68-68).

En fait, « toutes ces crises, quelle qu'en soit la nature, trouvent leur source dans **une cause unique** : la priorité donnée aux bénéfices de court terme sur les enjeux du long terme, aux flux sur les stocks [Nouvelle polarité relevant du noyau rationnel de la dialectique : diachronie-synchronie. L'art de différer le plaisir a donné lieu à de nombreuses considérations dans l'histoire de l'éthique philosophique : Épicure, Spinoza. E. J.], au plaisir immédiat sur la construction de patrimoines. »

Généralement, « **ces huit crises s'enchaînent les unes avec les autres, dans cet ordre. Elles s'arrêtent parfois au premier ou au deuxième niveau. Parfois une crise politique ou écologique peut surgir indépendamment de toute crise financière ou économique.**

Pire encore, et c'est le cas aujourd'hui : résoudre une de ces crises peut en aggraver une autre » (ja 70).

Dès lors, « pour éviter d'avoir à affronter ces défis de moins en moins solubles, les hommes font comme d'habitude : ils **se distraient** [**Propos rappelant le « divertissement » de Pascal**. E. J.] et ils mettent en place d'innombrables manœuvres de retardement », dans l'espoir que « quelqu'un d'autre, ou un miracle, viendra régler à leur place les problèmes qu'ils ont créés, et évitera que la planète devienne un enfer pour les prochaines générations » (ja 70).

Récemment, « les taux d'intérêt commencent à monter :

Les banques centrales sont **paralysées par leurs contradictions** : elles ne peuvent laisser leurs taux trop bas, de peur d'encourager à l'endettement, ni les augmenter, de peur de conduire les emprunteurs à la faillite » (ja 86).

Ceci étant, « la valeur des entreprises, cotées et non cotées, commence à être mise en doute…

Pour attirer des investisseurs de plus en plus gourmands à leur capital, les entreprises non cotées leur garantissent des plus-values insensées. Par exemple, elles leur octroient des actions dites préférentielles qui leur garantissent une plus-value certaine en cas d'OPA ou même en cas de faillite de la firme » (ja 87-88).

Par conséquent, « il devient plus difficile pour les entreprises d'entrer en Bourse, puisque leur valeur non cotée est très supérieure à ce que les acheteurs en Bourse seraient prêts à payer pour leurs titres. Elles sont donc bloquées. Les investisseurs ont du mal à sortir et à réaliser leurs plus-values » (ja 88).

Or, « cette valeur très élevée des entreprises commence à être mise en doute : si cela continue, des firmes trop endettées devront vendre à perte certains de leurs actifs ; des firmes non cotées ne pourront entrer en Bourse ; des cours de Bourse s'effondreront » (ja 88-89).

En fait, « là encore, **la contradiction est totale** : étant excessivement valorisées, les entreprises non cotées ne peuvent plus avoir accès à la Bourse et continuent de se financer en privé, ce qui fait encore augmenter artificiellement leurs valorisations » (ja 89).

Pour finir, « les premiers signes d'une crise écologique majeure…

Le réchauffement climatique, devenant **cause et conséquence à la fois** » (ja 93-94).

On assiste à « l'usage de plus en plus gaspilleur de ressources naturelles et financières, destiné à produire **de plus en plus de flux au détriment de stocks**, de biens et services de consommation au détriment des infrastructures, du patrimoine naturel, de la santé mentale des gens et du climat, dans une valorisation sans cesse plus grande du présent, au détriment du passé et de l'avenir » (ja 100). [Ce dernier point étant la marque d'un nouveau malaise d'une civilisation à l'enseigne de l'état limite ou narcissisme, comme vu par **M.-F. Castarède et S. Dock**, 2017.]

Mais « rien de tout cela ne suffira. Ce ne sera que la poursuite, par d'autres moyens, des actuelles manœuvres de retardement. Avec **d'autres formes de distraction** qui restent à inventer et qui viendront vite [Persistance séculaire des jeux du cirque à Rome. E. J.]. De plus, comme on l'a vu, tenter de résoudre séparément les huit crises provoquera l'aggravation de l'une par la résolution de l'autre. » (ja 110-111)

« Alors, **de peur d'aller vers le pire, on ne fera rien**. [Afin aussi de préserver des privilèges : après moi le déluge. E. J.] Ou presque. Paralysés, de peur d'être emportés dans un tsunami…

Ils n'y penseront pas trop, tant que de nouvelles distractions réussiront à leur faire oublier la peur de l'avenir » (ja 111).

De tels « mécanismes détruisent les patrimoines de toute nature, en particulier les patrimoines matériels, pour en tirer **des flux, de plus en plus immatériels, en abandonnant des déchets de plus en plus importants** ; ils conduisent, dans le long terme, à la **réification du corps par la génétique et à celle de l'esprit par l'intelligence artificielle**. Ces mécanismes sont planétaires. Se renfermer ne nous en protégera pas » (ja 142-143).

Notamment, « dans les États démocratiques, où les dirigeants sont élus plus ou moins librement, il ne suffirait pas de dénoncer des responsables et de les remplacer : **les nouveaux ne feraient guère mieux**, gérant les mêmes mécanismes » (ja 143).

En réalité, « ce qui compte, ce n'est donc pas d'abattre des dirigeants, ni même de taxer lourdement les figures de proue d'une ploutocratie triomphante (et largement fautive)[19]. » En rien, « une autre gestion de ce même système n'empêcherait les dettes de grandir, les écarts de revenus de se creuser, la nature d'être détruite, le climat de se réchauffer, la colère des peuples de monter, la démocratie d'être menacée et les contradictions fondamentales de s'accumuler. » Cela ne ferait qu'ouvrir « la voie à de nouveaux pouvoirs totalitaires, encore moins plaisants que ceux d'aujourd'hui, qui dénonceraient des boucs émissaires, exileraient, emprisonneraient, ou massacreraient ceux qu'ils désigneraient comme les ennemis du peuple.

---

[19] L'auteur qui est probablement un homme « riche » (notamment du fait de droits d'auteurs importants) évite, malgré son analyse remarquable, d'adopter une position trop révolutionnaire, ce qui a toujours été une attitude caractéristique de la social-démocratie.

En particulier en France, si ces crises se matérialisent, si l'Europe se défait, si le populisme l'emporte, il n'y fera bon vivre pour personne » (ja 143-144).

Cette description est impressionnante et terrible. Apparemment, il n'y aurait plus grand-chose à faire. Pourtant l'auteur ouvre la porte à **deux formes de contradictions intéressantes**. Dans un premier chapitre très bref (19-28), il reconnaît qu'en un sens « tout va très bien » (élévation de l'espérance de vie humaine, etc.), ce qui est vrai, mais surtout du point de vue de l' « optimisme des riches » (28). Cependant le catastrophisme est argumenté de façon implacable et convaincante dans presque tout le reste de l'ouvrage (chapitres 2 à 8, pages 19-139 !). Mais ceci avant un dernier chapitre 9 (pages 141-176), où, autre contradiction, l'auteur préconise, avec la ferme résolution digne du stoïcisme antique (cela rappelle aussi la « générosité » de Descartes dans le *Traité des passions*, comme aussi la troisième maxime de sa morale provisoire dans le *Discours de la Méthode*, qui est assez conforme à la morale chrétienne traditionnelle : « tâcher toujours à me vaincre plutôt que la fortune, et à changer mes désirs que l'ordre du monde ») de s'occuper de sa « protection personnelle », avant de se tourner vers la « prévention collective », d'abord pour « une entreprise » (quand on en possède ou qu'on en gère une), puis vers « un pays », et enfin vers « le monde ». Ce dont on peut penser que c'est un vaste programme, et qu'il va falloir attendre longtemps, peut-être même trop longtemps – alors qu'on est très pressé – avant que tous les individus aient opéré leur conversion personnelle.

Cette manière d'user d'une démarche progressant de l'individu vers le collectif, de sorte à lui proposer de se réformer sur le plan personnel avant de songer à changer l'ordre des choses, est tout à fait conforme aux conceptions des grandes religions à l'enseigne d'un certain humanisme, telles par exemple que le christianisme ou encore le bouddhisme. Cette façon de procéder de l'éviction du mal vers la promotion du bien, selon un trajet allant de soi vers le cadre collectif, est incontestablement à l'enseigne d'un certain conservatisme social. Il est tout à fait estimable, bien que peu contestataire, de se préoccuper au premier chef du « souci de soi », de l'intérêt pour son propre progrès personnel.

La position de Jacques Attali, dans son approche de la crise contemporaine, semble marquée par une préoccupation d'ordre éthique au moins tout autant que politique, ce qui est une manière de ne s'engager que de manière retenue, disons même modérée, dans le champ politique proprement dit. Il ne préconisera en rien la nationalisation des grandes banques, à l'instar d'un François Morin. Il n'y a aucun mal à cela, et après tout chacun son choix.

Le profil personnel et le trajet de carrière de Jacques Attali sont bien connus de Wikipédia, et on ne s'y attardera pas. On connaît aussi J. Attali par des débats médiatiques houleux – reproduits en vidéos – avec des personnalités aussi contradictoires qu'Éric Zemmour et Jean-Luc Mélenchon, le dernier à qui il reproche de préparer pour la France un destin digne de celui de la « Corée du Nord ».

Un livre récent de Laurent Mauduit sur *La Caste* rappelle que Jacques Attali a servi, dans l'esprit d'un social-libéralisme accueillant, des monarques aussi variés que François Mitterrand, Nicolas Sarkozy (Rapport 2008) et François Hollande (Rapport 2012).

Tout en ne souscrivant en rien, pour ce qui me concerne, à une telle orientation politique, je n'en ai pas moins une grande estime pour la qualité d'information, et la rigueur de pensée ainsi que la vigueur d'écriture du récent ouvrage de Jacques Attali.

D'autres livres plus récents (Pierre-Henri Castel : *Le mal qui vient*, 2018, parmi quelques autres auteurs) exposent que les dégâts sont déjà irréparables et que vraiment l'humanité est déjà sur le toboggan final.

Valeur :

Outre les thèmes jumeaux de la contradiction-dialectique, la notion de valeur représente un pont important entre la philosophie et la science économique. Bien qu'**en apparence** elle n'y ait pas la même histoire, ni la même signification ni le même usage.

Le concept de valeur est probablement celui de degré hiérarchique le plus élevé – anhypothétique disait Platon – dans la science économique, bien que ce fait ne soit pas reconnu par tous les économistes, loin de là (Marx, Morin), ni même qu'ils aient la moindre conscience de son intérêt épistémologique fondateur.

Le terme « valeur » n'a pas une histoire très ancienne dans la tradition philosophique. Dans le *Vocabulaire technique et critique de la philosophie* de Lalande, on le trouve documenté au XVIIe siècle en France épisodiquement chez Corneille (Le Cid 1637) puis Descartes (1645), ensuite chez les économistes Adam Smith (valeur d'usage/valeur d'échange, 1776), étant à ajouter Ricardo (1817) et Marx (1867)] Landry (1911), puis au XIXe siècle en philosophie en France chez Paul Janet (1874), Ribot (1905), Durkheim (1911), chez les historiens Langlois et Seignobos (1898), en Allemagne chez les philosophes Dühring (1865), Ritschl (1870-1874), Nietzsche (1875), Max Scheler (1913-1916), en Autriche Ehrenfels (1897), au Danemark Höffding (1906).

On mentionnera qu'une philosophie des valeurs se développe chez les Français René Le Senne (1934) et Louis Lavelle (1951-1991).

Le plus récent et excellent *Vocabulaire de la philosophie et des sciences humaines* de Louis-Marie Morfaux mentionne que la notion de « valeur » intéresse aussi Condillac, Jean-Paul Sartre, Ferdinand Alquié. Outre l'usage de celle-ci déjà mentionné par Lalande en mathématiques, en logique et en esthétique.

Il est impossible dans le cadre de notre actuel ouvrage de traiter plus à fond la très difficile question des différences de destin, qui n'excluent pas certaines anastomoses, du concept de valeur en philosophie et en économie.

On rappellera seulement, comme déjà dit plus haut, qu'un auteur comme Michel Aglietta établit, à propos de la monnaie, vue comme un lien social fondé sur la confiance collective en même temps que sur une souveraineté politique, une résonance de sens entre sa signification économique et son incontestable dimension éthique. La monnaie est la mesure de la valeur qui fait foi pour tous les particuliers de bonne foi.

Mais cela ne suffit tout de même pas. Car **en réalité**, comme le souligne en passant son interprète classique le plus reconnu dans les temps modernes, W. W. Ross (1926, page 296), et comme certains reconnaissent à Marx le mérite de l'avoir recueilli au niveau même du document, la double notion de « valeur d'échange », et même de « valeur d'usage » existe bien déjà chez Aristote. Voici le texte précis, dans l'Éthique à Nicomaque (livre 5, chapitre 5, § 11) :

οἷον δ' ὑπάλλαγμα τῆς χρείας τὸ νόμισμα γέγονεν κατὰ συνθήκην·

(oîon d'upallagma tês chréias to nomisma guégonèn kata suntêkèn).

Ce qui se traduit ainsi : « Tel quel : moyen [valeur] d'échange contre ce qui est [valeur] d'usage, la monnaie l'est par convention ». Ni plus ni moins.

Une autre plongée très profonde dans la philosophie s'opère également avec la relecture passionnante faite par François Morin de la notion de valeur-travail chez Marx (Livre 1) en fonction de celle plus générale de valeur-capital (Livre 3), intégrant en un seul méga-cyclique les trois moments microcycliques de l'argent, de la production (= travail) et de la marchandise, avec genèse de la plus-value tout au long de leur spirale horizontale amplifiante. Ce qui ne peut se concevoir que **du fait d'une fidélité profonde dans le dépassement même de Hegel (cercle de cercles) par Marx**. Ce qui également pose et résout du même coup la stérile discussion de jadis touchant le divorce Hegel-Marx, menée par le post-chrétien Louis Althusser, qui aurait tant voulu que Marx descendît des cieux comme le Messie. Soixante années de perdues pour toujours, avec pour bilan l'abandon à la fosse commune de la pensée marxiste française.

Personne n'avait jusqu'ici lu Marx de cette manière (avec Dostaler, Harribey, Laure Van Bambeke). Voilà enfin qui rend, qui pourrait rendre la philosophie française (au moins une partie) à elle-même.

François **Morin** (2. 2017) :

« Une approche plus récente rejette ces deux théories essentialiste ou naturaliste de la valeur, celle de la valeur-utilité [dite aussi subjective : Aristote, Thomas d'Aquin, classiques français (Turgot (1727-1781), Say (1767-1832)), Walras (1834-1910), Arrow (1921-2017, 1972), Debreu (1921-2004, 1959, 1983)] ou celle de la valeur-travail [dite encore objective : physiocrates (Quesnay 1694-1774, 1758), classiques anglais (Smith (1723-1790, 1776), Ricardo (1772-1823, 1821)), Marx (1818-1883, 1867). E. J.]. Ainsi Jean Gadrey nous invite à en finir avec cette notion de valeur économique qui nous a fait perdre le nord des « rapports sociaux » de production, de consommation et d'échange, authentique apport du marxisme. Il faut refuser le simplisme aussi bien de la théorie néoclassique que de la théorie de la valeur-travail. C'est la même posture théorique que défend André Orléan lorsqu'il souligne que la valeur économique n'est pas seulement due à l'utilité ou au travail incorporé, mais peut résulter d'un sentiment collectif » (fm2 17).

D'ailleurs, « Michel Aglietta défend dans son dernier ouvrage une position très proche. Il affirme que c'est dans l'échange et leurs paiements que les objets acquièrent une valeur et il s'ensuit que la valeur des objets promis à l'échange ne préexiste pas à celui-ci. L'échange contre monnaie, c'est-à-dire le paiement, est l'opérateur de la valeur.

Travail

Dans cet ouvrage, nous allons proposer une voie un peu différente », en cherchant notamment à « concilier l'approche de la valeur-travail avec celle du paiement comme opérateur de la valeur. À partir des travaux de Gilles Dostaler, de Jean-Marie Harribey et, surtout, de Vincent Laure Van Bambeke, nous allons soutenir une synthèse originale qui conjugue autrement les concepts de valeur et de travail…

Il s'agit d'une rupture épistémologique considérable » (fm1 18-19)

En fait « dans une économie globale, d'une part, la somme des prix est égale à la somme des valeurs, et d'autre part, la somme des plus-values, liées au surtravail, est aussi égale à la somme des profits (ces égalités n'avaient jamais pu être établies simultanément en présence de capital fixe, ce qui est le cas dans l'approche proposée) » (fm2 17-19).

De notre côté, « nous avons été particulièrement frappé par les tout derniers écrits de Marx qui portent sur la valeur-capital. Il y a là une voie tout à fait passionnante et riche pour décrire ce qu'il appelle lui-même les métamorphoses du capital individuel. Ces écrits, non publiés de son vivant, sont à notre sens mal connus, ou insuffisamment exploités pour analyser les fonctions de la firme de type capitaliste (le capital individuel). » Dans ce cadre, « Marx décrit minutieusement les trois formes fonctionnelles de la valeur-capital : A, la forme argent de la valeur-capital; P, la forme-productive de la valeur-capital ; M, la forme marchandise de la valeur-capital. Ces trois formes, nous dit-il, grâce à leurs fonctions, se combinent dans des figures cycliques. Dans le capitalisme, le cycle du capital-argent est central puisque la forme argent de la valeur-capital – qui initie son cycle – se retrouve sous la forme argent en fin de cycle, mais augmentée du profit (figure cyclique A – A'). Les deux autres formes fonctionnelles de la valeur-capital sont engagées également dans des cycles qui leur sont propres. Au total, **les trois cycles de la valeur-capital s'enchaînent et se superposent à la fois** [tout en grandissant le long d'une spirale complexe à trois brins dont il faudrait produire le dessin. E. J.]

« On l'a vu, la théorie de la valeur-travail, à laquelle Marx tenait, explique la formation de la valeur tant par le travail concret (l'effort physique réel) dans le procès de production que par le travail abstrait (salariat, organisation du travail) qui en découle au moment du processus d'échange. » Mais « avec la théorie de la valeur-capital, Marx va plus loin : il explique les métamorphoses de cette valeur-capital dans les procès de production et de circulation des marchandises, métamorphoses dont la finalité est l'appropriation d'une partie de cette valeur par le capital. »

En fait, « dans la première partie de cet ouvrage, nous reprendrons l'analyse des formes fonctionnelles de la valeur-capital, mais en y ajoutant une autre dimension : celle des formes organisationnelles. Par un procédé graphique que l'on proposera au lecteur, celui-ci verra selon quelle logique ces diverses formes, fonctionnelles et organisationnelles, se combinent » (fm2 23-24).

« Tel est le projet de cette économie politique du XXIe siècle dont discutera ce livre : montrer les voies d'un passage de la valeur-capital actuelle à une valeur-travail refondée » (fm2 32).

« Si le concept de valeur-travail a été au cœur de l'économie politique depuis ses origines et demeure toujours très débattu, celui de valeur-capital est paradoxalement absent de toute la littérature économique, à une exception près, notable, celle des travaux de Marx » (fm2 35).

De fait, « alors que les rapports ou les conflits capital-travail font l'objet de multiples travaux en économie et de façon plus générale en sciences sociales, l'absence d'un parallélisme des formes, sur un plan théorique, concernant la valeur-capital par rapport à la valeur-travail ne peut être que frappante. Tentons de comprendre ce paradoxe » (fm2 35).

De façon très schématique, « on peut avancer l'idée que les différentes théories de la valeur-travail, surtout celles de l'école classique [Ricardo], ont toutes cherché à comprendre le fonctionnement de nos systèmes économiques en partant du rôle fondamental qu'elles accordent au travail dans les processus de production des biens et des services, et finalement dans la formation de leurs prix. » Alors qu'« en réaction, l'école néoclassique a tenté de limiter le rôle du travail en considérant celui-ci comme un facteur de production parmi d'autres et en faisant du travail une marchandise comme les autres, comme elle le fera aussi pour la monnaie. Le travail ne pouvait plus alors être au fondement d'une théorie de la valeur et des prix. » Dès lors, « la promotion de la théorie de la valeur-utilité se substituant à celle de la valeur-travail fut, pour cette raison, le point d'ancrage d'une théorie alternative. Dans cette perspective, le profit ne peut plus apparaître comme un surtravail accaparé par les détenteurs de capitaux, la notion d'exploitation devenant ainsi dénuée de sens. Le profit n'est alors rien d'autre que la juste rémunération d'un des facteurs de production, à savoir le capital. »

Ceci dit, « l'opposition binaire entre ces deux théories n'a donné que des fruits amers. Les tenants de la théorie de la valeur-travail ont à juste titre insisté sur le rôle prééminent du travail dans la création de valeur, mais ils se sont satisfaits de cette approche du capitalisme, sans en percevoir les angles morts. » En effet, « il n'est pas certain que cette approche – et les luttes sociales qu'elle justifie à bon droit – procède d'une connaissance suffisante de la réalité de la force, de la stratégie et de l'idéologie des détenteurs de capitaux, lesquelles, au demeurant, résultent de la mise en œuvre de la valeur-capital. » Dès lors, « puisque cette valeur-capital est une des forces majeures du capitalisme, une cause de son étonnante capacité de résilience, plutôt que d'escamoter cette réalité, voire de la nier, autant la saisir pleinement. » Et « en proposant le concept de valeur-capital et en l'opposant à celui de valeur-travail, on cherchera à mettre en évidence le jeu des forces de type capitaliste, leur rationalité, leur organisation et leur prééminence toujours reconduite dans la gestion des rapports sociaux » (fm2 35-36).

On aura à revenir dans un autre chapitre (7) sur les conceptions d'une originalité remarquable de François Morin.

Idéologie :

Ce qui peut intéresser également la philosophie-ou-l'épistémologie, c'est aussi le fait que les économistes, s'ils reconnaissent l'idéologie néolibérale comme l'arrière-fond – valorisé ou au contraire déprécié selon le camp investi par chacun – de leur discipline, pour autant ils semblent ignorer que **ce néolibéralisme, surgi dans les années 1960, puisse être la réhabilitation d'un libéralisme économique plus ancien, lié lui-même au double tronc d'une psychologie et d'une philosophie jumelles des XVIIIe-XIXe siècles, toutes deux à l'enseigne d'un empirisme** sensualiste, associationniste, atomistique, élémentariste, positiviste, antisynthétique, antidialectique.

Un tel pressentiment existe chez Steve Keen (1. 2014) qui insiste beaucoup sur l'idée que l'erreur de l'école classique et néoclassique en économie consiste dans le préjugé de reconstruire le tout social à partir de l'individu, la dynamique des processus à partir d'une statique artificielle et figée, la macroéconomie à partir de la microéconomie, à invention la fiction d'un équilibre à partir du fait fondamental des déséquilibres. On retrouvera ces textes dans le chapitre 6. En dehors de Steve Keen, on trouve des notations intéressantes à ce sujet tout d'abord dans :

Jean-Yves **Capul** et Olivier **Garnier** (2017) :

« **Économie néoclassique :**

Les historiens des théories économiques font une distinction entre les économistes de la fin du XVIIIe siècle (les Anglais, Adam Smith et David Ricardo, le Français, Jean-Baptiste Say) et les économistes néoclassiques de la seconde moitié du XIXe siècle (Léon Walras, Vilfredo Pareto notamment) » (cg 168). On aborde les :

« Fondements théoriques :

Dans le cadre des économies de marché, l'analyse économique néoclassique repose sur trois grands principes (ce sont les hypothèses de la théorie) auxquels s'ajoute une idée qui constitue le dénominateur commun de nombreuses analyses théoriques (le refus de l'intervention économique de l'État).

Classiques : Ensemble d'économistes qui, à la fin du XVIIIe siècle, ont fondé la science économique en cherchant à établir des lois naturelles pour éclairer le fonctionnement de l'économie » (cg 168). On définit l'« Économie néoclassique : Théorie économique qui analyse et cherche à démontrer l'efficacité d'une organisation économique fondée sur la libre concurrence, l'initiative individuelle et les mécanismes du marché.

Les principes de l'économie néoclassique :

La première hypothèse de l'économie néoclassique consiste à rechercher l'explication des phénomènes économiques observés dans l'action des seuls individus, considérés comme des atomes, identiques les uns aux autres, de la société. » Une telle « méthode (appelée **individualisme méthodologique**) s'oppose donc à une approche globale de la société qui prend pour point de départ de l'analyse la société dans son ensemble (et non les individus séparément), avec ses groupes et ses classes sociales, ses institutions, ses réseaux de relations sociales, etc.

Le deuxième principe affirme que l'individu est un être rationnel, c'est-à-dire qu'il raisonne et calcule afin d'atteindre le mieux possible un objectif, compte tenu des contraintes auxquelles il doit faire face (contrainte de ressources, par exemple) » (cg 169). De la sorte, « la consommation est l'occasion de calculs puisque le consommateur cherche à obtenir la satisfaction la plus élevée possible en achetant le maximum de biens correspondant à ses préférences, étant donné les prix de ces biens et ses ressources. Dans le langage de l'économie néoclassique, on dit que le consommateur maximise ses préférences sous la contrainte de revenu dont il dispose.

Utilitarisme : Théorie philosophique, inspirée par le philosophe anglais Bentham (1748-1832), selon laquelle les individus recherchent toujours le maximum de plaisir tout en limitant leurs efforts. » Au sens ordinaire, « l'utilitarisme est associé à la recherche incessante par les individus de leur intérêt personnel.

Le troisième principe précise que chaque individu poursuit son seul intérêt particulier, sans se préoccuper des autres. La **rationalité** du comportement de l'individu et la poursuite de son seul intérêt définissent alors l'**homo œconomicus** qui est un « modèle », c'est-à-dire une façon schématique de représenter les individus, propre à la théorie néoclassique. » Par ailleurs, « on peut associer à ce modèle abstrait la notion d'**utilitarisme**, qui est une théorie philosophique selon laquelle les individus recherchent le maximum de plaisir tout en limitant leurs peines et leurs efforts. En cela, l'homo œconomicus n'est pas motivé par un comportement **altruiste**.

Intérêt personnel et intérêt général :

La recherche de l'intérêt personnel ne constitue pas un obstacle au bien-être de la société. » Bien « au contraire, c'est précisément la poursuite par chacun de son propre intérêt qui permet de réaliser l'intérêt général. L'économiste classique. Adam **Smith**, dans *Recherche sur la nature et les causes de la richesse des nations* (1776), précise : « nous n'attendons pas notre dîner de la bienveillance de notre boucher ou de celle du marchand de vin et du boulanger, mais bien de la considération qu'ils ont de leur propre intérêt. Nous nous adressons non pas à leur humanité mais à leur égoïsme, nous ne leur parlons pas de nos besoins, mais de leurs intérêts » .» Et « c'est l'intérêt personnel qui, sans le savoir et sans le vouloir, mène naturellement la société au bien-être et à la prospérité. C'est la fameuse « **main invisible** » d'Adam Smith qui démontre l'existence d'un ordre économique naturel spontané fondé sur l'intérêt personnel des individus.

Altruisme : Doctrine qui fait de la recherche de l'intérêt général la source du comportement des individus. »

Puisque « l'harmonie des intérêts est naturelle, nul besoin d'une intervention de l'État dans la sphère économique. L'État doit seulement veiller au respect des libertés économiques.

Économie néoclassique, microéconomie et libéralisme :

Le refus de l'intervention de l'État et la confiance absolue dans l'efficacité des mécanismes du marché constituent le socle commun de nombreuses théories économiques » (cg 170). À la suite des « analyses des classiques, les économistes néoclassiques ont cherché à démontrer scientifiquement cette conviction de la supériorité d'une organisation de l'économie fondée sur le libre fonctionnement des marchés et la rationalité des comportements individuels. C'est cette démonstration qui est présentée schématiquement dans les ouvrages classiques ». En outre, « l'analyse néoclassique, appelée aussi analyse microéconomique ou **micro-économie**, repose sur une formalisation mathématique, mais il est possible de décrire simplement ici ses principaux éléments.

Le libéralisme économique partage avec l'économie néoclassique la volonté de maintenir l'État hors de la vie économique. Il existe cependant certaines différences comme le montre l'**hostilité manifestée par l'économiste libéral Hayek à l'égard de la théorie néoclassique**. » On appelle :

« Microéconomie : Partie de la science économique qui étudie le comportement des agents économiques individuels (entreprise, consommateur, salarié, etc.) considérés comme des agents rationnels.

L'analyse néoclassique :

La concurrence pure et parfaite :

Dans le modèle de concurrence pure et parfaite, les prix sont des données pour les agents économiques. Aucun agent n'est assez important pour peser sur la fixation des prix. »

Par ailleurs, « il existe un ensemble de marchés qui permettent de déterminer un prix pour tous les biens. La théorie néoclassique décrit ainsi quatre grands types de marchés :

– le marché des biens où se déterminent les prix et les quantités produites des différents biens ;

– le marché du travail où se déterminent le salaire et le niveau de l'emploi ;

– le marché des capitaux où se rencontrent l'offre des capitaux proposée par les épargnants et la demande des entrepreneurs. C'est le taux d'intérêt qui est le prix d'équilibre de ce marché ;

– le marché de la monnaie avec une offre déterminée par les autorités monétaires » (cg 171). On analyse à présent :

« Les agents et leurs opérations :

L'**analyse néoclassique** distingue deux grandes catégories d'agents, les ménages qui consomment des biens et des services (les consommateurs) et les entreprises qui les produisent (les producteurs). Les **ménages** sont caractérisés par leurs goûts (ils préfèrent un bien A à un bien B, ou un ensemble de biens à un autre) et par un ensemble de ressources dont ils disposent (revenus du travail notamment). » En fait, « ils cherchent à maximiser leur **utilité** (c'est-à-dire le degré de satisfaction que leur procurent leurs achats) compte tenu de leurs ressources et des prix fixés sur le marché. Les ménages interviennent aussi sur le marché du travail en offrant leur travail. Sur ce marché, ce sont les entreprises qui demandent le travail et les salariés qui offrent le travail. » Ceci dit, « les ménages répartissent leur temps disponible entre le loisir et une activité rémunérée, cette dernière permettant l'achat de biens de consommation.

Utilité : Degré de satisfaction lié à la consommation d'un bien économique.

Les **entreprises** sont caractérisées par une **fonction de production** qui relie les différents éléments entrant dans la production (matières premières, travail, et capital, aussi appelés *inputs*) à la quantité maximale de produit (*output*) que l'on peut obtenir d'eux compte tenu des techniques en vigueur. » Ceci étant, « l'objectif des entreprises est de maximiser leur profit. Elles augmentent donc leur production et donc l'achat d'inputs, aussi longtemps que cela est rentable (**jusqu'à ce que la recette procurée par la vente de la dernière unité de bien produite couvre juste son coût en *inputs***).

Fonction de production : Relation établie, pour chaque entreprise, entre son niveau de production et les quantités de facteurs de production nécessaires. » Voyons à présent :

« **Équilibre partiel et équilibre général** :

L'analyse néoclassique montre que la confrontation des offres et des demandes des agents économiques conduit à un équilibre stable. On peut alors considérer des marchés isolés (équilibre partiel) ou tous les marchés simultanément (équilibre général).

Équilibre : Situation observée par l'analyse néoclassique lorsque l'offre et la demande sur un marché s'égalisent à un prix qui satisfait acheteurs et vendeurs » (cg 172).

Dans un tel modèle, « l'analyse en termes d'équilibre partiel permet de confronter l'offre et la demande d'un bien. Prenons l'exemple du travail.

Le salaire d'équilibre est déterminé par la rencontre de l'offre et de la demande de travail. Lorsque les salaires augmentent, l'offre de travail (il s'agit, selon le langage courant, de demandes d'emploi) faite par les individus s'accroît. » À l'inverse, « lorsque les salaires diminuent, le coût du facteur travail baisse pour les entreprises, ce qui les incite à augmenter leur demande pour ce facteur (la demande de travail correspond à l'offre d'emploi du langage courant).

L'analyse en équilibre partiel permet de présenter simplement ce qui se passe sur un marché. Imaginons le cas d'un salaire supérieur au salaire d'équilibre. Ce peut être, par exemple, un salaire minimum légal. »

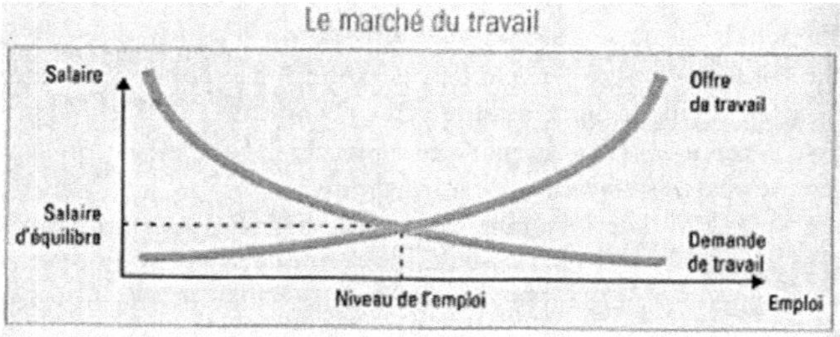

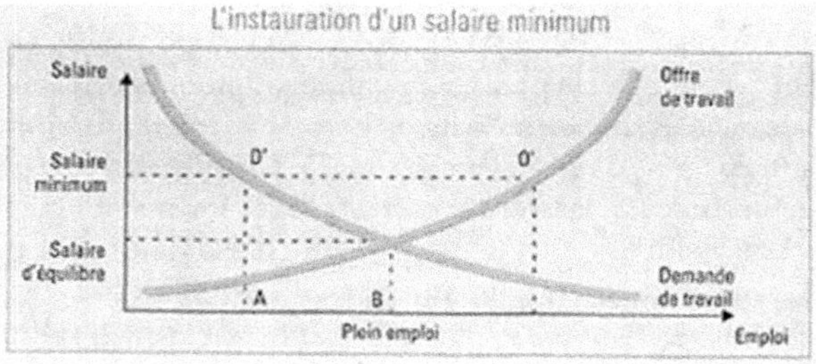

En fait, « pour le niveau du salaire minimum, l'offre 0' excède la demande D', c'est-à-dire que de nombreux salariés cherchent à travailler pour ce salaire minimum alors que les entreprises refusent d'embaucher une main-d'œuvre dont le coût leur paraît excessif. Elles embauchent donc une quantité A de main-d'œuvre, et provoquent un chômage. Le point A correspond à la demande de travail souhaitée par les entreprises pour un tel niveau de salaire. Mais c'est un chômage volontaire car si les individus acceptaient un salaire moins élevé (le salaire d'équilibre), les entreprises embaucheraient tous ceux qui souhaitent travailler à ce niveau de salaire, si bien qu'en définitive le plein emploi (au salaire d'équilibre) serait réalisé » (cg 173). De façon claire, « cet exemple montre que pour les économistes néoclassiques, l'existence d'un salaire minimal fausse le libre jeu du marché du travail.

L'approche en termes d'**équilibre général** prend en compte toutes les offres et toutes les demandes sur tous les marchés. Cette situation est donc très complexe et impossible à représenter. Cette approche est cependant plus rigoureuse car elle montre l'interdépendance de tous les marchés. » De la sorte, « les salaires fixés sur le marché du travail déterminent par exemple le niveau des consommations sur les marchés des biens, ce niveau n'étant pas sans influence sur l'embauche.

L'équilibre général (imaginé par Léon **Walras** et démontré, sous certaines hypothèses, par les économistes contemporains **Arrow** et **Debreu**) correspond alors à une égalité des offres et des demandes sur tous les marchés. » Donc « il existe un système de prix faisant coïncider l'offre et la demande sur tous les marchés. Vilfredo **Pareto** a, par ailleurs, démontré que cet équilibre général pouvait constituer un optimum économique (optimum de Pareto), c'est-à-dire une situation dans laquelle il n'est pas possible d'améliorer la satisfaction d'un individu sans détériorer celle d'au moins un autre. » Ainsi, « à l'équilibre, tous les échangistes sont satisfaits et il n'y a plus de possibilité d'échanges. Le marché a permis de réaliser l'allocation optimale des ressources.

Les limites de la théorie néoclassique :

La théorie néoclassique se veut une démonstration scientifique de la fameuse main invisible de Smith, la poursuite par chacun de son intérêt conduisant naturellement et automatiquement au meilleur état possible pour l'économie. » Alors, « l'intervention de l'État est non seulement inefficace mais plus encore néfaste en ce qu'elle perturbe les lois du marché et les calculs économiques des agents.

Cette analyse repose sur un grand nombre d'hypothèses (rationalité parfaite des agents, indépendance de l'offre et de la demande, concurrence pure et parfaite, notamment) qui ne sont guère vérifiées dans la réalité. » Par ailleurs, « de très nombreux phénomènes économiques ne relèvent pas des mécanismes de marché et nécessitent une intervention collective (phénomènes non marchands avec les effets externes et les biens collectifs).

La nouvelle école classique :

Les **anticipations** sont des hypothèses sur l'évolution de la situation économique que les agents économiques prennent comme point de départ lorsqu'ils décident de produire, consommer, épargner, investir. » Et « on parle d'**anticipations adaptatives** lorsque les anticipations d'une valeur future (Le taux d'inflation par exemple) sont fondées sur la série des valeurs passées de cette variable (les taux d'inflation des années précédentes). Les anticipations rationnelles, qui ont été développées par des économistes américains fondateurs d'un courant appelé nouvelle école classique et dont Robert **Lucas**, prix Nobel 1995, est le plus célèbre représentant », supposent que « les agents utilisent rationnellement toutes les informations disponibles lorsqu'ils prennent une décision d'ordre économique. Par exemple, si les pouvoirs publics annoncent une politique monétaire expansionniste, les agents vont anticiper une hausse de l'inflation, et cela quelle que soit la série des taux d'inflation passés.

Pour les « nouveaux classiques », la représentation des agents s'ajuste instantanément à la réalité économique. » Par conséquent, « ils anticipent immédiatement les conséquences néfastes des politiques économiques, ce qui en assure automatiquement l'inefficacité.

Anticipations rationnelles : Anticipations que les agents économiques forment pour les valeurs futures des variables économiques en utilisant toute l'information disponible au moment de leur prévision. » (cg 168-174).

Le **libéralisme** est un corps de doctrines de signification à la fois économique et politique. Cependant, ce corps doctrinal occupe un espace plus vaste à qualifier comme celui d'une idéologie anglo-saxonne.

Or celle-ci comprend d'autres sous-ensembles qui juxtaposent, appuient et étayent à la fois le libéralisme sous ses formes économique et politique. Il s'agit tout d'abord d'

– Une philosophie dont les diverses variétés ont pour dénominateur commun l'empirisme associationniste, ceci au cours des XVIIIe-XIXe siècles.

– Une psychologie offrant une version « scientifique » de celle-ci et dont les formes historiques modernes connues ont été le béhaviorisme (dès 1913), complété ultérieurement par le cognitivisme (dès 1957).

« Le libéralisme est une doctrine qui affirme le **caractère fondamental de la liberté individuelle dans les domaines économique et politique**. Elle repose sur la **volonté de limiter l'action et l'influence de l'État**. On distingue plusieurs conceptions du libéralisme.

Les différents libéralismes :

Les principes : » (cg 263). Essentiellement,

« Le libéralisme est né au XVIIIe siècle en réaction à l'absolutisme royal. Il érige en principe fondamental la liberté individuelle, c'est-à-dire l'autonomie et la libre initiative des individus dans l'organisation de leur existence. Libres et responsables, ceux-ci doivent décider eux-mêmes de leurs actions.

Ce principe en implique aussitôt un autre, la limitation du pouvoir politique quel qu'il soit. On distingue alors **deux grandes traditions libérales pour garantir cette limitation.** » Selon « la première, seule la règle peut limiter le pouvoir ; on définit au départ des domaines où l'État ne doit pas intervenir (activités économiques par exemple). Le nom de **Montesquieu** (1689-1755) est inséparable de la seconde tradition pour laquelle seul le pouvoir arrête le pouvoir », ce qui rend donc « nécessaire, dans ce cas, de diviser le pouvoir, de le répartir afin que, plusieurs pouvoirs (législatif, exécutif, judiciaire par exemple) s'opposant entre eux, aucun ne puisse dominer absolument. »

Cependant, « l'affirmation de la liberté des individus et la nécessité de limiter le pouvoir étatique laissent sans réponse des questions essentielles : comment éviter que la liberté permette aux plus forts de dominer librement les plus faibles (une formule célèbre parle de la **liberté du renard dans le poulailler**) ? Comment harmoniser les différentes actions des individus et éloigner le spectre d'une loi de la jungle [Thomas Hobbes], lorsque chacun est libre d'agir à sa guise ? »

En fait, « libéralisme économique et libéralisme politique apportent des réponses différentes à ces questions.

Libéralisme politique et libéralisme économique :

Libéralisme politique : Doctrine et système politiques reposant sur la reconnaissance et la mise en œuvre des libertés politiques individuelles ainsi que de la démocratie (cg 264).

Le libéralisme politique repose sur l'égalité civile des individus qui se transforment alors en citoyens. » De ce point de vue, « la liberté d'opinion, de réunion, d'information, la liberté de se regrouper en associations ou en partis politiques représentent les libertés publiques sur lesquelles repose le libéralisme politique. Le cœur du libéralisme politique reste toutefois le libre choix des gouvernants. » Il est de ce fait « inséparable de l'existence d'élections (**démocratie**). Les lois réglant la vie sociale sont donc le résultat de la volonté des citoyens.

Libéralisme économique : Doctrine économique hostile à l'intervention de l'État dans la vie économique et sociale.

Le **libéralisme économique offre une vision très différente.** À partir du moment où un certain nombre de libertés sont assurées et respectées (liberté de la propriété privée, libre concurrence, liberté du travail) », il suffira que « chacun poursuive son activité pour que se réalise l'harmonie sociale. Le libéralisme économique fonde alors cette **conviction d'un ordre naturel et spontané dans les bienfaits d'un mécanisme de régulation unique, le marché.** Le marché est un processus d'ajustement entre les actions économiques des individus. L'échange est avantageux pour tous les participants et l'intérêt général n'est que la somme des intérêts particuliers des uns et des autres (la main invisible de l'économiste Adam Smith). » En définitive, « le marché apparaît comme le **seul moyen de concilier** l'autonomie individuelle et un minimum d'ordre et de contraintes sociales.

Dans la réalité, libéralisme économique et libéralisme politique ne coïncident pas toujours. De nombreuses dictatures politiques mettent en œuvre les principes de l'économie libérale. À l'inverse, de nombreux pays politiquement libéraux refusent de s'en remettre entièrement à ces mêmes principes économiques. » On distingue :

« **Les différents libéralismes économiques** :

Le libéralisme économique est né à la fin du XVIIIe siècle avec des économistes comme Adam Smith (1723-1790), Thomas Malthus (1766-1834) et David Ricardo (1772-1823). Jean-Baptiste Say (1767-1832) et John Stuart Mill (1806-1873) sont aussi d'importants théoriciens du libéralisme économique. » Ceci étant, « conformément à la double tradition libérale, les économistes se réclamant du libéralisme économique ne sont pas d'accord sur la façon de limiter l'action économique de l'État. Pour certains, l'État ne doit pas intervenir dans la vie économique car il perturberait les mécanismes du marché et détruirait l'allocation optimale des ressources qu'il assure. » Au contraire, « d'autres pensent qu'il n'est pas possible d'émettre une telle interdiction générale car l'État est obligé d'intervenir (situations où le marché est défaillant ou impuissant comme pour les biens collectifs et les effets externes, par exemple). Dès lors, il est préférable de limiter son action en favorisant l'émergence de contre-pouvoirs efficaces (groupes de pression, syndicats, mouvements de consommateurs, etc.) » (cg 265). On envisage :

« **La politique économique libérale** :

Politique économique libérale : Politique économique qui cherche à réduire la place et le rôle de l'État dans l'économie afin de développer la place et le rôle des mécanismes de marché.

Les propositions de politique économique inspirées par le libéralisme économique s'expliquent par le rôle que joue l'État dans le domaine économique. » Au « XVIIIe siècle, les économistes libéraux dénoncent déjà l'État et les réglementations des échanges qu'il a instaurées. Contre la doctrine du mercantilisme, qui justifie le protectionnisme, les libéraux affirment, comme Vincent de Gournay (1712-1759), « laissez passer les choses, laissez faire les hommes ».

Économie de l'offre : Analyse économique justifiant la réduction du poids de l'État dans la vie économique et sociale afin de libérer les initiatives des individus et des entrepreneurs. »

Face à « l'impuissance des politiques économiques à vaincre la crise et face aux excès et aux limites de l'intervention économique et sociale de l'État (crise de l'État-providence, par exemple), **certains économistes et hommes politiques ont plaidé dans les années 1980 pour un retour au libéralisme économique. On a ainsi appelé « économie de l'offre »** l'ensemble des analyses présentées durant cette période qui démontraient la nécessité de réduire le poids de l'État dans la vie économique afin de libérer les initiatives individuelles (l'offre des entrepreneurs, l'offre de travail des individus). » Donc « l'économie de l'offre n'est ni une véritable doctrine ni une théorie, mais un programme de politique économique dont les principaux aspects sont la diminution des impôts directs affectant les personnes et les entreprises, la diminution des dépenses publiques d'interventions économiques et sociales et l'élimination des réglementations inefficaces qui brouillent les messages du marché. » De manière plus profonde, « c'est toute la politique économique conjoncturelle qui est dénoncée par les économistes de l'offre. Un exemple d'analyse appartenant à ce courant de pensée est donné par la courbe de **Laffer.** Cette courbe a pour but de montrer l'inefficacité d'une trop lourde imposition des individus » (cg 266). En effet, « si les impôts sont trop importants (taux d'imposition élevés), les individus vont préférer diminuer leur travail plutôt que de travailler pour les impôts. Ainsi, un niveau trop élevé d'impôt conduit à une activité économique moins importante, et donc à une diminution des recettes fiscales pour l'État, d'autant que cette situation encourage fraude, travail au noir et évasion fiscale. » Donc « la fiscalité est donc de moins en moins efficace (trop d'impôt tue l'impôt) et Laffer montre qu'un même niveau de recettes peut être atteint avec des taux d'impôt beaucoup moins importants. En effet, l'encouragement au travail, à l'effort et à l'initiative que constitue la baisse des impôts doit provoquer une relance de l'activité. » Et « celle-ci conduira à son tour, à une hausse des impôts (les rentrées fiscales comme la TVA, les impôts sur le revenu augmentent avec le PIB) qui compensera les effets de la baisse initiale du taux d'imposition. »

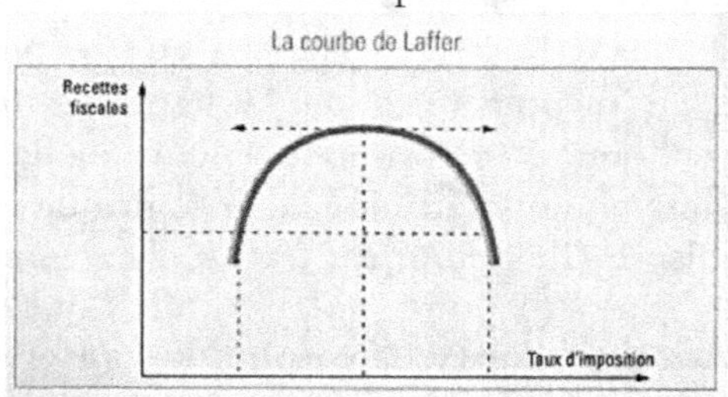

Une telle « analyse est directement à l'origine de la politique du président américain Ronald Reagan menée au début des années 1980 aux États-Unis (forte baisse des impôts). Cependant, celle-ci correspond davantage à la politique traditionnelle (inspirée par Keynes) de relance de l'activité par le déficit budgétaire. Les politiques d'inspiration libérale (privatisation d'entreprises publiques, déréglementation) ont été aussi appliquées au Royaume-Uni par Margaret Thatcher (1979-1991) et en France, notamment en 1986-1988 [Chirac] » (cg 263-266).

Dominique **Plihon** (DP1 2016) :
« Les fondements idéologiques de la nouvelle société.

Depuis son assemblée générale de janvier 2000, le MEDEF (Mouvement des entreprises de France), principale organisation patronale française, affiche son ambition de refondation sociale… Les principes de la refondation sociale constituent un véritable projet de société :

– l'individualisation du contrat de travail…

– la prédominance de l'accord d'entreprise sur les négociations sectorielles et collectives » (dp 1 75), de même que :

« – le développement d'une logique de compétence individuelle et d'employabilité…

– la gestion individuelle de la protection sociale : le système de couverture des risques sociaux (famille, chômage, retraite) fondé sur la solidarité caractéristique de l'État-providence de la période fordiste, est remplacé par un système privé assurantiel reposant sur l'épargne financière individuelle » (dp1 75).

« **Les idées qui dominent la refondation sociale sont inspirées de l'idéologie néolibérale : l'individu prime sur le collectif, l'économique prime sur le social et le contrat prime sur la loi. Les salariés sont responsables individuellement de leur carrière professionnelle comme de leur protection sociale. » Une telle « conception tend à affaiblir le rôle des organisations syndicales et à favoriser la mobilité et la responsabilité des travailleurs, ce qui permet en contrepartie de délester les entreprises de la couverture des risques sociaux. Ainsi, ces dernières ne sont plus responsables que devant leurs actionnaires, illustration supplémentaire du transfert des risques vers les salariés »** (dp1 75).

De ce point de vue, « Luc Boltanski et Ève Chiapello [1999] constatent que **nombre de responsables de la haute administration et de grandes entreprises françaises formés à l'école de la contestation des années 1970 ont activement participé à la légitimation des mutations récentes du capitalisme (flexibilité du travail, financiarisation, créativité individuelle, etc.)** » (dp1 76). Ainsi, **« il y aurait donc une convergence entre l'idéologie libérale, issue de la révolution conservatrice des années 1980, et l' « esprit de Mai 68 ». Le succès du nouveau capitalisme proviendrait de la sorte de sa capacité à rallier les aspirations libertaires des élites** » (dp1 76). Dès lors, « la transformation de l'entreprise taylorienne en entreprise-réseau s'explique par la montée de l'individualisme et par la récupération des exigences d'autonomie qu'exprimait l' « esprit de Mai 68 ». Selon les deux sociologues, cette interprétation permet d'expliquer la faiblesse de la critique d'une partie de la gauche politique et syndicale en France » : ce dont « l'illustration la plus spectaculaire est fournie par le « recentrage » de la CFDT, héritière de l' « esprit de Mai 68 », qui est devenue le principal interlocuteur syndical du patronat dans le processus de refondation sociale. **Mais cette domination de l'idéologie libérale a été**

récemment battue en brèche à la suite d'une vague croissante de contestations, illustrée par les mouvements sociaux de 1995, 2006 et 2016 [ajoutons : 2018-2019. E. J.] qui mettent en difficulté successivement les gouvernements Juppé, de Villepin et Valls » (dp1 76).

De fait, « **De Villepin** avait mis en chantier la refonte de l'ensemble du Code du travail pour améliorer la flexibilité du marché du travail, selon les vœux du patronat. L'une des mesures emblématiques de cette réforme était l'institution du contrat première embauche (CPE), prévoyant la même période d'essai sans droits pour tous les jeunes de moins de 26 ans dans les entreprises de plus de vingt salariés » (dp1 76). Or, « ces mesures de précarisation ont suscité la colère de millions de salariés et de jeunes qui ont obligé le gouvernement à reculer et à mettre un terme au CPE [Husson, 2006]. **Valls** a cherché à reprendre le processus de refonte du Code du travail pour satisfaire les demandes du MEDEF » (dp1 76). Ceci dit, « la mesure emblématique de la loi **El Khomri**, qui a suscité une forte opposition, est l'inversion de la hiérarchie des normes contenue dans l'article 2, qui donne la priorité aux accords d'entreprise sur les accords de branche » (dp1 76).

Laurent **Mauduit** (2018) :

Quatrième de couverture :

« L'accession au pouvoir d'Emmanuel Macron n'est pas seulement la conséquence d'un séisme historique, qui a vu l'implosion du Parti socialiste et du parti Les Républicains. C'est aussi l'aboutissement de l'histoire longue de la haute fonction publique, qui a cessé de défendre l'intérêt général pour se battre en faveur de ses seuls intérêts » (lm 210).

« Pour comprendre cette sécession des élites publiques et décrypter les débuts du nouveau quinquennat, il faut savoir comment la caste a d'abord réalisé, grâce aux privatisations, un hold-up à son profit sur une bonne partie du CAC 40 : puis, comment par le jeu des pantouflages ou de rétropantouflages, elle est parvenue à privatiser quelques-uns des postes clés de la République jusqu'à porter l'un des siens au sommet de l'État » (lm 210).

« C'est cette enquête que *La Caste* s'applique à mener, en dressant l'état des lieux du système oligarchique français ; en se plongeant dans les combats engagés par les défenseurs de la République – en 1848, en 1936, et encore en 1945 – pour que celle-ci dispose enfin d'une haute fonction publique conforme à ses valeurs.

Écrivain et journaliste, Laurent Mauduit est cofondateur du journal Médiapart et auteur d'une quinzaine d'essais » (lm 210).

« Cette caste est peu nombreuse, mais de plus en plus puissante : elle rassemble une cohorte de hauts fonctionnaires issus pour l'essentiel de Bercy, notamment de l'Inspection des finances ou de la direction du Trésor, qui a pactisé avec le monde de la finance et de la banque françaises. D'étanches, les frontières sont devenues poreuses entre ces univers désormais consanguins, sinon confondus » (lm 11).

« La caste est tentaculaire ; elle contrôle la **forteresse de Bercy, dont les grandes directions pèsent d'un poids écrasant sur la vie publique du pays**, elle dirige la finance française et des groupes du CAC 40. À cette caste se sont aussi agrégés des intellectuels, une poignée d'économistes ainsi qu'une ribambelle de conseillers d'État » (lm 11).

« La prise du pouvoir s'est déroulée en deux temps. Hold-up économique, d'abord…

La majorité des groupes issus des vagues successives de privatisations sont dirigés par des inspecteurs des finances. Lesquels, oubliant qu'ils avaient formés pour servir la République, se sont **formidablement enrichis**, en accumulant les stock-options, bonus et autres retraites chapeaux » (lm 12).

« Qu'ils se revendiquent de la gauche ou de la droite...

Sur le plan politique, le processus est plus insidieux. Jusqu'aux années 1960-1970, la haute fonction publique était diversifiée et composite, attachée au bon fonctionnement de la République et dévouée à l'intérêt général, incarné par un gouvernement qu'elle avait pour mission de servir » (lm 12).

Or, « ces temps-là ne sont plus. La vague néolibérale des années 1980 a tout emporté. Et, à Bercy aussi, elle a tout dévasté…

Dans le courant des années 1980 et 1990, les mutations du capitalisme français se sont accélérées. Progressivement, la France a abandonné le modèle rhénan, qui avait prospéré au long des Trente Glorieuses, pour basculer vers un **capitalisme à l'anglo-saxonne, dominé par la finance et bien plus tyrannique, qui garantit une prééminence du capital sur le travail et ignore le compromis social** » (lm 13).

C'est ici que « réside la première raison du **lent suicide du Parti socialiste** (PS), qui accède au pouvoir au début des années 1980, au moment où le réformisme et le compromis social sont malmenés par les évolutions planétaires… Le Parti socialiste a perdu ses fondamentaux, pour aboutir à ce pathétique quinquennat de François Hollande (2012-2017) qui a sonné le glas de l'organisation politique » (lm 13).

[Ce suicide a commencé dès 1936 avec les renoncements des Léon Blum, Daniel Mayer, Guy Mollet. E. J.]

De son côté, « le parti néogaulliste a suivi un mouvement presque identique : abandonnant le volontarisme économique qui a longtemps fait partie de son ADN, il s'est délité en une organisation purement conservatrice avant d'être submergé par les scandales et l'affairisme lors de la campagne de François Fillon » [On ne peut pas suivre tout à fait l'auteur sur cette thèse d'une soi-disant vocation sociale d'un courant du gaullisme, sauf masque de comédie. E. J.] (lm 13).

Dès lors, « sous les avancées de ce capitalisme nouveau, la caste s'est faite audacieuse, dictant ses obsessions avec arrogance aux politiques de tous bords, **au gré des alternances : moins d'impôts ! Moins d'État ! Moins de déficit ! Plus de privatisations ! Moins de protections ou de réglementations sociales !** Au fil du temps, elle a pris plus d'assurance. Et c'est Emmanuel Macron qui a franchi le pas ultime, que la technocratie de Bercy n'avait jamais osé franchir jusque-là, en roulant pour son propre compte » (lm 13).

De fait, « il suffit d'observer **la politique d'Emmanuel Macron aujourd'hui : c'est la poursuite des réformes opérées par la caste depuis plus de vingt ans à Bercy, le démantèlement du Code du travail, celui du Smic, les réformes successives du régime des retraites, les projets de privatisations, le démantèlement du livret A et du logement social** » (lm 14).

Par ailleurs, « la caste est pressée... C'est l'orgie néolibérale, une revanche après une longue attente : le démantèlement du Code du travail, la **mise à bas du régime d'assurance chômage et le dernier régime paritaire qui va avec, la privatisation de la SNCF, puis celle, hautement sulfureuse, de la Française des jeux**...

Désormais, cette oligarchie ne défend plus qu'une seule cause : la finance » (lm 14-15).

Déjà, « le républicain **Marc Bloch** (1886-1944)... dans son ouvrage *L'Étrange Défaite*, écrit dans les semaines qui suivent la **débâcle de juin 1940**, analyse ce que le pays vient de subir : non pas une victoire de l'Allemagne sur la France, mais une défaite de la France sur elle-même. Le pis est que nos adversaires n'y furent pas pour grand-chose, insiste-t-il » (lm 15). Avec ce « constat terrible : **non seulement la hiérarchie militaire a été nulle, vivant dans la nostalgie de sa grandeur passée, mais les élites françaises étaient du côté des vainqueurs avant même qu'ils ne fondent sur le pays.** Bloch a des mots très durs contre **la haute fonction publique française, alors que le régime de Vichy vient à peine de s'installer** » (lm 15).

Et « question de bon sens, jamais posée dans le débat public **: la haute fonction publique, qui trouve sa source dans l'Ancien Régime, s'est-elle jamais, si du moins ce néologisme est permis, républicanisée** ?

Aujourd'hui, face à la montée en puissance d'un capitalisme d'actionnaires de plus en plus destructeur, l'État aurait plus que jamais besoin d'une haute fonction publique dévouée et désintéressée pour servir et défendre l'intérêt général en même temps que le modèle social français. » Cependant, « suivant le triste constat de Marc Bloch, **les hauts fonctionnaires formés par l'État ne servent plus le pays qu'à contrecœur ou alors ils se sont mis au service de puissances privées**. Ces élites ont fait défaut au moment où le pays avait le plus besoin d'elles, quand le modèle social bâti était le plus menacé. Avec Emmanuel Macron, c'est un pas de plus qui est franchi : la caste s'est émancipée et a porté l'un des siens au pouvoir » (lm 16).

[C'est la caste des Privilégiés qui forme le contingent des **Émigrés de Coblence** qui revient avec une coalition étrangère envahir la France révolutionnaire. C'est le clan des **Versaillais** qui, avec la complicité des Prussiens, revient écraser la Commune de Paris. C'est la droite conservatrice, représentée par **Monnet et Schuman,** qui fomente, avec leur CEA puis CEE, la duperie à terme d'un mariage économique avec l'Allemagne.

Alain **Badiou** dit ceci : « Il y a une férocité de la bourgeoisie quand elle se sent libre. Ils veulent nettoyer tout ça, vraiment. Et ils prennent exemple sur l'Allemagne. **En France, les réactionnaires ont toujours suivi l'exemple de l'Allemagne** (Alain Badiou avec Aude Lancelin : *Éloge de la politique*, Flammarion, Café Voltaire, 2017, 127). Ce qui n'empêche le **paradoxe de l'extraordinaire valeur culturelle de la philosophie allemande entre Leibniz et Heidegger**, à laquelle Badiou aussi bien que moi-même et toute la tradition philosophique française ont été formés depuis deux siècles, après s'être nourrie d'abord elle-même de la philosophie française des XVIIe-XVIIIe siècles. E. J.]

Plus loin : « Les dégâts démocratiques commis par l'oligarchie de Bercy ne se limitent pas à l'OPA sur une bonne partie de la vie parisienne des affaires grâce aux privatisations ou encore, comme par un choc en retour, à la colonisation des postes clés de la République par les oligarques de la finance, issus de l'ENA ou de l'Inspection des finances. » Compte « aussi **un acte de prédation presque plus grave, commis sur la pensée. Car le ministère des Finances n'a pas toujours été ce temple de la pensée unique** ; en d'autres temps, ce fut même un lieu qui favorisait le débat public et admettait les points de vue contradictoires » (lm 85-86).

Or, « cette époque est révolue… La haute fonction publique de Bercy a joué un rôle majeur dans l'extinction du débat et de la controverse économique… Il est important de comprendre comment cette tyrannie intellectuelle s'est installée » [**à laquelle le corps des philosophes français**

n'a jamais eu l'idée, ni la capacité intellectuelle ni le courage de s'opposer. E. J.] (lm 86).

« Tous ces serviteurs de l'État – aujourd'hui disparus – étaient d'anciens résistants animés par trois idéaux : le bien commun, la justice sociale, le patriotisme. Tous étaient plus ou moins imprégnés des idées du vieux courant du « christianisme social », né au XIXe siècle face aux inégalités croissantes engendrées par le capitalisme et adeptes du « planisme » du Front populaire » (lm 89). « Tous étaient « mendésistes » [E. J. : disons un certain nombre]. Beaucoup étaient protestants, mais les catholiques comme Bloch-Lainé étaient leurs cousins et les francs-maçons… leurs frères.

Compte tenu de ce que le ministère des Finances devient progressivement au cours des décennies suivantes, on peine à concevoir, avec le recul, qu'une telle conception pluraliste ait pu y exister dans le passé » (lm 89).

Alors, « que se passe-t-il pour que cette tradition de pluralisme soit remise en cause et qu'une autre, intolérante, prenne le relais à partir des années 1980 ? C'est d'abord l'onde de choc de la vague néolibérale qui, venue de l'Amérique de Ronald Reagan et de la Grande-Bretagne de Margaret Thatcher, submerge l'Europe et particulièrement la France » (lm 90). Ce « séisme en provoque un autre : **les socialistes français qui viennent d'accéder au pouvoir ne tardent pas, lors du tournant de la rigueur des années 1982-1983, à se rallier au culte des grands équilibres**, avec la foi des nouveaux convertis. Pourchassant les hérétiques qui ne croient pas aux dogmes du franc fort ou de la désinflation compétitive – appellation savante d'une politique d'austérité salariale – » (lm 90), ils vont être « **les premiers à installer en France l'idée folle – et démocratiquement désastreuse – qu'il n'y a qu'une seule politique économique possible - ce que Pierre Bérégovoy, le célèbre Pinay de gauche, ne cesse de marteler**. Commence alors une période sidérante » pendant laquelle « les marxistes, les keynésiens, les néokeynésiens, les schumpétériens, bref, tous ceux qui n'appartiennent pas au courant *mainstream*, sont menacés du bûcher s'ils n'abjurent pas leur croyance pour honorer les seuls maîtres à penser de cette nouvelle Inquisition, **Milton Friedman (1912-2006) ou Friedrich Hayek (1899-1992), les papes du néolibéralisme** » (lm 90).

[Ce monopossibilisme antibinaire est bien dans le sillon antidialectique de la pensée empiriste de Popper : il n'y a pas plus d'alternative (le TINA de Thatcher) que de contradiction concevable dans l'esprit aussi bien que dans le réel. Telle est, comme dit Baudelaire, **« la bêtise au front de taureau » propre à la pensée anglo-saxonne, dont l'obscénité et la**

nuisance sociales échappent alors totalement à la philosophie, tout comme au reste de l'intelligentsia, française. E. J.]

Dès lors « il faut **applaudir des deux mains les privatisations, dénoncer les rigidités sociales qui étouffent le pays, approuver bruyamment les baisses d'impôts, surtout celles qui profitent aux plus riches, s'indigner de la survivance du Smic**, pour ne pas passer pour un insupportable archéo. Dans la haute fonction publique, la même intolérance se propage à vive allure et finit par tout emporter sur son passage » (lm 91).

Par ailleurs, « **le choix européen, acté par François Mitterrand lors du second plan d'austérité de 1983, enclenche un processus irrémédiable : la pensée unique devient doctrine d'État, pour la gauche aussi bien que pour la droite**, et les inspecteurs des finances encore en fonction au ministère, tout comme ceux passés dans le privé deviennent les grands prêtres de la religion officielle, les croisés de la pensée unique » (lm 91).

C'est « un basculement sans précédent qui se produit dans la haute fonction publique à partir du **milieu des années 1980** ; ces élites du ministère des Finances vont toutes être, à quelques rarissimes exceptions, happées par le capitalisme à l'anglo-saxonne émergent, soit qu'elles passent aux commandes d'un grand groupe, soit qu'elles en deviennent des agents de propagande » (lm 91). Et « dans les années qui suivent le déménagement du ministère des Finances de la rue de Rivoli **dans la forteresse de Bercy en 1988, une pensée maison se forge – en résonance avec la pensée bruxelloise qu'élabore à la même époque la technostructure européenne – une pensée bercyenne qui va devenir envahissante, presque totalitaire, pour l'essentiel façonnée par l'Inspection des finances** » (lm 91).

Ceci dit, « proférés par des hauts fonctionnaires travaillant alternativement pour des gouvernements de gauche et de droite, dont les politiques se sont par la force des choses de plus en plus rapprochées, au point de finir par se confondre, ces dogmes ont si souvent été déclinés dans le débat public depuis trois décennies [1990] que nul ne peut les ignorer » (lm 91-92) : les voici : « **les salaires augmentent trop vite, à l'instar des déficits ; la France vit au-dessus de ses moyens ; le modèle social est trop généreux ; l'assurance chômage trop dispendieuse ; il faut faire des économies sur l'assurance maladie ; et plus encore sur les régimes de retraite ; par-dessus tout, il faut apprendre à la France l'impérieuse nécessité de conduire des réformes structurelles** ! » (lm 92).

[**« Structurel » signifiant en réalité : opposé au mouvement de l'histoire, de même que « réforme » signifie « contre-réforme**. » E. J.]

« Ces dogmes, il importe d'en recenser quelques-uns. Car c'est dans cette boîte à outils intellectuelle qu'Emmanuel Macron va aller puiser, en 2016-2017 quand il lance sa campagne présidentielle, prétendant que ses projets ne sont ni de droite ni de gauche, mais seulement réalistes » (lm 92). En fait, « cette posture est celle adoptée par la technostructure de Bercy depuis des lustres. **L'oligarchie affirme toujours qu'elle n'est ni de droite ni de gauche, mais pragmatique**. Pour reprendre la formule pertinente de Benoît Hamon : elle n'est ni de gauche... ni de gauche ! » (lm 92).

Du reste, « lors du virage de la rigueur, il y a **d'abord le dogme de la désinflation compétitive inventé par un inspecteur des finances, Jean-Baptiste de Foucauld**, du temps où il est membre du cabinet de Jacques Delors aux Finances – il deviendra commissaire au Plan… Il fait partie de l'avant-garde de ces hauts fonctionnaires hybrides qui ont brouillé les cartes, issus de la gauche mais défendant des idées de droite » (lm 92). En fait, « **de gauche en surface, radicalement libéral en profondeur**. C'est l'un des précurseurs de ces intellectuels de la deuxième gauche réunis au sein de la **Fondation Saint-Simon**, avant, une décennie plus tard, de faire cause commune au sein des **« Gracques »**, un club politico-mondain de hauts fonctionnaires officiellement de gauche mais aux positions souvent plus brutales que celles de l'ultralibéral Alain Madelin » (lm 92).

Ceci étant, « dans le grand basculement que la France est en train de connaître, qui va la conduire à tourner le dos aux règles du capitalisme rhénan pour souscrire à celles du capitalisme anglo-saxon, il est impératif de **modifier le partage entre le capital et le travail**, pour avantager le premier et désavantager le second » (lm 93). Et « il faut un nouveau partage de la valeur ajoutée, qui avantage les profits au détriment des salaires. Il faut, en bref se soumettre aux diktats d'un capitalisme d'actionnaires. Et **la première réforme majeure à laquelle la France du début des années 1980 doit se soumettre, c'est celle de la désindexation des salaires sur les prix** » (lm 93).

« Cette première croisade autour de la désinflation compétitive, qui fait des **salaires le cancer ruinant la compétitivité**, se prolonge par une seconde à peine différente. Son mot d'ordre : **les salaires font le lit du chômage**. Cette fois encore, c'est **Denis Olivennes**, un ancien de Bercy ayant fait ses classes à l'ENA, qui est à la manœuvre pour essayer de convaincre l'opinion de se rallier à des politiques d'austérité salariale, et au passage remettre en cause le Smic » (lm 93).

« Denis Olivennes (que l'on retrouve plus tard parmi les Gracques), à l'époque haut fonctionnaire, n'a pas encore basculé dans la vie des affaires [On l'a **connu un certain temps Directeur et Premier éditorialiste du Nouvel Observateur** ! E. J.]. Pour le compte de l'ex-Fondation Saint-Simon, il écrit ainsi en février 1994 une note intitulée « La préférence française pour le chômage », et publiée un peu après dans la revue ***Le***

Débat. » (lm 93) [**Dirigée par l'estimable philosophe politique Marcel Gauchet, pilotant alors à vue dans cette dérive néolibérale**. E. J.]. « Elle défend la thèse libérale – on ne dit pas encore néolibérale à l'époque – selon laquelle **des salaires trop élevés en France ont contribué à pousser le chômage à la hausse. » Certes, « la démonstration est tirée par les cheveux, car depuis le tournant de la rigueur des années 1982-1983, c'est à l'inverse**, comme on l'a vu, la « désinflation compétitive » (en clair, l'austérité salariale) qui est l'alpha et l'oméga des politiques économiques conduites par la droite et la gauche » (lm 93-94).

« La haute fonction publique du ministère des Finances ne fait là que reprendre à son compte les valeurs de **marchés financiers, lesquels ont en horreur l'inflation** qui avantage les débiteurs au détriment des créanciers » (lm 94).

De surcroît, « la doctrine est d'une formidable hypocrisie : elle en dit long sur notre oligarchie, toujours adepte de l'austérité quand il en va du peuple, mais favorable aux plus belles largesses sinon aux passe-droits dès qu'il s'agit de sa classe... **l'austérité pour les pauvres, l'opulence pour les croisés de la pensée unique » [Voir l'affaire toute récente du salaire de Chantal Jouanneau**, présidente de la commission des débats] (lm 94).

« Sur le moment, personne ne peut débusquer l'hypocrisie du haut fonctionnaire ; sa note fait référence. À gauche comme à droite, notamment dans les rangs des partisans d'Édouard Balladur. À l'automne 1994, ce dernier prépare sa rupture avec Jacques Chirac, et commence à dessiner son programme de candidat à l'élection présidentielle » (lm 95). À l'époque « Premier ministre, il nomme Alain Minc à la présidence d'une commission chargée d'élaborer un rapport sur « La France de l'an 2000 » sous l'égide du commissariat général du Plan...

Trahi par Édouard Balladur en présidentielle, Jacques Chirac, devenu inaudible, cherche à se distinguer en menant campagne contre la « fracture sociale ». Mais, derrière ces règlements de comptes internes à la droite, quelque chose de bien plus lourd se joue » (lm 95-96) : car, « c'est la première fois depuis fort longtemps que l'idéologie de Bercy apparaît aussi clairement : il n'y aurait, définitivement, qu'une seule politique possible...

En ces années, il faut admettre que Jacques Chirac voit juste. C'est lui le premier, sur les conseils d'Henri Guaino, qui emploie pour la fustiger, la formule de pensée unique » (lm 96). Venant de lui, « on y trouve évidemment une certaine démagogie ; cette « autre politique » qu'il défend dans le feu de la campagne n'est mise en œuvre, après son élection, que quelques semaines à peine, jusqu'à ce qu'Alain Juppé, le nouveau

Premier ministre, annonce le plus classique des plans d'austérité » (lm 96).

Cependant, « avec le recul, malgré toutes ces hypocrisies, les sorties de Jacques Chirac retiennent encore l'attention tant elles visent juste. Tant elles révèlent ce qui devient dès cette époque une réalité incontournable : c'est la technostructure de Bercy qui est en passe de prendre la main ; c'est elle qui dicte les politiques qu'il faut conduire » (lm 96).

Déjà, « Jacques Chirac a vu l'inspecteur général des finances Jean-Claude Trichet, après être passé à l'Élysée sous Valéry Giscard d'Estaing, devenir le bras droit d'Édouard Balladur au ministère des Finances, d'abord comme directeur de cabinet en 1986, puis comme directeur du Trésor à partir de 1987. Il a vu que ce même Jean-Claude Trichet est resté le bras droit du socialiste Pierre Bérégovoy à partir de 1988, toujours comme directeur du Trésor » (lm 97). Dans « cette seconde moitié des années 1980, l'intéressé devient donc le premier des hauts fonctionnaires français qui prend valeur de symbole en tant que l'un des principaux collaborateurs d'Édouard Balladur puis de Pierre Bérégovoy, il est la première incarnation de la pensée unique qui minera de l'intérieur la gauche et la droite et qui conduira longtemps plus tard à la victoire d'Emmanuel Macron » (lm 97).

En « ce moment d'inhabituelle sincérité, Jacques Chirac reconnaît qu'avec de tels personnages, c'est l'oligarchie du ministère des Finances qui est aux commandes et que les politiques sont en train d'abdiquer face à la technocratie...

Dans le courant des années 2000, l'austérité salariale reste l'une de leurs principales obsessions » (lm 97). Dans ce contexte, « c'est alors un économiste moins connu, Gilbert Cette, officiant à la Banque de France, qui prend le relais, multipliant les rapports en faveur d'un démantèlement du Smic. Il s'illustre en particulier en applaudissant bruyamment la politique d'austérité salariale conduite lors du quinquennat Sarkozy. Et le moins que l'on puisse dire, c'est qu'elle est violente...

Durant toutes ces années, l'économiste Gilbert Cette appuie cette politique socialement inéquitable et plaide même pour la remise en cause du salaire minimum » (lm 98).

Mais, « le plus stupéfiant, c'est que Gilbert Cette reste fréquentable pour le socialiste François Hollande, quand il accède en 2012 à l'Élysée. L'expert est chargé d'un nouveau rapport et s'empresse de recommander, une fois encore, le démantèlement du salaire minimum. Le pouvoir socialiste lui donne raison, au moins partiellement, en poursuivant la politique du précédent gouvernement, refusant tout nouveau coup de pouce » (lm 98).

Maintenant, « le même expert est mandaté par Emmanuel Macron pour réaliser un énième rapport sur le même sujet ; le gouvernement d'Édouard Philippe exclut toujours le moindre coup de pouce. Il est à craindre que le combat de l'oligarchie de Bercy contre le Smic finisse par porter ses fruits » (lm 98).

En fait, « la caste a ses obsessions, des idées fixes qu'elle ratiocine. L'austérité salariale est l'une d'elles. La dette en est une autre, qu'elle a en partage avec la technocratie de Bruxelles depuis le début des années 1990. C'est l'autre grande bataille du ministère des Finances » (lm 99).

À ce propos, « un épisode symbolique [est celui] de la commission Pébereau. Constituée à la demande du ministre des Finances Thierry Breton, une commission est chargée, en 2005, d'examiner la situation de la dette française, et de faire de recommandations pour la résorber » (lm 99). De fait, « la commission est un modèle dont on raffole à Bercy : s'y retrouve une pagaille d'inspecteurs des finances et d'anciens de la direction du Trésor, pour certains toujours en fonction à Bercy, pour d'autres passés dans le privé » (lm 99).

En réalité, « si les finances publiques entrent en crise dans le courant des années 2000, c'est parce que les gouvernements de gauche et de droite multiplient les mesures d'allégement d'impôts, et notamment de l'impôt sur le revenu, favorisant les 50 % des contribuables les plus aisés » (lm 101). En effet, « deux rapports publics publiés à la fin de cette décennie, le premier rédigé par Jean-Philippe Cotis, à l'époque directeur général de l'Insee, et par son prédécesseur, Paul Champsaur, et le second par le député (LR) Gilles Carrez, alors rapporteur général du budget à l'Assemblée nationale, prouveront la mystification : sans les baisses d'impôts des années 2000 à 2010, la dette publique française aurait été inférieure de 20 points du produit intérieur brut » (lm 101). En définitive, « la France ne vit pas au-dessus de ses moyens ; elle a seulement consenti trop de cadeaux fiscaux, surtout aux plus riches, ce qui a fait exploser la dette » (lm 101).

En 2007, une nouvelle commission, « cadeau de Nicolas Sarkozy à Jacques Attali, ancien sherpa de François Mitterrand, en récompense de sa trahison, fleure bon le libéralisme : remis en janvier 2018, le rapport, dont Emmanuel Macron tient la plume, en est « strictement conforme aux vœux de l'Élysée : À bas l'État ! Vive le marché ! Et vivent les dérégulations en tout genre » (lm 103).

Enfin, « pour faire bonne mesure, il y a même un coup de chapeau indirect à la privatisation de l'université puisque le rapport recommande chaleureusement de « développer les financements privés » dans l'enseignement supérieur » (lm 105).

D'ailleurs, « ce rapport – suivi d'un second, plus violent, en 2010 – est précédé d'une invraisemblable note de méthode. Comme s'ils étaient investis d'on ne sait quelle autorité, Jacques Attali et Emmanuel Macron donnent leurs ordres aux chefs de l'État – à Nicolas Sarkozy et à ses éventuels successeurs » (lm 105).

Nous y voilà : « le système de l'oligarchie française, dont Jacques Attali est l'un des représentants et Emmanuel Macron le dernier rejeton, garantit l'enrichissement de ceux qui y participent et en même temps distille une idéologie qui tient la démocratie pour méprisable ou quantité négligeable… L'enrichissement pour les uns, la punition sociale pour les autres. Et toujours aucune perspective en faveur de la relance de l'économie et de l'emploi » (lm 105-106).

Or, « ces premiers pas d'Emmanuel Macron, sous le quinquennat de Nicolas Sarkozy, éclairent ceux qu'il franchit par la suite sous le quinquennat de François Hollande, quand il devient ministre de l'Économie et met au point la loi qui portera son nom. De fait, la loi Macron présente de grandes similitudes avec le rapport Attali Macron » (lm 106).

Tout d'abord, « c'est le même catalogue à tiroirs désordonné. D'un projet à l'autre, c'est la même petite musique néolibérale, celle de la déréglementation : si l'économie française est anémique, c'est parce qu'elle étouffe dans un ensemble de contraintes, règlements et autres codes. De 2008 à 2015, un seul mot d'ordre : libérer l'économie française » (lm 106).

« Le projet de loi Macron est le décalque exact du projet concocté sous la présidence Sarkozy…

Au mépris de la démocratie, et du vote émis par les citoyens français en 2012 en faveur d'un changement de politique économique et sociale, c'est ainsi que les choses se passent : François Hollande met en œuvre une réforme voulue par son prédécesseur » (lm 107). Or « la continuité est d'autant mieux assurée que l'artisan du projet, Emmanuel Macron, n'a pas changé, de sa genèse en 2007 à sa traduction légitime en 2015. Et c'est ainsi que les choses se poursuivent toujours, après 2017 » (lm 107).

Du reste, « une foultitude de rapports sur le train de vie des retraités décidément trop élevé. Leur acharnement a payé : avec la hausse de la CSG ponctionnant le pouvoir d'achat des retraités, y compris très modestes, Emmanuel Macron a satisfait une demande qui circulait depuis si longtemps dans les couloirs de Bercy » (lm 108).

Un tel « catéchisme néolibéral s'est propagé partout, au-delà des simples directions du ministère des Finances. Que l'on songe par exemple que la Cour des comptes, l'une des grandes institutions financières, a elle aussi été contaminée par ce méchant virus » (lm 108).

On préconise « une rafale d'économies pouvant aller jusqu'à un « éventuel retrait » de la Sécu des frais d'optique corrective ou des prothèses auditives ; le lendemain, ils stigmatisent le « coût du lycée » et préconisent une rafale de mesures visant à remettre en cause certaines des missions du service public de l'éducation ; le surlendemain, c'est Pôle emploi qui est dans leur collimateur néolibéral » (lm 109).

Il paraît évident que, « au prétexte de la réduction des déficits et de la dette publique, on cherche surtout à démanteler notre « modèle social » supposé handicaper le capitalisme français et européen dans la concurrence mondialisée. Fût-ce au prix d'une dépression, dommage collatéral à peine regretté » (lm 110).

En fait, « les grandes directions du ministère des Finances, à commencer par la direction du Trésor, happées comme elles le sont par des logiques comptables, n'envisagent le monde qu'à brève échéance. Dans le jargon des experts, on dit qu'elles sont court-termistes : leur horizon est à six mois ou un an, rarement plus » (lm 110-111).

« L'un des exemples le plus scandaleux que l'on connaisse est celui du numerus clausus en médecine – Observez ce qu'il a produit : la France, le pays de Pasteur, manque désormais scandaleusement et cruellement de médecins. Et c'est le résultat d'un diktat imposé envers et contre tous dès le courant des années 1970, au prétexte absurde que moins il y aurait de médecins, moins il y aurait d'ordonnances » (lm). Et « aujourd'hui, on est obligé d'aller chercher des médecins loin à l'étranger, médecins moins bien formés que les nôtres, et on a au passage massacré des centaines de milliers de jeunes brillants, du meilleur niveau, à coups de QCM à courte vue ! » (lm 105-111).

Selon François Bayrou, « « Les ministres adoptent très vite la pensée de leurs conseillers. C'est un système de captation de la décision publique, au nom de l'intérêt général. Quand vous êtes un ministre peu expérimenté, envoyer bouler un directeur d'administration centrale, c'est impossible. Il n'y a plus de place à l'imagination originale, parce que ce réseau impose aux soi-disant décideurs sa propre logique » (lm 112). « Il faut comprendre qu'il n'y a même pas de complot, ou rarement. Simplement, l'idéologie du corps ou sa tradition, l'idéologie des bureaux s'impose toujours. Et il y a aussi une sorte de condescendance à l'égard des politiques, toujours soupçonnés de faiblesse ou d'incompétence », raconte-t-il » » (lm 112).

Ceci encore : « « Le Conseil d'État et le ministère des Finances se sont coalisés pour enliser tel projet », dit-il. Avant d'ajouter : « Dès que l'on porte une idée originale, on est sûr d'avoir affaire à la résistance discrète, mais oh combien efficace de ces réseaux d'influence. » Évoquant l'actuel gouvernement d'Édouard Philippe, il a ce mot : « Faites parler les ministres ; beaucoup vous le diront, même si c'est en aparté : s'ils ont une idée à eux, elle va alors en interministérielle. Et quand l'idée revient… elle est tuée ! » » (lm 112).

De la sorte, « voici quelques-uns des ravages intellectuels qui ont accompagné la prise progressive de pouvoir par l'Inspection des finances. Tant il est vrai qu'au pays de l'oligarchie triomphante il n'y a qu'une seule politique économique possible. Au diable la démocratie ! Quelles que soient les majorités » (lm 113).

Chapitre 2

Chiffres et données significatifs[20]

L'avènement d'un nouveau capitalisme depuis le tournant des années 1980 se caractérise par le contraste contradictoire entre un continent bancaire hyperdéveloppé et un secteur subordonné de l'économie réelle des biens et des services, qui s'y alimente et l'alimente en partie, mais s'en trouve par ailleurs également étouffé.

Avançons que la marque caractéristique de cette nouvelle phase serait une hypertrophie pathologique du capital financier par rapport au capital industriel sur lequel a porté de façon privilégiée l'analyse de Marx dans le Capital. Bien entendu, Marx a repéré aussi d'autres formes du capitalisme – en particulier financier et aussi marchand – dont l'expansion contemporaine marque la civilisation moderne d'un coefficient particulier d'aliénation (Pléiade 2, Index des matières). Amorcée par Marx, l'étude du capital financier a été poursuivie par Rudolf Hilferding (1877-1941 ; 1910 : *Finanzkapital*), et par Vladimir Lénine (1870-1924 ; 1917 : *L'impérialisme stade suprême du capitalisme*).

L'espace bancaire se caractérise par des données chiffrées qui tendent aujourd'hui à une dimension astronomique, une extension comme stratosphérique, et dont il convient de bien prendre la mesure avant que puisse se concevoir la possibilité que l'on puisse y intervenir un jour de façon efficace, supposé qu'on puisse encore l'espérer. Cette dimension –

---

[20] Chiffres et données significatifs : GG 2012 : 97-98, 117, 120, 142, 145, 156-159, 163 ; TP 2013 : 697-698, 733, 834 ; SG 2014 : 34, 59, 78, 91, 139, 153 ; PI 2015 : 72, 203-205, 212, 229, 257, 285, 290, 293-294, 302, 312-313, 338, 340, 353 ; FM1 : 31, 36, 38-39, 67, 80, 82, 121, 137 ; EA1 : 39, 120 ; MA 2016 : 94, 326 ; JT 2016 : 102, 551, 562 ; FM2 : 99, 120, 137, 273 ; EA2 : 165, 167 ; TG : 205, 207, 226 ; DP2 : 65 ; DP3 : 3, 41, 98 ; JA 2018 : 73, 81.

dont la physionomie tend vers ce que Hegel appelait le « mauvais infini » – comporte un aspect quasi-démentiel – certains auteurs sérieux parlent de **folie financière** – qui résulterait de l'interférence entre cette quasi-illimitation défiant l'entendement, et une considérable fragilité intrinsèque tout aussi immaîtrisable que le premier aspect. Tel est **le Veau d'or (Gaël Giraud) planétaire aux pieds d'argile**. L'hyper-Goliath que ne s'est jamais proposé d'affronter aucun David. Le Président Franklin Delano Roosevelt (1882-1945), avec son ***Glass–Steagall Act*** de 1932, est le seul personnage exceptionnel qui ait jamais osé, en d'autres temps il est vrai, quelque chose de ce genre.

Les chiffres dont on va parler se présentent selon de multiples secteurs et dimensions. Les notions de PIB français et mondial peuvent servir d'unités basiques commodes pour en prendre la mesure.

En 2017, le PIB de la France se situerait autour de 2 800 milliards, le PIB mondial autour de 80 000 milliards, le PIB de la France représentant donc 3, 5 % du PIB mondial.

Selon Gaël **Giraud** (2012) :

« L'indépendance de la BCE (Banque Centrale Européenne) n'a nullement contrarié la succession des cadeaux électoraux qui, de suppression d'impôts en niches fiscales, ont permis à l'État français, entre 2000 et 2008, de renoncer à plus de 70 milliards d'euros de recettes fiscales annuelles (gg 97).

[Cela fait environ 2,7 % du PIB (2600 milliards en 2012). Plus 60 à 80 milliards d'évasion fiscale – cette année 2018 on a invoqué le chiffre de 100, donc encore 3,6 % du PIB. En réalité, **cela devient énorme, si l'on additionne les deux chiffres : 6, 3 % du PIB de manque à gagner fiscal annuel** au profit des privilégiés. E. J.]

« Avec un taux de croissance annuel moyen de 15 % de la base monétaire mondiale (30 % depuis 2008), il eût été difficile de se montrer plus expansionnistes que ne l'ont été la Fed, la BCE ou la Banque du Japon depuis plus de 15 ans » (98).

[Il y a contradiction flagrante avec le fait que Piketty soutient un taux de rapport annuel moyen de 5 % pour le capital industriel. **La banque croît bien plus vite que l'économie réelle, comme une sorte d'excroissance cancéreuse dans un organisme normal**. E. J.]

Depuis l'abandon par Richard Nixon des accords de Bretton Woods (1971-1973), « voilà 40 ans que nous vivons sur *une monnaie qui n'est plus gagée sur un actif*. La monnaie est devenue un pur *signe* fiduciaire… En dehors des pièces et des billets, l'écrasante majorité de la monnaie est représentée par les lignes d'un programme informatique » (gg 117).

Ces Himalayas d'argent ne sont plus que de l'ordre virtuel, du pur virtuel, et à la limite rien, mais du rien auquel on croit comme si c'était quelque chose – comme le croyant en Dieu. Il y a là quelque chose de fascinant pour la réflexion philosophique, par rapport par exemple au propos de Kant qui disait que « cent thalers réels ne contiennent rien de plus que cent thalers possibles », à ceci près qu'ils sont réels, c'est-à-dire d'un autre ordre incommensurable à celui de la pure et simple virtualité. On se demande **de quoi tient son efficace cet argent venu de l'argent, sans médiation avec aucun réel, qui peut apparaître et disparaître** comme par des tours de magie (dans la pure spéculation boursière) et quel peut être son rapport avec le force de taravil en tant que source de la valeur.

[Giscard d'Estaing a aussi joué un rôle là-dedans à partir de 1974, en contraignant l'État français à emprunter à des banques privées, au lieu de la Banque de France. E. J.]

« Le **taux de croissance maximal auquel on peut s'attendre du fait de la contrainte énergétique est inférieur à 1 % par an**. Le taux d'intérêt réel auquel la banque centrale devrait consentir à financer la transition [écologique] est donc au plus égal à 1 % » (120).

« **Qu'une banque puisse afficher un rendement sur action de 15 % (25 % dans le cas de BNP Paribas en 2007) dans une économie dont le taux de croissance moyen sur la décennie 2000 est de 0,8 environ est un non-sens**...

Le bilan de BNP Paribas était de 2 240 milliards d'euros fin 2010 – égal donc au PIB français. **Le bilan de la première banque française a connu une augmentation de 34 % entre 2007 et 2010, en plein krach des crédits *subprimes*.** Pourquoi cette course au gigantisme bancaire ? » (gg 142).

[Donc BNP Paribas profitait de la crise. Comment et pourquoi ?]

« Le manque à gagner pour les finances publiques françaises dû à l'évasion fiscale organisée par les banques a été évalué par la Cour des Comptes à 30 milliards d'euros par an » (gg 145).

[Cette année, ce sont 100 milliards qui auraient été annoncés par la même Cour des comptes. **De deux choses l'une, ou la Cour des comptes mentait précédemment, ou alors ce sont les fraudeurs qui volent de plus en plus l'État**. E. J.]

« Les catégories les plus vulnérables en France sont les 8 millions de personnes qui vivent déjà au-dessous du seuil de pauvreté, mais aussi **l'ensemble des classes moyennes** » (gg 156-159).

« Le centile des plus riches ménages occidentaux s'est considérablement enrichi en une génération (gg 157).

Les **3 520 ménages les plus riches de France (c'est-à-dire les fameux « top 0,01 % », autrement appelés les « ultra-riches »**) [Pourcentage comparable à celui des privilégiés sous l'Ancien Régime (Noblesse et Tiers État) d'après Malet-Isaac. E. J.] cachent à eux seuls pas moins de 140 milliards d'euros dans des paradis fiscaux ! Soit 30 % à 40 % de leur galette, qui représentent 50 % des avoirs français planqués au total (300 milliards) dans les paradis fiscaux. Pour avoir une idée de l'ampleur du phénomène, il faut avoir en tête que 140 milliards, c'est tout simplement 7 % de notre PIB national (extrait de Marianne).

« Depuis le milieu des années 1990, un quart environ d'une classe d'âge d'Européens de l'Ouest accède à un enseignement supérieur général » (gg 158).

Les deux tiers des citoyens sont « moins éduqués » [que les précédents] (gg 159). Disons environ la masse des gilets jaunes.

« **Tant que la finance dérégulée permettra des rendements de 15 %** par an, l'épargne ne pourra pas être investie dans un programme d'industrialisation verte qui ne pourra être rentable qu'à long terme » (gg 163).

D'après Thomas **Piketty** (2013) :

« Chaque automne depuis 2010 dans les rapports du Crédit suisse la **France apparaît comme le leader européen de la fortune** : le pays est systématiquement classé numéro 3 mondial (derrière les États-Unis et le Japon, et nettement devant le Royaume-Uni et l'Allemagne du classement des pays hébergeant **le plus grand nombre de millionnaires en dollars** » (tp 697-698).

[En contraste avec la **désertification croissante** des territoires périurbains : on ferme les postes, les gares, les écoles, des services hospitaliers entiers, même les distributeurs de billets. E. J.]

« Dans le monde d'aujourd'hui, **les milliardaires possèdent approximativement 1,5 % du total des patrimoines privés dans le monde**, et les fonds souverains possèdent également l'équivalent d'environ 1,5 % du patrimoine privé mondial » (tp 733).

« Le patrimoine moyen des 535 membres du Congrès américain serait supérieur à 15 millions de dollars en 2012. D'après les données rendues publiques par le gouvernement français, le patrimoine moyen des 30 ministres et secrétaires d'État serait actuellement de l'ordre de 1 million d'euros. Quelles que soient les incertitudes, l'écart paraît significatif. Dans les deux pays, le patrimoine moyen par adulte est de l'ordre de 200 000 dollars ou euros » (tp 834).

D'après Susan **George** (2014) :

147 « super-entités » [industrielles et commerciales] dominent l'économie mondiale, l'oligopole financier étant formé de 28 hyperbanques [Morin 2015].

[Chiffre à rapprocher d'autres repris plus loin : **197** États dans le monde (in the world : itw), **46 000** banques itw, **28** banques systémiques itw, **123** groupes bancaires en Europe, **5 800** banques en Europe, PIB France : **2800** milliards, PIB monde : **80 000** milliards en 2017. E. J.]

« **Le marché des produits dérivés en est arrivé à brasser 2 300 milliards de dollars par jour [à peu près le PIB de la France], soit un tiers de plus qu'en 2007… L'effondrement du système bancaire mondial a atteint le montant astronomique de 700 000 milliards, soit 10 fois plus que le PIB mondial**, soit le montant cumulé de tous les achats et ventes. **Le marché des changes avec plus de 5 000 milliards de dollars de transactions par jour [2 fois le PIB de la France]**, a lui aussi progressé d'un tiers depuis le déclenchement de la crise. Or, la plupart des opérations sont générées en une nanoseconde par des algorithmes informatiques qui, pas plus que l'homme, ne sont à l'abri d'une erreur » (sg 34-35).

Plus loin : « La fraude fiscale entraîne un manque à gagner de 60 à 80 millions d'euros [100 millions cette année 2018] chaque année pour la France et le budget de l'État, à comparer aux **53 milliards d'euros de recettes de l'impôt sur les sociétés en 2013** » [2 % du PIB, alors que le rendement du capital selon Piketty serait aujourd'hui en France d'environ 30 % du PIB, donc 15 fois plus, ce qui fait 13 %](sg 59).

Ceci encore : « En 2012, le PIB mondial était estimé à 71 700 milliards de dollars. Les États-Unis affichant le PIB le plus élevé du monde : 17 000 milliards (24 %) (78). Et celui de l'Europe étant de 16 500 milliards de dollars, soit 13 milliards d'euros, soit 23 % » (78, 91).

[L'Europe a un PIB qui pèse autant en principe que celui des USA ; l'euro est le 2ème monnaie la plus demandée au monde après le dollar, mais monnaie incomplète parce que dépourvue de souveraineté politique, dont du reste les Allemands ne veulent pas. E. J.]

Ceci également : « Du transnational au supranational : **les entreprises s'invitent aux Nations unies**… Dans les années 1980-1990, les entreprises ont commencé à lorgner vers les Nations unies » (sg 139).

On nous dit aussi qu'« **au début des années 1990**, alors que la phase initiale de la mondialisation battait son plein, **les entreprises ont appelé à la déréglementation** » (153).

« Les 66 pays signataires de la Convention de Vienne sur le droit des traités en 1969 se sont accordés pour reconnaître que **les traités priment sur le droit national**…

Presque tous les pays de l'Europe de l'Est et de l'Ouest, dont le Royaume-Uni et l'Allemagne, l'ont signée et ratifiée (à l'exception de la France), donnant ainsi leur blanc-seing à Bruxelles pour promouvoir la libéralisation par l'entremise du droit international (sg 74-75).

Selon Pierre **Ivorra** (2015) :

Aujourd'hui, **la masse de capitaux investis à la Bourse s'élève dans le monde à 62 000 milliards de dollars** [Presque le PIB mondial]. Ce n'est pourtant que le sommet de l'iceberg financier.

Le volume quotidien des échanges sur le marché mondial des changes s'élève à près de 5 500 milliards de dollars [environ 2 fois le PIB de la France]. **Dans ces échanges, moins de 2 % concernent l'économie réelle, la production des biens et services**. [Ce qui témoignerait de l'hypertrophie gigantesque du capital financier. E. J.]

Les **produits dérivés**, titres financiers hyper spéculatifs qui ont joué un rôle considérable dans la crise de 2008, c'est plus de 600 000 milliards de dollars. Près de **8 fois le PIB mondial, d'autres disent 10 fois**.

« Ainsi en France, entre 2003 et 2007, à la veille de l'éclatement de la crise financière, le décalage entre le niveau des prêts bancaires, les résultats économiques et les prélèvements financiers est impressionnant. Durant cette période, l'encours des crédits aux sociétés non financières a progressé d'environ 90 %, leur investissement de 59 %, leur valeur ajoutée de 20,2 %, les salaires bruts de 19,1 %, les cotisations dites patronales de 17,9 %, les profits bruts de 25,4 % mais **les dividendes versés aux actionnaires ont eux augmenté de 65,9 %** ! » (pi 72).

« L'encours de la dette [publique et privée mondiale] en obligations dépasse largement le PIB mondial qui tourne autour de 75 000 milliards de dollars » soit 100 000 milliards de dollars : **133** % (pi 229).

Plus loin : « Depuis une vingtaine d'années, les groupes tentent un peu partout dans le monde de se conformer à des **normes de rentabilité des capitaux investis très élevées, de 15 à 18 %** » (pi 285).

Ceci encore : **l'addition des salaires et traitements bruts et des cotisations sociales versées par les employeurs constituent 24 % de l'ensemble des coûts des sociétés non financières. Les coûts en matières premières et autres achats : 54 % ; les intérêts et dividendes 11 %, l'investissement en capital fixe 7 %, les impôts 3 % [= 99 %]** (293-294). Voir Morin 2017 (fm2 59-61, 164-165).

Ceci également : « Dans l'industrie, **le taux de marge est en recul depuis le début des années 2000**, il est passé de 32 à 22 % de la valeur ajoutée. Nombre de PME sont étranglées » (pi 302).

Plus loin : « On s'efforce de maintenir, bon an mal an, **un taux de versement moyen correspondant à 45 % des bénéfices**. Il n'en est pas de même pour un livret A » (pi 312).

Problème : comment ajuster ces chiffres par rapport aux 30 % de rendement du capital de Piketty, aux 29 % de plus-values-profits et aux 29 % de salaires de Morin ?

Plus loin encore : « Les dividendes distribués aux actionnaires ont représenté 7,5 % de la valeur ajoutée des entreprises en 1993, 12,5 % en 2000, 20,6 % en 2006, juste avant la crise financière, près de 20 % en 2012. Il s'agit là d'une **véritable hémorragie, qui affaiblit l'investissement, épuise l'emploi et les salaires** qui, pourtant, concourent à l'offre et constituent aussi des moteurs de la demande » (pi 313).

On nous dit encore que les **patrons du CAC 40** reçoivent en moyenne 3,8 millions d'euros en 2010 (pi 340).

Plus loin : « Aujourd'hui chaque actif produit **7,4 fois plus qu'en 1946** en euros constants » (pi 353).

Selon François **Morin** (1. 2015) :

« L'écart entre la plus grande banque [de **l'oligopole des 28 banques** : JPMorgan Chase] et la plus petite [State Street] est important, la première étant 16 fois plus grosse que la seconde » (fm1 31).

Les encours notionnels de **produits dérivés dans les 18 plus grandes banques systémiques** de l'oligopole sont de 720 324 milliards de dollars en 2012 [environ **10 fois le PIB mondial** de l'année 2012 : 72 901 milliards de l'année 2012. E. J.] (fm1 36, 38).

À cet égard, « Les écarts entre la plus grande banque (Deutsche Bank, rang 5) et la plus petite (State Street, rang 28) sont très importants : la plus grosse gère environ 80 fois plus de produits dérivés que la plus modeste » (fm1 39).

Sur le **marché des changes, « en une année, le volume des échanges représente environ 30 fois la valeur du PIB mondial** » (fm1 67).

Plus loin : « Le **trading haute fréquence** est devenu la nouvelle mine d'or des plus grandes banques internationales » (fm1 80).

Les revenus de cette activité représentent une part substantielle du profit des banques, environ **22 % pour 2013** (fm1 82).

BNP Paribas et surtout Barclays gèrent des totaux de bilan supérieurs à la dette publique de leur pays (fm1 121).

La **création monétaire** est le fait, grosso modo, de 90 % des banques privées et de 10 % des banques centrales (désormais indépendantes des États) (fm1 137).

Selon les **Économistes atterrés** (1. 2015) :

Les décisions industrielles, prises au sein des conseils d'administration dans l'intérêt des actionnaires, sont soumises à la domination des « **mécanos financiers** » et à la logique implacable d'une rémunération des fonds propres fixée à **15 % minimum** l'an (ea1 39).

Les **opérations de la finance toxique ont retrouvé en 2013 le niveau d'avant-crise et représentent 10 fois le PIB mondial** (ea1 120).

Selon Michel **Aglietta** (2016) :

« Aujourd'hui **la monnaie bancaire est détournée de son principal objet, financer l'économie réelle. Seulement 15 % des crédits bancaires servent à financer l'investissement**, selon les études de Philippe Turner et de la Banque des règlements internationaux » (ma 94).

Selon Jean **Tirole** (2016) :

« Un chercheur de haut niveau disposant d'un poste au CNRS, à l'Inra ou à l'université gagne beaucoup moins (**parfois 3 à 5 fois moins) que ce qu'il ou elle gagnerait dans les grands pays scientifiques comme les États-Unis ou la Suisse**, environnements dans lesquels la qualité scientifique des interactions ne serait pourtant pas sacrifiée au profit de la rémunération » (jt 102).

« Certes les CDI représentent en France encore 58 % de l'emploi hors secteur public, mais ce chiffre est en diminution constante. Dans de nombreux pays, par exemple les pays anglo-saxons, **le salariat est en décroissance au profit du salarié multi-employeurs, du nomadisme, de l'emploi sur plusieurs sites** » (jt 551-552).

« On estime que les 500 plus grandes firmes américaines ont 2000 milliards de dollars parqués à l'étranger », c'est-à-dire environ le montant du PIB français (jt 562).

970 millions de personnes sur l'ensemble de la planète se consacrent à des activités désignées comme « volontariat », et qui ne représentent que 2,4 % du PNB mondial, ce qui explique le peu d'intérêt que les économistes leur portent généralement en dépit de leur utilité (Chambon 2016).

Selon François **Morin** (2. 2017) :

Le montant de ce ratio de **15 % s'est imposé très vite, sans qu'aucun fondement réel** ait pu lui être assigné (fm2 99).

Selon Steve Keen (2014) : Le Libanais Salah Ezzedine, arrêté en avril 2010, détient certainement sans doute la palme de la promesse de rendement (60 % par an) (sk1 24).

Au milieu des années **1990, il existait environ 46 000 banques dans le monde**, mais ce sont seulement une petite trentaine qui s'est hissée véritablement à la hauteur des nouveaux enjeux planétaires (fm2 120).

Ce ne sont pas 28 banques systémiques qui fabriquent la quasi-totalité des **produits dérivés** qui sont actuellement diffusés dans le monde, mais seulement **14** d'entre elles. Le montant de cet encours est de 710 200 milliards de dollars pour l'année 2013, chiffre proprement vertigineux puisqu'il représente **plus de 10 fois le PIB mondial** de la même année. Il faut mesurer également ce chiffre dans une perspective historique, le montant des encours de ces produits n'atteignait pas 500 milliards de dollars à la fin des années 1980, soit un chiffre 1 420 fois plus petit que le chiffre actuel…

L'influence de **l'oligopole bancaire s'exerce principalement sur le marché des changes, où 10 banques systémiques détiennent 80, 3 %des parts de marché ; sur les marchés monétaires ensuite où 14 de ces banques dominent** le panel du Libor dollar, ou encore sur les marchés obligataires où elles constituent la totalité des *primary dealers*. Enfin, **95 % des activités de *trading* sont concentrées dans une quinzaine de banques systémiques** » (fm2 137).

« **La couverture des risques liés aux taux d'intérêt apparaît huit fois plus importante que celle qui s'attache aux taux de change**…

L'émission de ces produits financiers est le fait d'un tout petit nombre de grandes banques : très exactement **14**, qui font partie de l'oligopole mondial » (fm2 206, 208).

Seulement **0,15 % des transactions sur le marché des changes servent à financer réellement les échanges économiques internationaux** (importations et exportations) » (fm2 217).

[À côté des 28 banques hypersystémiques mondiales (avec un noyau de 11 principales), dont 14 en Europe (4 françaises)] 123 groupes bancaires dans la zone euro représentent 85 % des actifs bancaires. L'UE comporte **5800 autres banques** (fm2 273).

Selon les **Économistes atterrés** (2. 2018) :

Les **produits dérivés inscrits dans le hors-bilan de BNP Paribas représentent 23 fois la valeur du PIB de la France** (ea2 165).

Les **actifs du système bancaire parallèle (*shadow banking system*) dans le monde ont atteint 80 000 milliards [équivalent du PIB mondial]** de dollars à la fin de 2014 (ea2 167).

Selon Thomas **Guénolé** (2018) :

« **Alors que l'Organisation mondiale de la santé décernait en 2000 à notre système de santé le premier rang mondial, notons qu'il a chuté en**

2017 à la quinzième place : tel est le sinistre bilan des réformes de l'Antisocial en la matière » (tg 120).

« Si l'on garde à l'esprit que **la réforme de l'ISF adoptée en 2017, avec pour but affiché de récupérer 170 millions, va faire perdre 4 milliards de recettes fiscales à la France, le caractère mensonger** de l'objectif officiel saute aux yeux » (tg 205).

D'après Challenges, « la fortune du top 10 en 2017 a globalement progressé de 35 % en un an. Et **depuis 1996, le patrimoine des dix premiers a été multiplié par 12**. Celui de Serge Dassault a été multiplié par 20, celui de la famille Arnault et de la famille Hermès par 17. Sur la même période, le PIB de la France a, lui, simplement doublé. Les actifs des 500 fortunes ont par ailleurs progressé, en valeur, 3,5 plus vite que le PIB français depuis 1996 » (tg 207).

Selon Dominique **Plihon** (DP1 2016, DP2 2017 a, DP3 2017 b) :

Le PIB mondial étant de 70 000 milliards, « en 2007, la valeur totale de l'ensemble des obligations résultant de la titrisation de crédits immobiliers états-uniens s'élevait à 5 800 milliards de dollars [8 % du PIB mondial] dont 14 % de *subprimes*...

Les actifs toxiques détenus par les banques dans le monde s'élevaient en 2008 à 4 000 milliards de dollars [env. 6 % du PIB], et les pertes globales accumulées par les banques à la suite de la crise des *subprimes* étaient de l'ordre de 1 000 milliards de dollars [1,4 %], selon les estimations du Fonds monétaire international » (dp1 91).

La crise de 2007 génère, à partir de 2009, « une baisse de la croissance économique estimée à – 1,3 % pour l'économie mondiale, – 4,2 % pour la zone euro, – 2,8 % pour les États-Unis et – 3,8 % pour les pays en développement » (dp1 92).

Dans tout le cours de cette période, on qualifie de **pays de la Triade** les États-Unis, l'Europe et Japon (dp1 94).

Depuis la crise de 2007, « loin de se réduire, la dette globale de l'ensemble des acteurs (privés et publics) a continué à augmenter à l'échelle internationale. **De 2007 à 2014, le ratio de la dette globale** – ensemble des pays et des acteurs **– sur le PIB mondial est passé de 246 % à 286 %**, pour atteindre le montant de 199 000 milliards de dollars » [249 %] (dp1 95).

Par les paradis fiscaux transitent d'une manière clandestine plus de 50 % des flux financiers internationaux (dp1 105).

Après une première période euphorique dans les années 1990 – un « âge d'or » –, « le capitalisme a subi une phase de turbulences graves et récurrentes, ponctuées par des crises financières à répétition des pays émergents à la fin des années 1990, par le **krach Internet de 2000, puis** la crise des *subprimes* de 2007 » (dp1 113).

Une ***libéralisation financière radicale*** s'est développée « avec la suppression de l'encadrement du crédit en 1987, la levée du contrôle des changes en 1989, et la réduction progressive de la part des crédits à taux administrés dès 1985. Par ailleurs, les pouvoirs publics ont procédé à la privatisation des banques et des principales institutions financières à partir de 1986. **En 2001, la quasi-totalité des banques étaient revenues au secteur privé** » (dp2 55).

La ***création d'un marché unique des capitaux*** intervient dans les années 1980 : « au début de ces années, les marchés de capitaux étaient peu développés en France… Cette organisation ne permettait pas une confrontation globale de l'offre et de la demande de capitaux… Ce processus donnant la priorité au développement des marchés de capitaux et aux financements accordés aux conditions de marché est qualifié de ***marchéisation*** **des financements**.

L'objectif principal de ces réformes, mises en œuvre à partir de 1985, est la création d'un marché unifié des capitaux, allant du court au long terme, incluant les opérations au comptant et à terme, et ouvert à l'ensemble des opérateurs : financiers et non financiers, nationaux et étrangers » (dp2 55).

Un ***marché monétaire élargi*** s'est ouvert entre 1985 et 1987 (dp2 55-56).

Les bons à moyen terme négociables (BMTN), créés en 1992 (dp2 55-57).

Le ***marché hypothécaire*** a été organisé dès 1966 sous l'égide du Crédit foncier de France.

« Le financement des créances hypothécaires a donné lieu à une innovation importante, lancée aux États-Unis dès les années 1970, qui est la ***titrisation des créances***… Le cadre juridique de la titrisation a été mis en place en France par la loi en 1988… définie comme le transfert à un *fonds commun de titrisation* (FCT) » (dp2 58).

« Deux *marchés de produits dérivés* ont été ouverts sur la place de Paris : le MATIF, marché à terme des instruments financiers (rebaptisé peu après Marché international de France) créé en 1986, où s'échangent des contrats à terme négociables… et le MONEP ouvert en 1987, marché des options négociables de Paris… Ces marchés ont disparu depuis, face à la concurrence des marchés européens, en particulier le LIFFE de la place de Londres, dont le réseau européen **Euronext** a pris le contrôle en 2001 » (dp2 58-59).

« En 1991, le **marché boursier français a été organisé en trois compartiments** : le premier marché ou marché officiel, le deuxième marché destiné aux petites et moyennes entreprises, et le marché hors cote où se négocient les valeurs non admises sur les marchés officiels, à la fois « pépinière » pour les valeurs d'avenir, promises aux compartiments officiels, et « cimetière » pour les valeurs en difficulté ou radiées de la cote. En 1996 a été ouvert le ***nouveau marché***... destiné, à l'image du Nasdaq américain, à financer les petites entreprises technologiques à fort potentiel de croissance qui s'inscrivent dans une perspective européenne » (dp2 59).

« En 2000, le rapprochement des places boursières d'Amsterdam, de Bruxelles et de Paris a donné naissance à la **première place boursière paneuropéenne, Euronext**. Euronext fusionnera en 2006 avec New York Stock Exchange pour créer **NYSE Euronnext, réseau transatlantique de places financières**. En 2005, le marché **Alternext** a été créé pour accueillir les petites et moyennes entreprises (PME). » Puis apparaît un système de cotation unique, l'**Eurolist** (dp2 59-60).

La **taille des marchés financiers monétaires a littéralement explosé en France entre 1980 et 2015**. « L'encours global des titres financiers et monétaires, qui représentait 90 % du PIB en 1980, s'élève à **542 % du PIB fin 2015** ; son niveau a été multiplié par près de vingt-cinq entre 1980 et 2010 » (dp2 60).

« La part des crédits bancaires dans les financements totaux a sensiblement baissé, passant de 54, 2 % en 1994 à 40,5 % en 2010. D'après cet indicateur, **l'importance des banques dans le financement de l'économie a diminué**. On qualifie de **désintermédiation bancaire** cette diminution de la part des banques » (dp2 65).

Le marché des changes concerne « quarante établissements opérant à partir des huit principales places financières dans le monde. Il en résulte que le marché des changes est d'abord un ***marché de gros*** sur lequel la valeur unitaire des transactions est élevée » (dp2 71).

Du reste, « la dimension globale du marché des changes a littéralement explosé au cours des années récentes : le volume quotidien des opérations a été multiplié par plus de huit de 1989 à 2016, soit une croissance de 8 % par an depuis près de trente ans, pour atteindre **5 070 milliards de dollars** [**par jour**] **en 2016, ce qui représente deux fois le PIB annuel de la France** (Tableau 11) » (dp2 71). Par ailleurs, « le dollar est de loin la devise la plus échangée : en 2016, 88 % des transactions de change mettent en jeu la monnaie américaine pour un côté de l'opération, la **deuxième place revenant à l'euro avec une part de 31 %** » (dp2 71).

En outre, « les **actifs financiers gérés par les investisseurs internationaux [hedge funds, « zinzins »] représentent « près de 65 000 milliards de dollars en 2009, d'après les estimations de l'OCDE, montant qui dépasse le PIB global des principaux pays industrialisés** [Presque le PIB mondial]. Près de 50 % de ces actifs sont détenus par les investisseurs américains » (dp2 73).

D'après le « **paradoxe de Triffin** [touchant la stabilité et l'instabili-té. E. J.]... Le dollar ne peut bientôt plus jouer son rôle d'étalon : il est détaché de l'or en 1971. Les changes fixes sont abandonnés, le flottement des monnaies se généralise en 1973. C'est la fin du SMI de Bretton Woods, fondé sur l'hégémonie du dollar et la stabilité des changes » (dp2 83-84).

Par la suite, « après le déclenchement de la crise des dettes publiques en 2010, la BCE a racheté pour près de 220 milliards d'euros de titres publics grecs, portugais, espagnols et italiens » (dp2 113).

En outre, « la crise des années 2010 a permis une prise de conscience du rôle de **la politique macroprudentielle** qui s'intéresse à la stabilité globale du système bancaire et financier... Parmi les instruments macroprudentiels, un système de réserves obligatoires sur les crédits, mis en œuvre par les banques centrales **permettrait de lutter contre les emballements du crédit** » (dp2 114).

Du reste, « des réformes bancaires et financières ont été engagées dans les principaux pays avancés à la suite de la crise des années 2010. Aux États-Unis (loi Dodd-Frank votée en juillet 2010) et dans l'Union européenne, il a été décidé de créer des conseils de stabilité financière... L'Union européenne a décidé en décembre 2012 de mettre en place l'*Union bancaire européenne* qui a trois volets principaux » (dp2 114).

Par ailleurs, « l'euro apparaît également comme un vecteur d'intégration sociale en Europe. Son utilisation par l'ensemble des citoyens européens à partir de 2002 donne à ceux-ci un sentiment d'appartenance à une même société, avec ses règles et son langage communs ». [Opinion d'un optimisme discutable. E. J.] (dp2 117-118).

En fait, « les marchés des changes [sont le lieu] où s'échangent les monnaies les unes contre les autres. Il s'agit du **marché le plus vaste, sur lequel les transactions s'élèvent à plus de 5 000 milliards de dollars chaque jour**, ce qui représente deux fois la valeur de la richesse produite chaque année par l'économie française » [donc 2 fois le PIB de la France] (dp3 3).

Or, « Parmi les banques, seules quelques-unes (**dix banques contrôlent 66 % des transactions de change en 2016**) participent activement au marché » (dp3 7).

Ceci étant, « depuis le début des années 1970, **le fonctionnement du système monétaire international se caractérise par une forte instabilité des taux de change et des taux d'intérêt**. Il en est résulté une montée des risques de change et de taux d'intérêt qui a donné lieu à une série d'innovations destinées à permettre la couverture de ces risques grâce à des techniques plus efficaces et diversifiées que les méthodes traditionnelles. » De la sorte « se sont développés les **marchés de produits dérivés.** Les plus importantes de ces innovations sont les *contrats à terme* ou *currency futures*, les *options*, et les *swaps*...

Le premier *marché des contrats à terme* sur devises (les *currency futures*) a été introduit en 1972 sur l'*International Money Market* (IMM) » (dp3 22).

« Cette instabilité n'existait pas au cours des années 1960. Elle est apparue depuis l'avènement du flottement des monnaies en 1971 » (dp3 39).

En fait, « le marché des changes demeure largement **un marché interbancaire.**

Les échanges commerciaux n'expliquent à eux seuls qu'une fraction de l'activité globale du marché des changes... On estime que **les opérations de change induites par les opérations financières sont, en moyenne, cent fois supérieures au montant des échanges internationaux de biens et services** » (dp3 41). [Chiffre insensé qui donne la mesure de l'aliénation du système mondial de l'économie réelle, marqué par un renversement complet des rapports entre les moyens (la finance) et la fin (l'économie réelle des biens et des services, **l'hypertrophie monstrueuse et pathogène du capital financier par apport au capital industriel**. E. J.]

« **Prépondérance du dollar et de la place de Londres** : Le dollar demeure la monnaie de référence puisque, même si sa part a légèrement décru depuis 1989, près de 88 % des transactions identifiées en 2016 mettaient en jeu la monnaie américaine pour un côté de l'opération... L'euro se place au second rang avec une part de 31 %. Le yen et la livre sterling viennent ensuite avec 22 % et 13 % des transactions, ce qui correspond à une **baisse du poids du yen et de celui de la livre** [situation paradoxale : dépréciation de la monnaie britannique sur la place de Londres. E. J.] par rapport à 1989 » (dp3 41).

Ceci dit, « cette explosion des transactions cambiaires est allée de pair avec leur concentration sur quelques places financières. En 2016, la première place revenait à Londres avec 37 %, devant les États-Unis (20 %) et le Japon (6 %). Les salles de marché de cinq pays – **Royaume-Uni, États-Unis, Singapour, Hong Kong et Japon** – ont traité 77 % en 2016 (71 % en 2010) des opérations de change. Ces statistiques illustrent la **concentration croissante des opérations de change**, ainsi que la montée en puissance des places situées dans les pays émergents d'Asie » (dp3 41).

De plus, « le marché des changes en pleine mutation : l'activité du marché des changes est fortement concentrée. D'après la BRI, de 1998 à 2010, le nombre de banques représentant 75 % du marché est passé de 20 à 7 aux États-Unis, de 24 à 9 au Royaume-Uni, de 19 à 8 au Japon, de 9 à 5 en Allemagne et de 7 à 4 en France. » Et « deux séries de facteurs ont accéléré cette concentration : les **opérations de fusion-acquisition dans le milieu bancaire et la création de l'euro** qui a entraîné la sortie du marché des changes des banques petites et moyennes dont l'activité se concentrait sur les parités croisées européennes » (dp3 41-42).

Touchant les théories du change, « la théorie de la parité du pouvoir d'achat (PPA) fait dépendre les taux de change des prix relatifs entre pays. Les origines de cette analyse remontent aux économistes anglais du XIXe siècle comme Ricardo. C'est l'économiste suédois Cassel qui formalise cette loi en 1916 » (dp3 46).

En fait, « depuis les années 1980, les opérations financières induisent un volume d'échanges de devises beaucoup plus important que les transactions courantes » (dp3 51).

Par ailleurs, « **d'autres crises moins spectaculaires** et moins graves ont précédé celle de 2007 : crises spéculatives contre le dollar dans les années 1970, crise du SME de 1992-1993 suivie des crises récurrentes dans les pays émergents asiatiques et latino-américains » (dp3 68).

Or, « le caractère des attaques spéculatives est désormais **imprévisible et irrésistible**. « Plus encore que la crise du SME en 1992-1993, celle des pays asiatiques de 1997-1998 a montré les **limites des théories existantes, toujours en retard d'une crise** » (dp3 69). [Situation d'un grand intérêt épistémologique. La théorie court après le réel. E. J.]

Dans la « typologie des régimes de change, le système de Bretton Woods (1944-1971) se situe au sommet du triangle de Mundell car ce SMI est fondé sur un régime de changes fixes » (dp3 79).

Tandis que « la décennie suivante (1971-1980) est marquée par l'abandon des principes de Bretton Woods » (dp3 82).

Puis « l'instauration à partir de 1999 de l'Union monétaire européenne (UEM), avec la création de l'euro, correspond à une fixité parfaite et inaliénable des changes. **L'UEM se traduit par une perte de la souveraineté monétaire des États membres**. Cette situation est décrite par le sommet sud-ouest du triangle de Mundell » (dp3 82).

« Historique des taux de change :

1. 1870-1914 : le temps de l'étalon-or est caractérisé par un système de *changes fixes*… (dp3 80).

Entre 1870 et 1914, comme déjà dit plus haut, la stabilité monétaire s'est accompagnée d'une grande instabilité des économies, ceci dans le cadre d'une domination de la livre sterling » (dp3 80).

« 2. 1914-1945 : l'instabilité monétaire marque l'entre-deux-guerres. La guerre de 1914-1918 et les tensions qui en résultent amènent la rupture du système de l'étalon-or. Les États belligérants décident les cours forcés et l'inconvertibilité en or des monnaies… les billets ne sont plus échangés contre des pièces mais seulement contre des lingots » (dp3 80).

« 3. 1945-1971 : le temps des parités fixes débute au lendemain de la Seconde Guerre mondiale avec la signature des accords de Bretton Woods (B-W) en juillet 1944. Le système monétaire international (SMI) mis en place est un étalon de change or dans lequel le dollar joue le rôle de devise clé » (dp3 80), ceci « par suite de la position dominante des États-Unis… Chaque pays signataire doit déclarer la parité de sa monnaie en or ou en dollars avec la parité de 35 dollars pour une once (888,671 mg) d'or fin… Le Fonds monétaire international (FMI), dont les statuts sont fixés par les accords de B-W, est l'organe essentiel du nouveau système (dp3 80).

« De 1945 à 1960, le SMI demeure stable parce que sa devise clé – le dollar – est forte en raison de sa rareté relative. À partir des années 1960, le fonctionnement du SMI se dégrade (dp3 80) progressivement ; la livre sterling et le dollar sont attaqués sur les marchés par la spéculation qui prend de l'ampleur avec le développement des marchés internationaux de capitaux » (dp3 80), en particulier « les euro-dollars. Les réserves en or des États-Unis diminuent de moitié de 1955 à 1970 ; la confiance dans le dollar est ébranlée.

4. Depuis 1971 : le flottement des monnaies et la recherche d'un nouvel ordre monétaire international.

– 1971-1985 : l'instabilité des monnaies : la convertibilité en or du dollar est suspendue en août 1971 par le président Nixon » (dp3 81). Tel est « le « serpent dans le tunnel » ; la spéculation et l'instabilité du dollar ont raison de ce dispositif… Les accords de la Jamaïque en janvier 1976 consacrent l'effondrement du système de Bretton Woods en légalisant le flottement des monnaies (dp3 80). L'instabilité monétaire s'installe » (dp3 81).

« – Depuis 1985 : la *coopération monétaire internationale* se développe pour atténuer les mouvements désordonnés des changes.

• septembre 1985 : les *accords du Plaza* (G5) à New York consacrent le changement d'attitude des États-Unis qui abandonnent leur doctrine du laisser-faire (*benign neglect*) en matière de change » (dp3 81). Puis en :

« • mai 1986 : au *sommet de Tokyo* (G7), les principaux pays industrialisés décident… une meilleure coordination des politiques économiques afin de promouvoir une croissance globale plus équilibrée.

• février 1987 : lors des *accords du Louvre*, le Groupe des Cinq grandes puissances monétaires et le Canada conviennent de coopérer pour stabiliser les cours de change à l'intérieur de zones-cibles » (dp3). Enfin en :

« – 1979-1993 : le *système monétaire européen* constitue la dernière expérience de changes fixes instaurant la stabilité des monnaies à l'intérieur d'une bande de variations autorisées de +/– 2,25 %... Le SME implose en 1993 » (dp3 81), à cause de « l'incompatibilité des changes fixes avec la forte mobilité des capitaux organisée par le marché unique des capitaux créé en 1990 (voir supra).

– À partir de 1999 : la mise en place de l'*Union monétaire européenne* réintroduit une fixité dès lors irréversible des parités intra-européennes (dp3 81) (voir supra) » (dp3 81).

En fait, « les pays de l'Union européenne ont aboli leurs barrières réglementaires avec la création du « marché unique » des capitaux en 1990. En France, le contrôle des changes a été assoupli à partir de 1986, pour aboutir à une libéralisation complète en 1989 » (dp3 90).

Par ailleurs, « la question de l'efficacité des interventions publiques – achat et vente de devises sur le marché des changes – a fait l'objet d'un vaste débat [Trésor, 1999]. Au début des années 1980, au moment où les autorités monétaires furent impuissantes à enrayer la hausse du dollar, la thèse dominante était celle de l'inefficacité des interventions publiques » (dp3 98). Puis, « la récurrence des crises de change au cours des années 1990 pose à nouveau la question de l'efficacité des interventions publiques sur les marchés. Il apparaît que **les autorités monétaires ne peuvent guère s'opposer à des mouvements de capitaux spéculatifs tels que ceux qui ont conduit à l'implosion du SME en 1992-1993** et aux crises de change des pays émergents des années suivantes » (dp3 98). En effet, « les masses financières susceptibles de se déplacer à l'échelle internationale sont largement supérieures aux réserves de change détenues par les banques centrales, estimées globalement à environ 10 921 milliards de dollars en 2015 » (dp3 98) [environ 7 % du PIB mondial]. Et « selon les analyses théoriques des crises récentes, l'inefficacité des interventions publiques en période de crise serait liée au **caractère autoréalisateur de la spéculation** déclenchée par une perte de crédibilité des autorités monétaires. Pour résumer, il apparaît que **l'effet direct des interventions publiques… ne peut guère être puissant en période de crise** » (dp3 98-99).

Les réserves de change détenues par les banques centrales sont estimées globalement à environ 10 921 milliards de dollars en 2015 [14 % du PIB mondial ? Alors qu'on estime à 160 000 milliards le montant de la « finance de l'ombre »](dp3 99, Marianne n° 1139 du 11/17/2019, 35).

Jacques **Attali** 2018 :

« Le **monde est noyé sous l'argent des banques centrales**...

En conséquence, jamais, **à aucune période historique connue, autant de monnaie n'a circulé dans le monde**. [Et les gilets jaunes manquent d'argent pour finir le mois. E. J.] Dans la zone majeure de l'économie mondiale (États-Unis, zone euro, Japon, Chine, Royaume-Uni et Canada), la masse monétaire est passée de 64 % du PIB en 1980 à 125 % en 2016 ! Aux seuls États-Unis, la quantité de monnaie disponible est passée de 69 % du PIB en 1980 à 90 % en 2016 » (ja 73).

Or, « **cela a permis partout de nourrir une croissance artificielle et de financer les importations, sans se soucier de leur financement**. En Europe en particulier, ces apports de crédit ont permis des importations massives de certains pays de l'Union en venant d'autres, **sans que rien ne les pousse jamais à rembourser ces emprunts** » (ja 73).

[Paradoxe : en dépit des montagnes d'argent virtuel, c'est comme si l'argent, tombé dans le gouffre de la dette, n'existait plus. E. J.]

Et « jusque-là, cette politique semble un succès : **contrairement à ce qu'enseigne la théorie économique classique** [Situation d'un grand intérêt épistémologique], cette création illimitée de monnaie n'a pas déclenché d'inflation. » Ce qui prouve « en tout cas que les **lois classiques de l'économie n'ont plus de sens, parce qu'elles ont été conçues pour des économies fermées, ou entr'ouvertes, respectant un État de droit**, alors qu'on a maintenant un marché planétaire n'obéissant pratiquement à aucune autre règle que celle de la concurrence » (ja 73-74).

Ceci étant, « **les entreprises s'endettent au-delà du raisonnable**.

Bien des firmes, aux États-Unis, en Europe, en Chine, et dans beaucoup d'autres pays, et dans de très nombreux secteurs, sont aujourd'hui surendettées et empruntent, pour rembourser leurs échéances, à des taux de plus en plus élevés ; elles sont donc **à la merci du moindre incident de trésorerie** » (ja 80).

Ainsi, « **l'endettement mondial des entreprises a quasiment triplé depuis 2007**, atteignant 11 700 milliards de dollars [15 % du PIB mondial]. Même les prêts accordés aux entreprises déjà très endettées augmentent massivement : aux États-Unis, le pourcentage de nouveaux prêts émis par des entreprises à la solvabilité incertaine (classée B ou moins) est passé de 25 % en 2007 à 65 % en 2017 » (ja 80). Et « le ratio d'endettement des entreprises non cotées s'élève à 5,8 fois leur EBITDA (le profit, au sens très large) aujourd'hui contre 5,2 en 2007, et la plupart des créditeurs imposent une limite de 6.

En Europe en particulier, les entreprises se financent aussi d'une façon de plus en plus risquée » (ja 80). Ainsi, « en 2017, au Portugal, les entreprises enregistrent le plus haut taux d'endettement net, à 96 % des fonds propres, suivi par la Turquie (72 %), la France (72 %), l'Espagne (68 %) et la Grèce. Ces taux ne tiennent pas compte de l'endettement que reportent les retraites » (ja 80-81).

Et cependant, « malgré ces risques accrus, et soucieux de placer leurs ressources quasi gratuites, **les prêteurs sont de moins en moins exigeants en termes de garantie**. Le collatéral requis à un emprunteur par une banque est passé de 33 % de la valeur du prêt avant la crise de 2008 à 15 % aujourd'hui » (ja 81). En outre, « d'autres acteurs que les banques, **des fonds spécialement créés pour cela, rassemblent des capitaux venus de partout** et octroient des prêts de plus en plus énormes à des entreprises incertaines en exigeant de moins en moins de garanties. **Instable pyramide [de Ponzi]**.

Au total, **la dette mondiale de l'ensemble des emprunteurs, sans tenir compte des engagements de retraites, s'élève à 327 % du PIB mondial** » (ja 81).

Thomas **Piketty**, Gabriel **Zucman**, Lucas **Chancel**, Emmanuel **Saez** et Facundo **Alvaredo** (2018) :

« **Les capitaux placés dans des paradis fiscaux ont considérablement augmenté depuis les années 1970 et représentant aujourd'hui plus de 10 % du PIB mondial.** »

62 personnes posséderaient une fortune cumulée équivalente à celle dont disposent 3,6 milliards d'individus, c'est à dire, la moitié de la population de la planète » (Piketty Dupeyron).

Le CEO (*Chief Executive Officer*, PDG) moyen d'une entreprise dont la part est incluse dans l'indice britannique des 100 plus grandes entreprises du pays, le FTSE 100, gagne 183 fois plus que l'employé moyen de cette firme. Ce dernier gagne lui-même 4 fois plus que l'agent de nettoyage. **Les CEOs les mieux payés peuvent même gagner jusqu'à 810 fois plus que l'employé moyen** (Piketty Dupeyron).

Au Moyen-Orient, les 10% les plus aisés captent 61% des revenus (Timothée Vilars).

Depuis 1970, la part du patrimoine privé net a doublé dans la plupart des pays riches (Piketty Timothée Vilars).

La part du revenu national allant aux seuls 10 % des plus gros revenus est de 37 % en Europe, 41 % en Chine, 46 % en Russie (Piketty De Filippis).

Le patrimoine privé (ou le capital) est passé de près de 300% du revenu national dans la plupart des pays riches en 1970 à près de 600% en moyenne aujourd'hui (Piketty De Filippis).

Les capitaux placés dans des paradis fiscaux ont considérablement augmenté depuis les années 1970 et représentant aujourd'hui plus de 10 % du PIB mondial (Piketty Manon Heyere).

Dans la classe moyenne mondiale, on retrouve les 90 % d'individus les plus pauvres en Europe et aux États-Unis » (Piketty Manon Heyere).

26 individus dans le monde contrôlent aujourd'hui un patrimoine équivalent à celui de 50 % des autres habitants de la planète (Information récente dans les médias).

L'écart des rémunérations du niveau le plus faible à celui du PDG est aujourd'hui de 1 à 250 dans les entreprises du CAC 40. ATTAC propose de le réduire en principe de 1 à 10 (Même source).

Chiffres et données à propos du PIB :

Le PIB (produit intérieur brut) est la somme des valeurs ajoutées de toutes les entreprises (nationales ou internationales) situées sur le territoire. À ne pas confondre avec le PNB (produit national brut), qui comptabilise toutes les activités (biens et services) produites sur un territoire.

La notion de PIB est très critiquée par les ouvrages techniques pour donner une évaluation insuffisante à beaucoup d'égards du niveau de vie et de bien-être des populations. Elle reste pourtant très utilisée et très utile à condition d'être complétée par d'autres indices (Voir Capul et col. 76, 674).

197 États dans le Monde sont reconnus par l'ONU.

PIB mondial en 2017 : 80 000 milliards de dollars.

PIB de la France en 2017 : 2 766 milliards de dollars, soit 3, 5 % de ce dernier.

En 2018, la France est devenue, selon la banque mondiale, la 7ème puissance économique mondiale, derrière les États-Unis, la Chine, le Japon, l'Allemagne, le Royaume-Uni et l'Inde. En classement par PIB en PPA (parité de pouvoir d'achat), la France est la 9ème puissance économique.

La France était encore 4ième puissance mondiale sous la Présidence de Chirac, puis 5ième en 2012 au début de la Présidence de Hollande, 6ième en 2016 à la fin de celle-ci, enfin 7ième en 2017.

Comme déjà dit, au milieu des années 1990, il existait environ 46 000 banques dans le monde, mais ce sont seulement une petite trentaine qui se sont hissées véritablement à la hauteur des nouveaux enjeux planétaires, avec un noyau dur de seulement une dizaine (fm1 120).

1973-2015 : La **taille du marché des changes n'a cessé d'augmenter** : le ratio du volume échangé sur le marché des changes **par rapport au commerce mondial des biens et services** est passé de 2 pour 1 en 1973, 10 pour 1 en 1980, 50 pour 1 vers 1992, à plus de 100 pour 1 en 2015. [Chiffre démesuré et même abysssal si l'on considère qu'il ne s'agit somme toute que de la mesure de l'instrument de mesure. E. J.]

Aujourd'hui, la masse de capitaux investis à la Bourse s'élève dans le monde à **62 000 milliards de dollars** [Presque le PIB mondial] (Ivorra).

Les capitaux placés dans des paradis fiscaux ont considérablement augmenté depuis les années 1970 et représentent aujourd'hui **plus de 10% du PIB mondial** (Piketty 2018).

En 2012, le PIB mondial était estimé à 71 700 milliards de dollars. Les États-Unis affichant le PIB le plus élevé du monde : 17 000 milliards (24 %). Et celui de l'Europe étant de 16 500 milliards de dollars en 2013 (23 %) (sg 78).[Situation choquante à l'égard du fait que l'Europe – certes dirigée par l'Allemagne –, végète dans le statut d'un Sancho Panza politique à l'égard des USA. E. J.]

Avec la crise de 2007, l'effondrement du système bancaire mondial a atteint le montant astronomique de 700 000 milliards, soit **10 fois plus que le PIB mondial**, soit le montant cumulé de tous les achats et ventes (Susan George).

L'encours de la dette en obligations dépasse largement le PIB mondial qui tourne autour de 75 000 milliards de dollars (Ivorra 2015).

Les produits dérivés donnent lieu à des hors-bilans qui sont 15 fois supérieurs à leurs bilans, et dont la masse représente presque **10 fois le PIB mondial** (72 901 milliards pour l'année 2012) (Morin1 36).

Sur le marché des changes, en une année, le volume des échanges représente environ **30 fois la valeur du PIB mondial** (Morin1 67).

La valeur monétaire agrégée des transactions purement financières s'est gonflée démesurément par rapport au total du commerce international et par rapport au PIB mondial (Aglietta).

Paradis fiscaux : 21 000 milliards de dollars ; **¼ du PIB mondial** (Tirole : estimation sensiblement supérieure à celle de Piketty : 10 %). [Les économistes professionnels ne s'accordent pas toujours sur l'énormité de ces chiffres. E. J.]

L'encours des banques systémiques en produits dérivés pour l'année 2013 est de 710 200 milliards de dollars, chiffre proprement vertigineux puisqu'il représente **plus de 10 fois le PIB mondial** de la même année. Le montant des encours de ces produits n'atteignait pas 500 milliards de dollars à la fin des années 1980, soit un chiffre 1420 fois plus petit que le chiffre actuel (Morin 1, 137).

« La Chine représente à elle seule 16 % du PIB mondial et 22 % de la dette privée de la planète ; à eux tous, les 17 pays sensibles à la prochaine crise pèsent 28 % du PIB mondial, contre 29 % pour les États-Unis, et 37 % de la dette privée mondiale, contre 32 % pour les États-Unis en 2007 » (sk2 139). Assurément, « tous ne vont pas connaître une crise en même temps, mais il ne fait aucun doute que leur entrée dans le club des zombies de la dette va ralentir la croissance de ces économies déjà moribondes » (sk2, 139).

« Le poids des investisseurs institutionnels [*hedge funds* gérant en particulier les méga-retraites étatsuniennes, et surnommés « zinzins »] est devenu considérable dans l'économie mondiale. En 2011, l'encours global de leurs actifs représentait environ **deux fois le PIB mondial** estimé à 65 000 milliards de dollars… La majeure partie des actifs sous mandat de gestion sont entre les mains des « zinzins » états-uniens (dp1 34).

De 2007 à 2014, **le ratio de la dette globale – ensemble des pays et des acteurs – sur le PIB mondial est passé de 246 % à 286 %**, pour atteindre le montant de 199 000 milliards de dollars.

[McKinsey Global Institute, 2015]. Cette augmentation de la dette concerne non seulement les pays avancés, mais également les pays émergents. C'est ainsi que **la dette globale de la Chine a quadruplé** de 2007 à 2014 (dp1 95).

Le niveau actuel des dettes mondiales représenterait 230 % du PIB mondial (entendu à la radio).

Le « *shadow banking* » en Chine représenterait 130 % de son PIB (idem).

Le « *shadow banking* » dans le monde représenterait environ 2 fois le PIB mondial.

Les capitaux placés dans des paradis fiscaux ont considérablement augmenté depuis les années 1970 et représentent aujourd'hui plus de 10 % du PIB mondial, selon le rapport de Thomas Piketty et col. 2018.

Le 0,1 %, le 1/millième des contribuables les plus riches en France représenterait 60 000 personnes (information Télé janvier 2019).

Chapitre 3

Chronologie commentée[21]

Il existe une Chronologie des faits économiques dans Google. D'autres aussi dans plusieurs excellents Dictionnaires de sciences économiques et sociales, parus récemment (Échaudemaison, 2017 ; Capul et col., 2017). Celle présentée ci-dessous a été extraite uniquement des ouvrages de notre corpus 2011-2018.

1688-1715 : Guerre continuelle de la France sauf entre la paix de Ryswick et le début de la guerre de Succession d'Espagne (1701) (ma 228).

1689-1980 : « Libéralisme : l'expansion de cette doctrine se situe dans un espace historique allant de la biographie de Montesquieu (1689-1755 ; *L'Esprit des lois* : 1748), jusqu'à 1980, date de l'installation d'un « nouveau capitalisme anglo-saxon » soutenu et justifié idéologiquement par une forme rajeunie du libéralisme dite néolibéralisme, dont les premiers témoignages sont à vrai dire déjà un peu plus précoces (Raymond Barre 1959, Milton Friedman 1960, Gérard Debreu 1959).

1695 : Promulgation par le Parlement britannique du *Recoinage Act* (ma 228).

1720-1920 : Bulles ; 1720 : bulle des mers du Sud ; 1844 : première fièvre boursière ; 1844-1846-1848 : Railway *Mania* en Grande-Bretagne : 1 200 lignes de chemin de fer sont ouvertes en 1844-1846 ; les cours de

[21] Dates : GG 2012 : 95, 97, 137 ; PI 2015 : 296 ; FM1 : 27, 30, 46-47, 98, 102, 106, 109, 111-115, 126-129, 147 ; EA1 : 27, 120, 145, 147 ; MA 2016 : 19, 25, 37, 38, 39, 41-43, 211, 224, 228, 326, 334, 336, 406 ; JT 2016 : 239 ; FM2 2017 : 7, 148, 200, 211, 214, 272-273, 275, 277, 280-281 ; SK2 2017 : 19, 28-29, 83, 105-106 ; CG 2017 : 23 ; EA2 2018 : 44, 73-74, 117, 197-198, 200-202, 208, 212, 227 ; TG 2018 : 163-166, 172-173, 244-252 ; DP1 2016 : 64, 84 ; DP2 2017a : 5, 9, 53-60, 83, 102 ; DP3 2017b : 101.

la Bourse flambent, puis la bulle financière éclate en 1848 ; 1920 : marché haussier des *Golden Twenties* (dp1 87).

1760-1780 : Libéralisme classique avec François Quesnay (1694-1774, 1758), Montesquieu (1689-1755 ; 1748) en France et Adam Smith (1723-1790, 1776) en Angleterre (dp1 26).

1760-1875 : Première révolution industrielle : en Grande-Bretagne avec la sidérurgie, la machine à tisser et la machine à vapeur (dp1 5).

1861-1865 : Les dettes issues de la guerre civile américaine ont déclenché une crise financière due à la pénurie de l'or (ma 334).

1869-1999 : Création puis introduction en Bourse de Goldman Sachs (jt 239).

1870-1914 : Le temps de l'étalon-or est caractérisé par un système de *changes fixes*... (dp3 80).

1873-1877 : Crise inaugurale suivie du retour des crises bancaires (1882-1884, 1890-1896) (ma 334-335).

1873-1896 : Crise financière suivie d'une longue déflation avec dépression contenue (ma 326).

1873-1896, 1929-1938, 2008- : Trois reprises dans les époques de libéralisation financière, avec crises financières globales du capitalisme (ma 25, 211).

1890-1965 : Deuxième révolution industrielle, avec l'expansion de l'électricité, du moteur à combustion et de l'industrie chimique (dp1 5).

1907 : Terrible crise financière (ma 326).

1913 : Création de la Fed (ma 336).

1919-2018 : Le panorama qui suit est extrait du livre de Thomas Guénolé sur l'Antisocial (2018) :

« Fin juin 1968, contrairement à une légende tenace, les élections anticipées qui closent le conflit n'accouchent pas d'une gigantesque vague bleue anti-Mai 68. La droite et le centre récoltent 58 % des voix contre 42 pour la gauche : ce qui marque une volonté clairement majoritaire de retour à l'ordre, mais assurément pas le raz-de-marée gaulliste souvent décrit depuis » (tg 244). En fait, « s'il y a alors une écrasante majorité de députés pro-gouvernement - 81 % des sièges avec 58 % des voix -, ce n'est que du fait du mode de scrutin, qui donne artificiellement une très forte prime en nombre de sièges à la coalition arrivée en tête » (tg 244).

Cette « guerre sociale » de 1968 confirme les leçons de 1919-1920 et de 1936 : il est encore une fois patent que la combinaison entre des manifestations de masse et des grandes grèves de paralysie de l'économie force les pouvoirs en place à concéder de nouveaux droits sociaux. Elle ajoute néanmoins des leçons nouvelles. D'abord, elle démontre que la mobilisation étudiante constitue un allié décisif pour propager le mouvement tous azimuts dans la société française » (tg 244). Par ailleurs, « il apparaît que l'implication de l'Éducation nationale et des services publics dans les grèves rend beaucoup plus puissant et rapide le blocage du pays. Enfin, le retour de bâton de fin mai et de juin nous rappelle que s'il n'existe pas en parallèle un mouvement politique d'alternative au système qui soit à la fois stable, puissant et organisé, les forces du retour à l'ordre finissent par redevenir seules en scène et reprendre la main » (tg 244).

Ceci dit, « presque trente ans plus tard, en 1995, la principale originalité du mouvement social est son caractère foncièrement *défensif*. Il ne s'agit plus d'obtenir de nouveaux droits, mais de défendre ceux qui existent déjà. Il y a certes plusieurs précédents : par exemple les grandes grèves de fonctionnaires à l'été 1953 pour conserver leurs conditions de retraite et d'avancement face au plan d'austérité du président du Conseil Joseph Laniel » (tg 245). C'est néanmoins « la première fois qu'un grand mouvement de grève générale se déploie au nom du *statu quo* et non pas pour aboutir à de nouvelles conquêtes. L'on peut certainement y voir la conséquence d'une défaite du progressisme dans la bataille des idées depuis les années 1980, problème fondamental » (tg 245). De telle sorte que « les mobilisations auparavant offensives, car porteuses d'un contre-projet de société, sont devenues des mobilisations défensives, car dépourvues d'un idéal perçu comme possible et souhaitable dans la grande masse de la population salariée.

Hormis cela, la guerre sociale de 1995 reprend les facteurs de succès de 1919, 1936 ou 1968. Face au plan d'austérité du Premier ministre Alain Juppé » (tg 245), qui prémédite « pêle-mêle de repousser l'âge de départ à la retraite pour l'ensemble des fonctionnaires, de rendre l'hôpital plus coûteux à solliciter, de moins rembourser les médicaments, d'imposer les allocations familiales et d'augmenter les cotisations d'assurance maladie sur les retraités et les chômeurs, une fois de plus la mobilisation démarre par l'effet boule de neige de grèves spontanées un peu partout en France, avec les cheminots pour fer de lance » (tg 245-246)...

Ceci étant, « fin novembre 1995, le trafic ferroviaire est promptement paralysé et l'essence se fait rare, tandis que les centres de tri postaux et la moitié des agents d'EDF-GDF se mettent eux aussi en grève. Les cortèges des manifestations sont massifs et, malgré un battage médiatique pour opposer les grévistes à l'usager pris en otage, les sondages indiquent les uns après les autres que la population soutient très majoritairement la mobilisation. Au bout de trois semaines, le gouvernement renonce au plan Juppé » (tg 246).

Au contraire, « les mobilisations de la décennie 2000 nous montrent en creux que ne plus retenir les leçons des victoires sociales du XXe siècle conduit à accumuler les défaites au XXIe.

En 2003, le plan Fillon repousse l'âge de départ à la retraite... Face à ce bond en avant du projet politique de l'Antisocial, les manifestations sont très amples mais les grèves restent cantonnées pour l'essentiel au secteur public et ne vont pas jusqu'au blocage de l'économie du pays » (tg 247). Donc « le gouvernement peut se permettre de risquer l'épreuve de force : il maintient sa réforme.

En 2006 le succès de la mobilisation contre le « contrat de première embauche » peut sembler un contre-exemple de ce diagnostic. En effet, face à ce projet qui donnait pendant deux ans à l'employeur le droit de licencier son salarié sans motif s'il avait moins de 26 ans, il n'y a pas eu de grève générale ; il n'y a eu que de grandes manifestations étudiantes et des occupations d'universités » (tg 247). Or « cela a suffi pour que le gouvernement recule. L'on objectera cependant qu'il s'agit d'un cas particulier qui tient à la personne de Jacques Chirac, à l'époque chef de l'État. Déjà battu par la rue en 1986 lorsque, Premier ministre, il dut retirer la réforme Devaquet qui introduisait la sélection à l'entrée de l'université, il apparaît qu'il conserva par la suite une peur extrême des grandes mobilisations étudiantes » (tg 247-248). Du reste, « en 2005, un an avant la mobilisation contre le contrat première embauche, il avait déjà réagi à des manifestations de lycéens en imposant à son ministre de l'Éducation nationale, François Fillon, d'abandonner son projet de réforme du baccalauréat. Le Premier ministre en poste en 2006, Dominique de Villepin, ayant manifesté répétitivement son intention de ne rien céder aux manifestants, il aurait sans doute choisi de passer en force si son supérieur hiérarchique eût été quelqu'un d'autre que Jacques Chirac » (tg 248).

Ceci étant, « en 2010 une nouvelle réforme des retraites prévoit de repousser plus loin encore l'âge de départ à la retraite…

Tout semble donc en place pour rééditer le succès de 1995. Le mouvement s'arrête cependant au bord du Rubicon : comme en 2003 et contrairement à 1995, il ne va pas jusqu'à une stratégie de grève longue pour provoquer la paralysie de l'économie du pays » (tg 248). Et, « là encore, le gouvernement peut donc se permettre de risquer l'épreuve de force : il maintient sa réforme.

Sans revenir sur les grèves et manifestations contre la loi Travail de 2016, abordées précédemment… le bilan de la mobilisation contre la réforme du code du travail de 2017 confirme cet état des lieux » (tg 249). C'est vrai, « il y eut des grèves. Certes, il y eut des manifestations. Mais parce que les grèves ne sont pas allées jusqu'à véritablement bloquer l'économie du pays, le gouvernement actuel a choisi l'épreuve de force en maintenant sa réforme, et l'a remportée…

On pense en particulier aux routiers, qui sont allés jusqu'au blocage et qui ont gagné leur bras de fer. Ce fait globalement occulté de notre débat public prouve que, face à un vaste mouvement de grève faisant tache d'huile, quoi qu'il prétende, ce gouvernement aurait reculé » (tg 249).

On n'oubliera pas que « les années 2000 ont été caractérisées en France par l'accès progressif aux postes de pouvoir, politiques aussi bien qu'économiques, d'une génération d'élites pro-système qui, au contraire d'un François Mitterrand, d'un Jacques Chirac ou d'un Lionel Jospin, sont trop jeunes pour avoir éprouvé à l'âge adulte **la grève générale offensive de Mai 68 qui frôla le renversement du système en place** » (249-250)…

Apparemment, « ce facteur générationnel explique sans en large part pourquoi, à partir de ce début de XXIe siècle, porté par ces élites renouvelées, le projet de la « mondialisation malheureuse » s'est amplifié et radicalisé jusqu'à devenir l'Antisocial, dynamique décomplexée de destruction brique par brique du modèle social français » (tg 250).

Ceci étant, « les mêmes causes produisent les mêmes effets. Pour que cette nouvelle classe dirigeante politico-économique apprenne à arrêter sa course folle antisociale, il nous faut donc organiser un nouveau Mai 68, simultanément social et étudiant…

Cela implique d'arrêter de s'épuiser pour rien en mouvements catégoriels séparés car, à l'instar de celui des enseignants-chercheurs il y a quelques années, ils aboutissent quasi systématiquement à l'échec du fait même de leur isolement tactique face au pouvoir » (tg 250-251).

Cela suppose que « sur le terrain, sans attendre d'hypothétiques consignes verticales des directions syndicales nationales, la base, c'est-à-dire concrètement les ouvriers, les cheminots, les routiers, les employés de raffineries, les fonctionnaires des services publics, qui en ont la volonté et le courage, déclenchent le mouvement par accumulation d'initiatives » (251).

Cela suppose qu' « à l'aide des réseaux sociaux sur Internet, dont la nature même facilite les échanges directs horizontaux entre égaux, les gens actifs sur le terrain se parlent et s'organisent…

Cela suppose qu' « en prévision des pertes de salaire pour cause de jours de grève, organisations syndicales et collectifs de militants montent d'avance sur Internet des cagnottes de financement participatif, destinées à aider les grévistes à boucler leurs fins de mois » (tg 251).

Cela suppose que « quiconque s'en sent la bonne forme physique et, plus important encore, le sang-froid se porte systématiquement volontaire pour rejoindre le service d'ordre des manifestations et des grèves, afin d'être là pour neutraliser deux dangers : les casseurs, qui sont des « idiots utiles »… et les éventuels agents provocateurs, c'est-à-dire des policiers déguisés en manifestants qui viennent agir en casseurs et fournissent ainsi un prétexte à la répression policière » (tg 251-252).

Cela implique de « réoccuper les lieux de travail sitôt que l'on en a été dispersé par la police » (tg 252).

Cela implique que « les lycéens et les étudiants, déjà tout à fait conscients de la vie précarisée et de la société de chacun-pour-soi que le système en place leur prépare, en tirent les leçons en multipliant les grèves d'occupation des lycées et des universités, ainsi que les vastes manifestations sur le modèle de 2006 » (tg 252)…

Il s'agit de « tenir un mois entier parce que, passé cette durée de paralysie l'économie du pays, les pouvoirs en place ne peuvent plus que céder. Il serait par exemple extrêmement puissant, dans l'ordre du symbole, que très exactement cinquante ans après un Mai 2018 reproduise la grande grève générale sociale et étudiante de Mai 1968 » (tg 252).

1920-1921 : Déflation dans les pays vainqueurs (France et Grande-Bretagne en particulier) après l'inflation de guerre (ma 336).

1923-1924 : Hyperinflation allemande (dp1 24, passim).

1930 : Grande dépression (dp1 24).

1930 : Pendant les années 1930, crise, chômage, déficit public s'accroissent en France malgré le plan de Laval et Rueff (1935) qui réduit les salaires des fonctionnaires et les pensions des anciens combattants. (ea2 117).

1936 : Première vague de nationalisation, avant 1939-1945 et 1982 : SNCF, entreprises d'armement, aéronautique (cg 212).

1939-1945 : Deuxième vague de nationalisations : EDF, Charbonnage de France, Renault, Banque de France, grandes agences de dépôt comme le Crédit Lyonnais (cg 212).

1940 : « L'idéologie néo-ordolibérale s'est forgée depuis la fin des années 1940 et imprègne à la fois une grande partie du monde politique, du monde intellectuel et académique. Cette idéologie se traduit aujourd'hui par un conservatisme et une paralysie de l'action publique devant le sacro-saint principe de l'équilibre des finances publiques, qu'il faut coûte que coûte respecter » (fm2 148).

1944 : Accord de Bretton Woods.

1945-1975 : Trente glorieuses, bases nationales, interventionnisme accru des États, période du fordisme (dp1 24).

1946-1953 : « Un mouvement puissant va être déclenché à la Libération. Le programme du Conseil national de la Résistance prévoit la nationalisation des entreprises présentant le caractère de services publics nationaux (mines, transports, sources d'énergie) et de celles risquant de compromettre l'indépendance de l'État au profit d'une oligarchie financière (banques, assurances). La Constitution de 1946 elle-même va consacrer le principe que de telles entreprises doivent de venir propriété de la collectivité » (jl 79).

1947-1969 : Période de réussite qui n'empêcha pas l'économiste étatsunien dissident Hyman Minsky de déclarer que « le capitalisme de pur marché rend les crises inévitables, car, à cause de son système financier, il est intrinsèquement « vicié, prédisposé à connaître des périodes d'expansion, des crises et des dépressions » » (sk2 29).

1947-1996 : « La planification est un ensemble d'orientations économiques et sociales à moyen terme que l'État (en France) propose aux agents économiques (entreprises, partenaires sociaux notamment).

La planification repose sur un document, le Plan, qui présente les grandes orientations économiques et sociales pour l'avenir. Le Plan ne comporte aucune mesure obligatoire pour les entreprises (c'est une planification indicative). L'exécution du Plan, qui dure cinq ans, repose sur des incitations financières. De 1947, date du 1er Plan (Plan Monnet d'équipement et de modernisation) jusqu'en 1996, il y a eu onze plans. Mais seuls les deux premiers plans, à l'époque de la reconstruction dans les années 1950, ont eu une réelle influence » (cg 214).

1950 : Pendant les années 1950, les États-Unis sont en situation d'excédent commercial (il en résulte que les dollars reviennent immanquablement vers l'économie américaine) ; l'économie mondiale est en situation de pénurie de dollars (ea2 196).

1950-1958 : UEP (Union européenne des paiements) (ea2 212).

1950-1970 : Cathédrale dogmatique de l'économie pure ; développement des conséquences pratiques : John Muth 1961, William Sharpe 1964, Robert Lucas 1972 (ma 37-39).

1960 : « Dès les années 1960, le système de Bretton Woods a fini par atteindre ses limites face aux besoins croissants de l'économie mondiale en liquidités internationales » (dp2 83).

1960 : À la fin des années 1960, les chocs pétroliers ont renforcé l'instabilité de l'économie réelle lors des années 1970 et 1980.

1960 : Théorie quantitative ou monétariste de la monnaie par Milton Friedman (ea2 44).

1960-1970 : Baisse spectaculaire des taux de profit (dp1 25).

1960-1970 : « L'action sur les structures économiques : Une théorie récente, celle de la croissance endogène, apporte une justification nouvelle au rôle de l'État dans l'économie. Présentée par l'économiste américain Paul Romer, cette analyse vise à renouveler les théories de la croissance qui, dans les années 1960 et 1970, ne parvenaient à expliquer la croissance à long terme qu'en faisant appel, aux côtés du travail et du capital, à un facteur exogène, le progrès technique » (cg 214). De fait, « la théorie de la croissance endogène réintroduit (endogénéise) le progrès technique dans le modèle explicatif en montrant que les agents économiques produisent de l'innovation et que les connaissances constituent un stock de capital (capital humain) qui peut être accumulé. Mais ce faisant, cette analyse rencontre une limite bien connue des mécanismes de marché avec la présence d'externalités » (cg 214). En effet, « en participant à l'innovation et au développement des compétences, les agents sous-estiment les externalités positives qu'ils créent et n'en tiennent pas compte dans leurs calculs ; ils cessent leurs investissements dès que leur rentabilité devient insuffisante (ils ne sont pas rémunérés en effet pour les effets positifs dont profitent les autres), alors que la collectivité en tirerait globalement avantage » (cg 214). Afin que « la société bénéficie du rendement collectif de ces facteurs tout en assurant un rendement privé suffisant à leurs initiateurs, l'État doit intervenir. Il favorisera la croissance à long terme en aidant la formation, en développant les infrastructures et en soutenant la recherche et l'innovation » (cg 214).

1970 : « Jusque dans les années 1970, quasiment aucune banque centrale n'était indépendante de ses institutions étatiques de rattachement » (gg 95).

1970 : Mise en place des politiques de libéralisation financière, avec abandon des contrôles de capitaux, impulsées par USA et G-B (ea2 200).

1970-1980 : « Les pays du Nord ont imposé la libéralisation commerciale à ceux du Sud dès les années 1970-1980 tout en se protégeant eux-mêmes, rudement à l'occasion » (ea1 147).

1970-1980 : Retour en force de la doctrine libérale lié à la crise des principales économies capitalistes, avec stagnation de la croissance économique et accélération de l'inflation.

1970-1990 : En Chine, le commerce extérieur atteint 5 % du PIB en 1970-1971 ; en 1992 : changement de politique extérieure, adoption du principe d'une économie socialiste de marché ouverte (ma 406).

1970-2016 : Le Prix Nobel James Tobin a fait des propositions de taxes dans les années 1970. Le refus est total de la part de certains pays (Angleterre, Pays-Bas, Luxembourg, Suisse, États-Unis) (fm2 214-215).

1971 : Abandon du système de Bretton Woods (dp2 83).

1971 : Décision des autorités américaines de laisser flotter le dollar (pi 90).

1971 : John Connally Secrétaire d'État au Trésor de Nixon : « Le dollar est notre monnaie, mais c'est votre problème » (ea2 200).

1971-1976 : Le 15 août 1976, la décision de Nixon a ouvert la voie au démantèlement des changes fixes qui prévalaient dans le système monétaire international depuis les accords de Bretton Woods de 1944. Ce démantèlement sera progressif et définitivement achevé avec les accords de la Jamaïque en 1976 (fm2 200).

1973 et 1979 : Chocs pétroliers (dp1 25).

1973 : Premier choc pétrolier (tg 165).

1973 : Généralisation du flottement des monnaies (dp2 83).

1973 : Loi de 1973 précisant le décret de 1936 : l'État doit demander un vote du Parlement pour obtenir des avances de la Banque centrale (ea2 74).

1973 : Premier grand effondrement économique depuis le krach de 1929 (tg 165).

1975 : Front européen de coopération monétaire (FECOM) (pi 90).

1976 : Accord de la Jamaïque (ma 19).

1976 et 1982 : Politique de lutte contre l'inflation via une « réglementation » abrogée en 1986.

1978 : Système monétaire européen (SME) (pi 90).

1979 : Création du SME (système monétaire européen) sur le modèle allemand [ordolibéral] de la stabilité monétaire (dp3 101).

1979 : la FED relève fortement ses taux d'intérêt directeurs (ea2 198).

1980 : « Révolution conservatrice » ; « pensée unique » de la doctrine néolibérale ; ordre naturel selon le slogan TINA de Margaret Thatcher (*There is no alternative*) ; suprématie des actionnaires sur les managers, des créanciers sur les débiteurs ; lutte contre l'inflation, doublement des taux d'intérêt (coup de 1979), prévalence du marché des capitaux sur le financement bancaire, privatisation des banques ; aggravement des déficits publics ; marchés des titres d'État livré aux investisseurs institutionnels (*hedge funds*) (dp1 25).

1980 : À partir des années 1980, les grandes banques d'affaires se mirent à se vendre elles-mêmes en Bourse et à développer les opérations boursières avec les capitaux ainsi récoltés (tg 165).

1980 : Début de la dérégulation financière initiée à partir des années 1980 dans la plupart des pays de la planète (dp1 101).

1980 : Depuis cette date, les voix sont nombreuses qui s'élèvent pour appeler à un renouveau de la macroéconomie : Paul Romer, Olivier Blanchard, Narayana Kocherlakova, Joseph Stiglitz, Adair Turner, Mervyn King (sk2 19).

1980 : Entre 1980 et 12008, on a assisté à une marche accélérée vers la « libre circulation des capitaux et des marchandises » (ea1 145).

1980 : Hausse vertigineuse des salaires des dirigeants de banques lors du début de la « libéralisation » de la sphère financière (fm1 46).

1980 : « Au début des années 1980, le monde universitaire voit s'affirmer progressivement ce qui allait devenir la future « *economic standard* » ou ce qu'il est communément convenu d'appeler aujourd'hui la « théorie économique ». Cela annonçait le triomphe de ce que Milton

Friedman et d'autres appelaient dans les années 1960 la « contre-révolution économique » » (fm2 7).

1980 : À la fin des années 1980, nombreuses privatisations.

1980-2001 : Au début des années 1980, les marchés de capitaux étaient peu développés en France. « Une libéralisation financière radicale intervient avec la suppression de l'encadrement du crédit en 1987, la levée du contrôle des changes en 1989, et la réduction progressive de la part des crédits à taux administrés dès 1985. Par ailleurs les pouvoirs publics ont procédé à la **privatisation des banques à partir de 1986. En 2001, la quasi-totalité des banques était revenue au contrôle privé** » (dp2 55).

« Les **marchés de capitaux** comprennent en France – outre le **marché du crédit bancaire** – le marché monétaire pour les capitaux à court et moyen terme, élargi et accessible à tous les agents depuis la réforme de 1985, le marché hypothécaire qui concerne le financement de l'immobilier créé en 1966, et les marchés financiers, réorganisés par une loi de 1988, sur lesquels se négocient les capitaux à long terme, actions et obligations notamment » (dp2 55-59).

« Le marché monétaire :

Depuis la réforme de 1985, le marché monétaire comprend deux compartiments :

– Le **marché interbancaire**, réservé aux établissements de crédit et à quelques institutions agréées (Banque de France, Trésor public, Caisse des dépôts et consignations)… C'est le taux du marché interbancaire qui sert de référence aux taux d'émission, généralement fixes, des titres de créance négociables (TCN) » (dp2 56).

« – Ces derniers (TCN) forment les instruments du **marché monétaire élargi**, ouvert entre 1985 et 1987, et accessible à tous les agents économiques, qui peuvent ainsi y collecter des ressources ou y investir pour des durées allant du très court terme (jour le jour) au moyen terme (sept ans) » (). Parmi ces derniers : « les **certificats de dépôts** émis par les banques, avec un encours de 200 milliards d'euros début 2016, sont surtout détenus par les organismes de placement collectif (OPCVM). Les **billets de trésorerie**, émis par les entreprises non financières, s'élevaient à 60 milliards d'euros début 2016. Les **bons à moyen terme négociables** (BMTN), créés en 1992, sont émis par les entreprises et les établissements de crédit pour une durée supérieure à un an ; leur encours était de 50 milliards d'euros début 2016 » (dp2 57). Puis : « les **bons du Trésor négociables**, qui constituent le compartiment des TCN le plus important, ont été institués en 1985 pour moderniser la gestion de la dette publique, et sont désormais ouverts à tous les intervenants. Ils sont destinés à assurer le financement à court et moyen termes (jusqu'à cinq ans) de la dette publique, à la différence des **obligations assimilables du Trésor** (OAT), dont la durée peut aller jusqu'à trente ans » (dp2 57).

« Le **marché hypothécaire** a été organisé en 1966 sous l'égide du Crédit foncier de France (voir ci-dessus) pour faciliter le financement de l'immobilier aux particuliers en offrant aux établissements octroyant ces concours la possibilité de négocier leurs créances hypothécaires… Vers le milieu des années 1980, il est apparu que les ressources de ce marché étaient insuffisantes, ce qui a conduit à la création d'un nouveau marché en 1985 » (dp2 57).

« Le financement des créances hypothécaires a donné lieu à une innovation importante, lancée aux États-Unis dès les années 1970, comme vu plus haut, qui est la ***titrisation des créances***… Le cadre juridique de la titrisation a été mis en place en

France par la loi en 1988. La titrisation y est définie comme le transfert à un *fonds commun de titrisation* (FCT) de la propriété des créances détenues par l'établissement cédant. Le FCT a des similitudes juridiques avec les fonds communs de placement (FCP) qui font partie des OPCVM » (dp2 58).

« Les ***marchés de produits dérivés*** ont été créés pour permettre aux opérateurs de se couvrir contre les risques de perte en capital liés aux variations des cours des valeurs. Comme déjà vu, deux marchés ont été ouverts sur la place de Paris : le MATIF, marché à terme des instruments financiers (rebaptisé peu après Marché international de France) créé en 1986… et le MONEP ouvert en 1987, marché des options négociables de Paris… Ces marchés ont disparu depuis, face à la concurrence des marchés européens, en particulier le LIFFE de la place de Londres, dont le réseau européen Euronext a pris le contrôle en 2001 » (dp 58-59).

« En 1991, le **marché boursier a été organisé en trois compartiments**, premier marché, deuxième marché, marché hors cote.

En 2000, le rapprochement des places boursières d'Amsterdam, de Bruxelles et de Paris a donné naissance à la première place boursière paneuropéenne, **Euronext**, et enfin un système de cotation unique, l'**Eurolist** » (dp2 59-60).

1980-2015 : « La taille des marchés financiers monétaires a littéralement explosé en France (comme déjà vu).

Les ménages ont accumulé un patrimoine financier dont la taille a augmenté de 80 % de 2000 à 2015 [dont surtout Les 3 600 ménages formant le fameux 0,1 % de la classe des « hyper-riches »]. Ces derniers ont également accru significativement leur endettement auprès des banques, qui est passé de 51 % à 88 % de leur revenu disponible de 1994 à 2016, d'après les données de comptabilité nationale. Mais ce sont les administrations publiques qui ont le plus augmenté leur endettement : le taux d'endettement public, exprimé par rapport au PIB, est passé de 20 % à près de 100 % de 1980 à 2016, niveau supérieur à celui de l'Union européenne (85 %)…

En termes de flux, les émissions de titres – actions, obligations et titres du marché monétaire – ont constitué la principale source de financement externe des entreprises au cours des années 1990 » (dp2 60-61).

1982 : Troisième vague de nationalisations au début du premier septennat de François Mitterrand (Usinor, Thompson, Péchiney, Saint-Gobain, Rhône-Poulenc, Suez, Paribas notamment) (cg 212).

1982 : Contradiction Mitterrand entre renforcement (nationalisation de 39 banques en 1982) puis démantèlement du circuit du Trésor, sous la pression des politiques néolibérales appliquées à partir des années 1980, et entraînant la nationalisation des banques et des IFS (institutions financières spécialisées) (ea2 73-74).

1983 : Généralisation du flottement des monnaies, effondrement du système monétaire international (dp1 25).

1983 : « Meese et Rogoff ont clairement montré l'incapacité des modèles issus des principales théories du change à prévoir correctement l'évolution des taux de change à court terme (moins d'un an) » (dp3 70). « Suprême humiliation pour les théoriciens du change, pour des horizons de un à douze mois, l'opérateur obtient une meilleure prévision avec le modèle naïf suivant, appelé modèle de « marche au hasard », qui suppose que le taux de change d'aujourd'hui constitue la meilleure prévision des taux de change futurs » (dp3 70)...

1983 : Stratégie de *franc fort* et de *désinflation compétitive* menée en France à partir du tournant de la rigueur de 1983 (dp2 102).

1983 : « Théorie des zones-cibles définie par Williamson : à partir du constat d'importants « mésalignements », on cherche à définir pour chaque monnaie son *taux de change d'équilibre fondamental* (TCEF)... Puis est déterminée une marge de fluctuation ou zone-cible autour du TCEF correspondant à la marge d'erreur d'évaluation de celui-ci » (dp3 74).

1983-1992 : Aux USA, récession de 1983, chômage à 10,8 % (moyenne de l'après-guerre : 5,6 %) ; entrée dans la bulle Internet en 1990 avec chômage à 7,8 % en 1992 (sk2 83).

1984 : Lafay suppose qu'à *long terme* l'évolution du change réel est étroitement liée au niveau relatif de développement des pays (dp3 73).

1985 : Accords de Plaza pour stopper la montée du dollar, puis du Louvre (1987) pour stopper sa baisse. Dès lors, mise en berne de la coopération internationale, instabilité chronique du marché des changes (ea2 198).

1985 : En France réduction progressive de la part des crédits à taux administrés dès 1985.

1986 : À partir de 1986, privatisation des banques et des principales institutions financières.

1987 : Suppression de l'encadrement du crédit.

1987 et 2000 : Krachs boursiers (dp1 94).

1987 : Accords du Louvre (dp3 75).

1987-1997-200-2007 : Krachs de plus en plus graves et de plus en plus fréquents (tg 166).

1989 : Levée du contrôle des changes.

1989 : Libéralisation complète du double contrôle du crédit et des changes (dp2 91).

1990 : accord de Schengen (pi 167).

1990 : Troisième révolution industrielle : nouvelles technologies de l'information et de la communication avec la téléphonie, l'audiovisuel et l'informatique (dp1 6).

1990 : Consensus de Washington défini par l'économiste britannique John Williamson (dp1 26).

1990 : La globalisation des marchés monétaires et financiers s'est produite au milieu des années 1990 (fm1 147).

1990 : Le *shadow banking system* s'est développé aux États-Unis à partir des années 1990, mais il a très vite gagné l'Europe grâce au modèle de la banque « universelle » (ea 167).

1990 : Les inégalités de revenus s'étaient réduites sur longue période, elles augmentent depuis le début des années 1990. La crise ouverte en 2008 a amplifié ce phénomène (ea1 27).

1990 : Lors des années 1990, les institutions internationales encouragent particulièrement les économies émergentes vers les régimes monétaires permettant l'ancrage de la valeur de la monnaie sur une devise dans un contexte de libre circulation des capitaux : dollarisation de l'Équateur en 2000, euroïsation du Monténégro en 2001 (ea2 201). Depuis, les stratégies d'ancrage strict se raréfient. Le FMI en dénombrait 47 en 2000, il n'en reste que 25 en 2014. Les pays se tournent vers des stratégies intermédiaires, notamment de « flottement géré » (ea2 202).

1990 : Répétition des crises monétaires, Europe (1992), Mexique (1994), Asie (1997), Russie (1998), Brésil (1999), Turquie et Argentine (2001) (ea2 202).

1990-1997 (Cresson, Bérégovoy, Balladur, Juppé) : la politique monétaire menée par la Banque de France a été trop restrictive de 1990 à 1997 car le taux d'intérêt observé a été constamment supérieur au taux « optimal » dérivé de la règle de Taylor (dp2 110).

1990-1999 : Dans les 15 pays de l'Union européenne, définition de règles communes (1990) et création d'une monnaie unique (1999) (dp1 28).

1990-2000 : « Décennie perdue » pour le Japon (sk2 105) ; montée de la dette publique de 60 % à 220 % du PIB, sans parler de la dette privée (sk2 106).

1990-2000 : Alan Greenspan, président de la *Federal Reserve* américaine a été accusé de n'avoir pas su endiguer la bulle spéculative de la fin des années 1990 et d'être à l'origine de la bulle immobilière des années 2000 (dp1 84).

1990-2000 : La Bourse de Paris a connu, à la fin des années 1990, l'arrivée de fonds de placement d'origine étrangère qui y ont investi des sommes très importantes (cg 23).

1990-2005 : Les banques les plus importantes se sont transformées en oligopole dans les années 1990. Cet oligopole s'est transformé à son tour en « oligopole systémique » depuis 2005, avec la multiplication des ententes frauduleuses (fm1 114).

1991 : sommet européen de Maastricht, après quoi la Bundesbank décide unilatéralement de relever ses taux d'intérêt d'un point (pi 92).

1991-1998 : Discussion de la doctrine de la neutralité de la monnaie : Patinkin 1965, Kyotabi et Wright 1991, Clower 1996 vs Aglietta et Orléan 1982, Aglietta et Cartelier 1998 (ma 41-43).

1992 : Accords de Maastricht sur l'UEM (ea2 75).

1992 : Francis Fukuyama, chef de file des néoconservateurs, publie *La Fin de l'histoire et le dernier homme* (dp1 26)

1992-2002 : Période qualifiée pour le Japon de « décennie perdue » (1992-2002) (dp1 94). 1990-2000 ?

1993 : Implosion du SME (dp3 81).

1993-2011 : La première affaire retentissante liée aux produits dérivés est survenue en décembre 1993 (fm1 110). Puis surviennent des faillites en 1994, 1995, 1998. Puis les scandales à la Société générale en 2008 (Kerviel), à la banque suisse UBS en 2011, à la banque JPMorgan Chase (Bruno-Michel Iksil dit la baleine de Londres) (fm1 111).

1994-1997-2000-2001-2008 : Les premières crises systémiques ont été celles du Mexique en 1994, puis de la Thaïlande en 1997 (112). Puis le krach boursier de 2000-2001 aux USA (fm1 113). Sans l'intervention instantanée de la Fed en septembre 2008, tout le système bancaire mondial s'effondrait comme un château de cartes (fm1 114).

1998-2010-2019 : Les accords de Bâle I ont été arrêtés en 1998, ceux de Bâle II en 2010 et l'ensemble des mesures négociées par Bâle III ne sera mis en place qu'à partir de 2019 (fm1 126).

1999 : Abrogation par Bill Clinton du *Glass-Steagall Act* (la loi de séparation bancaire adoptée en 1933, lors de la Grande Dépression) (gg 137).

1999 : Mise en place de l'Union économique et monétaire (UEM), ou « Zone euro », facteur aggravant de la crise de 2007 (ea2 208).

1999 : Mise en place progressive de l'UEM (dp3 81).

1999-2009 : Création et crise de la zone euro (dp3 102).

2000 : « Au début de la décennie 2000, le capitalisme néolibéral semblait triompher. Mais lorsque le ralentissement de l'efficacité du système productif à cause d'une faiblesse de la progression de la productivité du travail n'a plus été compensé par l'emballement financier et que celui-ci a fini en krach retentissant, toutes les conditions étaient réunies pour entraîner une déflation quasi générale » (ea2 227). Et « malgré la gravité de cette crise, toutes les velléités de réformes bancaires et financières sont restées lettre morte. Au contraire, les pratiques bancaires qui ont nom hors-bilan, « banque de l'ombre », sociétés offshore ou paradis fiscaux, sociétés écrans, titrisation, produits dérivés, banque universelle, etc., perdurent, voire s'amplifient » vu que « les gouvernements promettent mais font l'inverse de ce qu'ils ont promis, que les institutions de régulation conservent le dogme de l'efficience des marchés, et que des universitaires continuent de l'enseigner » (ea2 227).

2000 : Début des premières fraudes remontent au début des années 2000, avec l'octroi des crédits *subprimes* (fm1 109).

2000 : Krach Internet (dp1 37).

2000 : Remise en cause du néolibéralisme par Stiglitz (2002) et infléchissement de la doctrine de la Banque Mondiale et du FMI (dp1 27).

2000 : depuis cette date, l'Insee calcule aussi la consommation effective des ménages.

2000 : « Au milieu des années 2000, les anciennes entreprises publiques qui ne remplissaient pas de missions de service public ont presque toutes été privatisées, même si l'État conserve une partie du capital » (cg 213). Quant aux « grandes entreprises nationales de service public, on parle aujourd'hui d' « ouverture du capital » davantage que de privatisation. C'est dans les télécommunications que cette libéralisation a été le plus loin » (cg 213).

2000 : Janvier, assemblée générale du MEDEF en vue de la refondation sociale.

2000-2004-2010 : La supervision prudentielle des banques s'est considérablement renforcée récemment dans le cadre du nouveau référentiel Bâle III mis en place à partir de 2010 (dp2 111).

2000-2008 : « L'indépendance de la BCE n'a nullement contrarié la succession des **cadeaux électoraux qui, de suppression d'impôts en niches fiscales, ont permis à l'État français, entre 2000 et 2008, de renoncer à plus de 70 milliards d'euros de recettes fiscales annuelles** » [environ 2,5 %] (gg 97).

2001 : La quasi-totalité des banques sont déjà revenues au secteur privé.

2001 : Les pouvoirs publics français ont donné force de loi aux principales règles de gouvernance d'entreprise. C'est l'un des objectifs de la loi (dite NRE) sur les « nouvelles régulations économiques », votée en mai 2001 (dp1 64).

2005 : Les pratiques d'entente semblent, de leur côté, s'être propagées plus tard, à partir de l'année 2005 (et peut-être un tout petit peu avant sur le marché des changes).

2006-2011 : Les pratiques frauduleuses ont démarré en 2006. Ces manipulations ont duré au moins jusqu'en 2011.

2007 (août) : Premiers signaux du caractère systémique de la dernière crise financière (fm1 115).

2007 : Crise des *subprimes* (dp1 37).

2007-2018 : La reprise reste fragile (sk2 28).

2009 : Début de la crise de la zone euro, à la suite des difficultés rencontrées par plusieurs de ses pays membres, à commencer par la Grèce (dp2 118).

2009-2020 : « Cela a débuté pour le transport des voyageurs, transformé en oligopole en 2009. Ce sera le cas des lignes de TGV à partir de 2020 ; elles seront ouvertes à la « concurrence », ce qui signifie que leur exploitation sera vendue à la découpe à de grandes firmes privées » (tg

173). Et, « ce sera également le cas des lignes TER et Intercités d'ici 2023. Bref, la transformation du service public ferroviaire en marché privé, qu'un oligopole va se partager, est en marche » (tg 173).

2011 : Le transfuge socialiste Éric Besson, ministre de l'Économie.

2011 : Le G 20 de Cannes avoue la responsabilité des plus grandes banques dans le déclenchement de la crise financière de 2007-2008 (fm1 27).

2012 : Liste des banques systémiques publiée par le CSF (fm1 30).

2012-2014-2016-2020 : Création de L'Union bancaire (fm2 272).

2013 : Information par l'agence Bloomberg sur l'entente délictueuse de traders pendant 10 ans pour manipuler le taux de référence du marché des devises (le WM/Reuters) (fm1 102).

2014 : « Le Parlement européen a rejeté en mai 2015 le rapport Höpmark qui défendait, sans grande conviction, une version dénaturée de la proposition de séparation bancaire faite début 2014 par Michel Barnier ». Le Conseil économique et social européen n'abandonnerait pas cependant la partie (mars 2016) ! (fm2 211).

2014 : « Proposition » par la Commission européenne d'un règlement visant à empêcher les plus grandes banques de pratiquer la négociation pour compte propre, une activité de marché risquée (fm1 129).

2014 : Dénonciation par la Commission européenne de l'entente délictueuse en bande organisée touchant le marché des produits dérivés par 4 banques internationales. Elles ont bénéficié d'une réduction de 10 % de leur amende (fm1 106-107).

2014 : Michel Barnier, le commissaire européen chargé des services financiers, ainsi que les autorités françaises [Sarkozy] ont décidé de soutenir le retour des techniques de titrisation (ea1 120).

2014 : Tableau publié par l'Autorité Bancaire Européenne (ABE) des indicateurs permettant de situer le risque systémique des plus grandes banques européennes nommément citées (fm1 47).

2014 : Torpillage par la France de la taxe sur les transactions financières (fm1 127).

2014 : Un Mécanisme de surveillance unique (MSU) de l'Union bancaire (fm2 273).

2014 : « L'État actionnaire :

Depuis quelques années, on assiste à un retour de l'État dans le capital des entreprises comme au développement d'une stratégie de gestion de ce portefeuille d'actions, transformant l'État en un actionnaire important et actif dans le paysage des entreprises françaises. En 2014, l'État s'est ainsi porté acquéreur de 14,1 % du groupe PSA (Peugeot) puis de 20 % du groupe Alstom lorsque ces groupes ont rencontré d'importantes difficultés » (cg 213). Afin de « justifier ces interventions dans le capital de groupes privés, voire familiaux, le gouvernement a précisément indiqué que cet actionnariat familial entravait le développement du groupe en bloquant toute augmentation de capital, qu'il ne pouvait pas suivre » (cg 213). Dans ces conditions, « l'État pouvait jouer ce rôle d'actionnaire de substitution, ne cherchant pas à contrôler ou dominer l'entreprise (pour PSA, l'État partage le pouvoir avec le chinois Dongfeng, et avec General Electric chez Alstom).

Pour jouer son rôle d'actionnaire, qui vend et qui achète des actions et des participations au capital d'entreprises cotées, l'État a même créé en 2004 l'Agence des participations de l'État (APE) » (cg 213). Donc, « L'APE gère toutes les participations de l'État dans des entreprises comme EDF, Renault, GDF-Suez, EADS, Safran, France Télévisions, Airbus, Orange, SNCF, RATP, Thaïes, La Poste, Aéroport de Paris ou Air France-KLM. L'APE joue donc un véritable rôle de banque d'affaires » (cg 213). Néanmoins, « son champ d'action demeure le territoire français et elle ne peut être comparée aux fonds souverains qui se sont récemment développés et qui sont des fonds d'État constitués de placements financiers sur les marchés internationaux détenus par un État » (cg 213). Ce qui est le « cas de La Chine, des pays du Golfe ou encore de la Norvège, grâce à ses revenus pétroliers.

Le nouveau volontarisme de l'État s'inscrit dans la perspective d'un renouveau de la politique industrielle et de la défense du tissu industriel français » (cg 213).

2015 : Adoption de la proposition législative visant à relancer les marchés de la titrisation en Europe (fm2 281).

2015 : Affaire publique de la banque britannique HSBC coupable d'évasion fiscale à grande échelle. Mais avec 270 000 salariés dans plus de 80 pays, HSBC est toujours considéré comme un poumon de l'économie mondiale (fm1 130).

2015-2020 : la Commission européenne adopte un plan d'action pour la mise en place d'un marché des capitaux, avec l'objectif de mobiliser le capital en Europe d'ici 2019 dans les 28 membres de l'UE (fm2 280).

2016 (mars), Michel Sapin, ministre des Finances français, a déclaré que les négociations européennes sur ce projet (du reste piraté en 2013 par Christian Noyer) sont « aujourd'hui dans une situation d'arrêt » (215). Les chances de le mettre en place dans un avenir proche s'éloignent durablement. La France a été en partie à l'origine du blocage actuel (fm2 214-215).

2016 : Dépôt de plainte contre 16 banques par l'agence fédérale de garantie des dépôts bancaires aux USA (FDIC) (fm1 98).

2016-2020 : CRU (Conseil de résolution unique) et FRU (Fonds de résolution unique) créés en 2016 (fm2 275). D'ici à 2020 : MREL (*minimum requirement for own funds and eligible liabilities*) (fm2 277).

Chapitre 4

Le double patronage de Hegel et de Marx[22]

Parmi les titres de notre corpus 2011-2018 (19), très peu se réfèrent à Marx (5), et encore moins de façon entièrement positive (Pierre Ivorra et François Morin). Steve Keen reconnaît l'importance historique incontestable de Marx, mais en le critiquant aussi de façon très pugnace. D'autres (Aglietta) essaient visiblement de le contourner en fondant leur théorie de la valeur sur la monnaie au lieu du travail.

Selon Thomas **Piketty** (2013) :

« Le taux de rendement du capital [désigné par la lettre **r**] est un concept central de nombreuses théories économiques, en particulier dans l'**analyse marxiste**, avec la thèse de la baisse tendancielle du taux de profit – prédiction historique dont nous verrons qu'elle s'est révélée fort erronée [**C'est tout de même bien ce qui semble s'être passé dans le tournant des années 1980**. E. J.], même si elle est porteuse d'une intuition intéressante. Ce concept joue également un rôle central dans toutes les autres théories » (tp 93).

« À qui profite la dette publique ?

Cette expérience historique est fondamentale, pour plusieurs raisons. Tout d'abord, elle permet de comprendre pourquoi les socialistes du XIXe siècle, à commencer par Karl **Marx**, étaient très méfiants vis-à-vis de la dette publique, qu'ils percevaient – non sans une certaine clairvoyance – comme un instrument au service de l'accumulation du capital privé » (tp 210).

---

[22] TP 2013 : 93, 210-211, 347, 360 sq, 866-867, 928, 948-950 ; SK1 2014 : 471-481 ; PI 2015 : Hegel 225 ; MA 2016 : 51 ; JT 2016 : 146, 208 ; FM2 2017 : Hegel : 53 ; Marx : 41-42, 257 ; Keynes : 259 ; CG 2017 : 290-294.

De fait, « dans les articles féroces qu'il consacre en 1849-1850 à *La Lutte des classes en France*, Marx s'offusque de la façon dont le nouveau ministre des Finances de Louis-Napoléon Bonaparte, Achille Fould, représentant des banquiers et de la haute finance, décide sans coup férir d'augmenter les impôts sur les boissons afin de payer les rentiers ». Par ailleurs, « à la suite de la guerre franco-prussienne de 1870-1871, l'État français doit de nouveau s'endetter auprès de sa population **pour payer un transfert à l'Allemagne équivalent à environ 30% de son revenu national** » (tp 210-211).

« Les économistes conservateurs ou libéraux tiennent à montrer que la croissance bénéficie à tous : ils sont donc très attachés à la thèse d'une complète stabilité du partage capital-travail, quitte à négliger parfois les données ou les périodes indiquant une hausse de la part du capital ».

Au contraire, « les **économistes marxistes** ont tendance à vouloir démontrer coûte que coûte que la part du capital progresse encore et toujours, et que les salaires stagnent, quitte parfois à tordre quelque peu les données » (tp 347).

[Mais **c'est bien aussi en définitive ce que soutient Piketty : le capital dévore le travail** (tp 942) ; il s'accroît toujours plus vite que le taux de croissance du revenu national : **r > g**.]

« Retour à Marx et à la baisse tendancielle du taux de profit...

Marx avait effectivement en tête un modèle de ce type, c'est-à-dire un modèle fondé sur l'accumulation infinie du capital » (tp 362, in 360-364 sq.).

[C'est bien d'une certaine manière vers une forme d'illimitation que tendent certains chiffres insensés caractéristiques de la sphère financière, par exemple le constat que la masse des produits dérivés représente 10 fois le PIB mondial (Morin). E. J.]

« L'impôt sur le capital dans l'histoire.

La solution suggérée par Karl **Marx** et de nombreux auteurs socialistes du XIXe siècle, et mise en pratique par l'Union soviétique au XXe siècle, est beaucoup plus radicale et a au moins le mérite de la cohérence » (tp 866). De fait, « en abolissant la propriété privée de l'ensemble des moyens de production, aussi bien pour les terres et l'immobilier que pour le capital industriel, financier et professionnel, à l'exception de quelques maigres coopératives et lopins de terre individuels, c'est bien l'ensemble du rendement privé du capital qui disparaît » (tp 866). Donc « l'interdiction de l'usure est générale : le taux d'exploitation, qui mesure chez Marx la part de la production que s'approprie le capitaliste, devient enfin nul, et avec lui le taux de rendement privé. En ramenant le rendement du capital à zéro, l'humanité et le travailleur se libèrent enfin de leurs chaînes et des inégalités patrimoniales issues du passé » (tp 866-867). Alors « le présent peut reprendre ses droits. L'inégalité r > g n'est plus qu'un mauvais souvenir, d'autant plus que le communisme aime la croissance et le progrès technique. **Le problème, malheureusement pour les populations concernées par ces expérimentations totalitaires, est que la propriété privée et l'économie de marché** n'ont pas simplement pour fonction de permettre la domination des détenteurs du capital sur ceux qui n'ont que leur travail » : car « ces institutions **jouent également un rôle utile** pour coordonner les actions de millions d'individus et dont il n'est pas si facile de se passer entièrement. **Les désastres humains causés par la planification centralisée l'illustrent de façon parfaitement claire** » (tp 867).

« Selon **Marx** qui suppose une croissance nulle pour la population comme pour la productivité, c'est ce à quoi aurait dû aboutir le désir d'accumulation infinie des capitalistes, d'où leur chute finale, conduisant à l'appropriation collective des moyens de production », de sorte que « ce soit l'État soviétique qui prenne en charge pour le bien commun l'accumulation sans limite de capital industriel et de machines toujours plus nombreuses, sans que l'on sache d'ailleurs très bien où les autorités en charge de la planification doivent s'arrêter » (tp 928).

D'une certaine manière, « la règle d'or, interprétée à la mode soviétique, revient à **transférer à la collectivité le désir d'accumulation infinie du capital prêté aux capitalistes**. Il est intéressant de noter que dans les passages de la Théorie générale consacrés à l'euthanasie des rentiers (chapitres 16 et 24) **Keynes développe une idée proche** de la « saturation du capital » : c'est en accumulant assez de capital que **les rentiers perdront leur rendement et seront euthanasiés** » (tp 928).

« L'idée selon laquelle le marché et la propriété privée permettent de coordonner et d'utiliser efficacement (sous certaines conditions) les informations et compétences de millions d'individus est une idée classique, que l'un retrouve **chez Smith comme chez Hayek, Arrow ou Debreu** » (tp 938).

« Le point de vue exigeant sur la démocratie d'un philosophe tel que **Jacques Rancière** est ici tout à fait indispensable. Voir en particulier J. Rancière, *La Haine de la démocratie*, La Fabrique, 2005 » (tp 940).

« Pour l'essentiel, **Furet** s'est rendu célèbre pour ses travaux sur l'histoire politique et culturelle de la Révolution française, dans lesquels on peine à trouver trace des « revenus des classes de la société contemporaine » (sujet de recherche central du début de sa carrière), et où le grand historien, tout préoccupé qu'il est par le combat qu'il mène dans les années 1970 contre les historiens marxistes de la Révolution française (alors particulièrement dogmatiques et nettement dominants, notamment à la Sorbonne), **paraîtrait même refuser toute espèce d'histoire économique et**

sociale » (tp 948-949). **Or, « cela me semble dommage dans la mesure où il est possible – je crois – de concilier les différentes approches.** La vie politique, la vie des idées ont évidemment leur autonomie par rapport aux évolutions économiques et sociales. Les institutions parlementaires, l'État de droit, ne sont pas les institutions bourgeoises décrites par les intellectuels marxistes d'avant la chute du Mur » (tp 948-949). Toutefois « en même temps il est bien évident que les soubresauts des prix et des salaires, des revenus et des patrimoines, contribuent à forger les perceptions et les attitudes politiques, et qu'en retour ces représentations engendrent des institutions, des règles et des politiques qui finissent par modeler les évolutions économiques et sociales » (tp 949). Et « il est possible, et même indispensable, d'avoir une approche qui soit à la fois économique et politique, salariale et sociale, patrimoniale et culturelle. **Les combats bipolaires des années 1917-1989 sont maintenant nettement derrière nous.** Loin de stimuler les recherches sur le capital et les inégalités, les **affrontements autour du capitalisme et du communisme ont plutôt contribué à les stériliser,** aussi bien d'ailleurs parmi les historiens et les économistes que parmi les philosophes » (tp 949). Et « il est plus que temps de les dépasser, y compris dans les formes que prend la recherche historique, qui demeure me semble-t-il profondément marquée par ces affrontements passés.

Quand on lit les textes consacrés par **Sartre, Althusser ou Badiou** à leurs engagements marxistes ou communistes, on a parfois l'impression que la question du capital et des inégalités entre classes sociales ne les intéresse que modérément, et qu'il s'agit d'un prétexte à des joutes d'une autre nature » (tp 949).

Ainsi que « je l'ai noté dans l'introduction, il existe sans doute également des raisons purement techniques expliquant la mort prématurée de l'histoire sérielle. Les difficultés matérielles liées à la saisie et au traitement des données expliquent sans doute pourquoi ces travaux (y compris Le Mouvement du profit en France au XIXe siècle) consacrent finalement très peu de place à l'interprétation historique, ce qui rend parfois la lecture de ces ouvrages relativement aride » (tp 949-950). Notamment, « l'analyse des liens entre les évolutions économiques mises à jour et l'histoire politique et sociale de la période étudiée est souvent minimale, et passe derrière une description méticuleuse des sources et des données brutes, qui de nos jours trouvent naturellement leur place dans des tableurs Excel et des bases de données disponibles en ligne ».

Il semble également que « la fin de l'histoire sérielle est liée au fait que ce programme de recherche est mort avant d'avoir atteint le XXe siècle. Quand on étudie le XVIIIe ou le XIXe siècle, on peut plus ou moins s'imaginer que les évolutions des prix et des salaires, des revenus et des fortunes, suivent une logique économique autonome et n'interagissent pas ou peu avec les logiques proprement politiques et culturelles » (tp 950). Mais « quand on étudie le XXe siècle, une telle illusion vole en éclats immédiatement. Il suffit de jeter un rapide coup d'œil aux courbes suivies par l'inégalité des revenus et des patrimoines ou le rapport capital/revenu pour voir que **la politique est partout, et que les évolutions économiques et politiques sont indissociables, et doivent être étudiées de concert** » (tp 950). Et « cela oblige également à étudier l'État, l'impôt et la dette dans ses dimensions concrètes, et à **sortir des schémas simplistes et abstraits sur l'infrastructure économique et la superstructure politique**.

Certes, un sain principe de spécialisation peut parfaitement justifier que tout le monde ne se mette pas à établir des séries statistiques. Il existe mille et une façons de faire de la recherche en sciences sociales, et celle-ci n'est pas toujours indispensable, loin de là, ni particulièrement imaginative (j'en conviens) » (tp 950). Toutefois « il me semble que les chercheurs en sciences sociales de toutes les disciplines, les journalistes et les médiateurs de tous supports, les militants syndicaux et politiques de toutes tendances, et surtout tous les citoyens, devraient s'intéresser sérieusement à l'argent, à sa mesure, aux faits et aux évolutions qui l'entourent. Ceux qui en détiennent beaucoup n'oublient jamais de défendre leurs intérêts. Le refus de compter fait rarement le jeu des plus pauvres » (tp 950).

Selon Steve **Keen** (1. 2014) :

« L'économie marxienne, en tant qu'alternative potentielle à l'économie conventionnelle est sérieusement erronée. Cependant, un grand nombre de problèmes proviennent d'une compréhension inadéquate de Marx, non seulement par ses détracteurs mais aussi par ses alliés présumés » (sk1 60).

« La théorie économique néoclassique, telle que nous la connaissons aujourd'hui, est née à la fin du XIXe siècle dans les travaux de Jevons (Angleterre), Walras (France), Menger (Autriche) et, quoiqu'**un peu plus tard, Marx.** [**Point de vue discutable** par la chronologie. Jevons (1866), Walras (1874), Menger (1871) publient tout juste dans la foulée de la parution du Capital (1867). E. J.] Steve Keen dit avoir « une haute estime pour les fondateurs de ce qui est devenu l'économie *mainstream*. Ils ont été les pionniers d'une nouvelle manière de penser et, à l'inverse de leurs disciples modernes, ils étaient souvent conscients des limites possibles de la théorie qu'ils se sont efforcés de construire » (sk1 61).

« Dans notre monde monétaire, **les transactions sont des échanges financiers impliquant trois agents et une marchandise**... Le nombre minimum de classes dans un modèle du capitalisme est de trois (capitalistes, salariés et banquiers. Des modèles monétaires dynamiques du capitalisme » sont à l'origine d'une « **perspective à la Marx-Schumpeter-Keynes-Minsky** » (sk1 403). F. Morin (2017 257, 259) prétend lui aussi se réclamer de Marx en même temps que de Keynes.

On va maintenant « parler des alternatives à l'économie conventionnelle qui existent – et de leurs défauts. [On débutera] par l'alternative la plus radicale : l'économie marxienne » (sk1 452).

« **Le marxisme conventionnel est truffé d'erreurs logiques, tout comme l'économie néoclassique, même si Marx lui-même a proposé de bien meilleurs fondements pour l'analyse économique que ne l'ont fait Walras ou Marshall** » (sk1 56).

« Quand l'école néoclassique s'est formée, dans les années 1870, au travers des travaux de [Bentham : 1748-1832], Jevons (Angleterre : 1835-1882), Menger (Autriche : 1840-1921), Walras (France : 1834-1910), **la**

vieille école classique (son dernier représentant étant Marx [?] : 1818-1883) était en crise » (sk1 205).

« **Les critiques de Marx et de Keynes envers l'économie conventionnelle de leur époque s'appliquent encore aujourd'hui à la théorie moderne**...

[Steve Keen adopte une position instable vis-à-vis de Marx, qu'il critique et loue à la fois, lui redonnant de la main gauche ce qu'il lui a retiré de la main droite. E. J.]

La motivation centrale du renversement [de la réinterprétation hicksienne IS-LM de Keynes par les modèles DSGE de la macroéconomie néoclassique. E. J.] était le désir de réduire la macroéconomie à la microéconomie et de prouver qu'il existait un taux de chômage naturel qui ne peut être modifié par la politique gouvernementale » (sk1 243).

« Au lendemain de la Seconde Guerre mondiale, trois générations successives d'économistes classiques ont continué à croire au mythe réductionniste.

En cela, ils ont conservé l'attitude de leurs ancêtres d'avant la Seconde Guerre mondiale. Depuis *La richesse des nations* d'Adam Srnith, **la tendance dominante dans la discipline a été d'analyser l'économie à partir des comportements d'individus rationnels et d'en conclure que, tant que les prix étaient flexibles, il n'existait pas de problème macroéconomique** » (sk1 246). **Et « les penseurs qui adoptèrent une perspective différente, comme Malthus dans ses débats avec Ricardo, ou Marx et d'autres critiques, furent rejetés à la périphérie de l'économie** » (sk1 246).

« La loi de Say et la loi de Walras prétendent que les individus désirent simplement consommer des biens. **Marx affirmait que la caractéristique essentielle du capitalisme est le désir d'accumulation** » (sk1 252).

[Ce n'est rien d'autre que la thèse de l'humanisme traditionnel, antique, chrétien et classique, et qui est illustrée par la saisissante et impérissable comédie de Molière sur *L'Avare*, par la doctrine de la caractérologie psychanalytique aussi sur les trois P : parcimonie, irritabilité (en anglais *petulance*), pédanterie (*pedantry*) ou en termes plus courants, l'économie, l'entêtement et l'ordre (É. Jalley : GP2 2008 : 760). Quant au désir de consommer, il ne comporte en lui-même rien d'illimité (pulsion du moi ou d'auto-conservation de Freud), et relève d'une autre « psychologie » quant à l'insertion topique). E. J.]

« Marx formalisa son analyse par le développement de deux « circuits », le « circuit des marchandises » et le « circuit du capital » » (sk1 253).

« Keynes estima sans doute, au moment où la puissance de Staline allait croissant et où le communisme voyait s'étendre son pouvoir de séduction, qu'il était politiquement plus judicieux de ne pas vanter les mérites du père du communisme dans sa critique de l'économie conventionnelle. »

[S. Keen souligne l'approbation de Marx par Keynes, malgré le refus de le reconnaître de celui-ci marqué par l'opportunisme politique. E. J.]

« **La logique limpide de Marx eût-elle été mise au premier plan par Keynes**, il est possible que la contre-révolution néoclassique initiée par Hicks n'eût jamais vu le jour car les raisons profondes du rejet de la loi de Walras eussent été exprimées de manière beaucoup plus claire. Ainsi, bien que la décision de Keynes soit compréhensible au vu du contexte de l'époque, avec le recul, on peut dire qu'il s'agissait véritablement d'une erreur » (sk1 255). Et « l'argumentation confuse et obscure de Keynes permit aux économistes de continuer à croire que la loi de Walras est une vérité irréfutable. Seuls les économistes travaillant à l'écart du courant néoclassique comprirent que tel n'est pas le cas » (sk1 255).

Quant à « **Minsky, [même] ayant à cacher à l'époque du maccarthysme l'influence profonde sur lui de Marx,** crédit et dette devaient combler le fossé entre acheteur et vendeur. Le crédit et la dette sont alors fondamentaux pour le capitalisme…

« L'idée de Minsky souligne bien le point aveugle des économistes néoclassiques et autrichiens qui croient respectivement à la loi de Walras et à la loi de Say : ils sont incapables de prendre en compte le rôle du crédit dans une économie capitaliste » (sk1 255).

« Le crédit qui ne repose pas sur des biens existants est une caractéristique essentielle d'une économie en expansion, comme l'a expliqué **Schumpeter, encore plus clairement que Marx et Minsky »** (sk1 256).

Steve Keen « rejette la « théorie de la valeur travail » que les marxistes conventionnels considèrent comme le fondement de l'analyse de Marx… Cependant, dans la théorie très répandue de l'équilibre de concurrence parfaite, **le surprofit est nul, de sorte que le profit disparaît de la théorie économique… Alors quoi ?** » (sk1 259).

[Il n'y a de profit que parce qu'il y a à la base du surprofit, c'est-à-dire du travail non payé, ou encore volé. E. J.]

« **Les visions de l'économie partagées par Marx, Schumpeter, Keynes et Minsky s'accordent sur l'instabilité manifeste de l'économie,** alors que la loi de Walras affirme en dépit des apparences, que l'économie est profondément stable » (sk1 260).

« En dépit des critiques de Marx et de Keynes, la loi de Say et la loi de Walras ont survécu et continuent de dominer la pensée économique aujourd'hui » (sk1 261).

Selon les néoclassiques, « **La conception marxiste considère que les économies capitalistes sont intrinsèquement instables et que l'accumulation excessive du capital conduira à des crises économiques de plus en plus sévères. La théorie de la croissance, qui a été [soi-disant] validée au niveau empirique, nous explique que ce n'est pas vrai** » (sk1 295). En fait, « l'économie capitaliste est stable, et en l'absence de changement dans la technologie ou dans les règles du jeu économique, l'économie converge vers un sentier de croissance équilibrée avec un niveau de vie doublant tous les quarante ans » (sk1 295).

[C'est exactement ce que **Kant** appelle une Antinomie dans sa Dialectique transcendantale, c'est-à-dire l'opposition frontale d'une thèse et d'une antithèse. E. J.]

« On ne pourrait trouver contraste plus évident avec l'importance que les théories de Marx, Schumpeter, Keynes et Minsky accordent à la dette et à la demande agrégée » (sk1 337).

« À six reprises après la Deuxième Guerre mondiale, le pistolet à bouchon a fait feu, mais sans faire mouche » (sk1 338-339).

« **Krugman n'a pas réussi à comprendre Minsky, qui avait réalisé, tout comme Schumpeter et Marx avant lui**, que la croissance de la dette stimule la demande agrégée » (sk1 357).

Au lieu de « l'approche bottom-up, qui a dominé de tout temps en économie… **l'approche top-down est caractéristiques des travaux de Marx, Schumpeter, Keynes et Minsky, où l'économie est décrite au niveau des agrégats – variation évolutionnaire**, classes sociales, production agrégée, niveaux de dette agrégés, et ainsi de suite…

[SK dit avoir] choisi la seconde approche afin de tenter de mettre sous forme mathématique les conceptions de Marx, Schumpeter, Keynes et Minsky » (sk1 399).

[Le tout est plus que la somme des parties : Kant in Critique du jugement téléologique (1790), Hegel : le vrai est le tout (1807), Gestalt-théorie. E. J.]

« Il existe un décalage temporel entre A et A+, que Marx appelle la « période de rotation » . Celle-ci peut être bien plus courte qu'une année, quoiqu'elle soit peu susceptible d'être aussi courte que dans l'exemple proposé par Marx lui-même : « Supposons 5 semaines pour la période de rotation : 4 semaines pour la période de travail, 1 semaine pour la période de circulation. (…) Dans une année de 50 semaines… le capital I de 2 000 l.st. (livres sterling) constamment employé dans une période de travail accomplit donc 12 rotations ½. 12 fois 1-2 2000 l.st = 25 000 l.st » (sk1 408).

Or, « exprimé en fraction d'année, l'exemple de Marx se traduit par une valeur de 1/12,5 pour la période de rotation. De manière générale, plus ce nombre est petit, plus une quantité donnée de monnaie se renouvelle rapidement, et plus les profits (et les salaires) sont importants. **Les valeurs numériques proposées par Marx étaient extrêmes, mais son idée de base est correcte : une somme donnée de monnaie peut se renouveler plusieurs fois en une année** » (sk1 408).

[C'est une illustration possible de l'idée hégélienne de cercle de cercles, et sismondienne de spirale. E. J.]

« Nous débuterons par l'alternative la plus radicale : l'économie marxienne. Peut-être, si vous m'avez étiqueté comme « gauchiste », vous attendez-vous à me voir chanter les louanges de Marx. Si c'est le cas, vous allez être surpris ! » (sk1 452).

« Pourquoi **la majorité des marxistes ne sont pas pertinents, alors que presque toute la théorie de Marx l'est.**

[Marx aurait raison, mais pas les marxistes. Bon !]

L'économie marxienne constitue l'une des véritables alternatives au raisonnement économique néoclassique... Cependant, les économistes conservateurs n'ont pas le monopole de l'analyse économique bancale, et l'économie marxienne, quand elle est bien interprétée souffre d'un casse-tête logique tout aussi important que ceux qui affectent l'économie néoclassique » (sk1 454).

Or, « ce casse-tête a séparé les économistes hétérodoxes en deux camps. Tandis qu'un petit groupe continue de travailler à l'intérieur de ce que ses membres considèrent comme la tradition marxienne, et passe une bonne partie de son temps à tenter de résoudre cette énigme, la grande majorité ignore presque complètement Marx et l'économie marxienne, et participe au contraire au développement des écoles de pensée présentées dans le prochain chapitre » (sk1 454).

Cependant, « l'ironie de cette situation est que, **si la philosophie de Marx est bien interprétée le casse-tête disparaît, et Marx offre alors un excellent point de départ pour qui veut analyser le capitalisme...**

Le cœur du problème.

L'un des articles de foi fondamentaux de l'économie marxienne conventionnelle est que le travail est l'unique source du profit : bien que les machines soient nécessaires à la production, seul le travail crée le profit du capitaliste » (sk1 454). De fait, « l'aspect séduisant de la radicalité marxiste repose sur cette proposition, puisqu'elle explique que le profit capitaliste provient de l'exploitation des travailleurs.

Les **marxistes expliquent que le travail est la seule source de profit car il s'agit de la seule marchandise** pour laquelle on peut faire une distinction entre « marchandise » et « pouvoir de la marchandise ». Quand toute autre marchandise est vendue, l'acquéreur la prend en bloc » (sk1 454). Cependant, « avec le travail, l' « acheteur » capitaliste ne possède pas le travailleur. Au contraire, il paie un salaire de subsistance qui peut être représenté par un panier de biens ; il s'agit du coût de production de la capacité à travailler, que les capitalistes décrivent comme la « force de travail ». Le capitaliste met ensuite l'ouvrier au travail pendant la journée d'ouvrage, journée durant laquelle le salarié produit un panier de marchandises différent qui vaut plus que son salaire de subsistance » (sk1 454-455). Ceci étant, « la différence entre la production du travail et le coût de reproduction de la force de travail constitue la source du profit.

Une telle distinction ne peut en effet être opérée pour les machines : quand il achète une machine, le capitaliste obtient ce qu'il a payé et rien de plus, alors qu'**avec le travail, il obtient plus que ce qu'il paye. Dès lors, les machines ne font que transférer leur valeur au produit.**

Cette proposition s'est avérée très problématique du point de vue logique. De sorte que la grande majorité des économistes critiques ont en pratique abandonné la logique de Marx » (sk1 455). Néanmoins, « une minorité d'économistes continue de faire allégeance à ce que l'on considère comme la méthode de Marx, et continue de s'efforcer d'inventer des moyens de maintenir la proposition selon laquelle le travail est la seule source du profit.

Les critiques de cette idée, énoncées sous une forme mathématique, sont convaincantes, mais ont été attaquées par les économistes marxiens sur le terrain philosophique et méthodologique » (sk1 455).

Toutefois, « il existe des raisons philosophiques de penser que la proposition selon laquelle le travail est l'unique source du profit n'est pas valide, et ces raisons furent découvertes par Marx lui-même. Malheureusement, **Marx ne réussit pas à maîtriser rigoureusement sa propre logique, et protégea au contraire une théorie dont il avait lui-même prouvé le caractère erroné »** (sk1 455).

« Rigoureusement appliquée, la logique marxienne constitue un outil puissant pour analyser une économie de marché, sans que l'on soit contraint pour autant de conclure que le capitalisme doit nécessairement laisser place au socialisme. [*That is the question*, c'est ce dont on voudrait bien être sûr, que le capitalisme est « éternel ». E. J.]. Malheureusement, étant donné le rôle idéologique du marxisme aujourd'hui, je pense que les économistes marxiens continueront de s'accrocher à une interprétation de Marx prophétisant le trépas inévitable du capitalisme » (sk1 455).

[La critique de S. Keen dirigée contre Marx devrait être revisitée depuis que François Morin a proposé un peu plus tard (2017) de recadrer le modèle classique de la valeur-travail dans un modèle plus large de la valeur-capital. E. J.]

« La feuille de route.

Dans ce chapitre, je vais expliquer le concept de valeur de l'économie classique, et la manière dont Marx développa ce concept dans sa théorie du travail, puis je vais présenter les problèmes logiques qui résultent de la proposition selon laquelle le travail est la seule source de valeur. Je rendrai compte, ensuite, de la brillante analyse philosophique de Marx sur la marchandise, et montrerai que cette analyse contredit la théorie de la valeur travail, en expliquant **que tous les facteurs de production constituent des sources potentielles de valeur** » [C'est-à-dire toutes les parties constituantes du capital constant... **oui, et alors ?** À supposer que ce capital constant ne soit lui-même rien d'autre que du travail cristallisé en chose. E. J.]

« L'économie marxienne et l'économie de Marx :

Si un capitaliste machiavélique du XIXe siècle avait souhaité couper les jambes de l'intelligentsia socialiste du XXe siècle, il n'aurait pas pu trouver de meilleure arme que la théorie de la valeur travail. Et pourtant, cette théorie ne fut pas l'invention d'un défenseur du capitalisme, mais bien celle de son plus grand opposant : Karl Marx.

Marx utilisa la théorie de la valeur travail pour expliquer que le capitalisme possède une contradiction interne qui conduirait au final à sa chute et à son remplacement par le socialisme » (sk1 455-456). Toutefois, « la logique de Marx sous-jacente à sa théorie de la valeur travail comporte une incohérence [En fait, Steve Keen ne démontrera nulle part exactement laquelle. E. J.] qui invalide la critique marxiste du capitalisme (sauf à parvenir à résoudre cette contradiction). Par conséquent, trouver une solution à cette énigme devint le chemin de croix des économistes marxistes. » Et « alors que les révolutionnaires du XIXe siècle dépensèrent leur énergie à tenter de renverser le capitalisme, les révolutionnaires du XXe siècle tentèrent de sauver la théorie de la valeur travail. Il n'y avait plus aucune chance qu'ils effraient le système capitaliste.

En dépit de vaillants efforts, les économistes marxistes ont échoué dans leur quête » (sk1 456). Par conséquent, **« alors que la pensée de Marx dispose toujours, à l'orée du XXIe siècle d'une influence considérable sur les philosophes, les historiens, les sociologues et les activistes politiques de gauche, Marx et les marxistes sont ignorés par les économistes non marxistes. La majorité des économistes hétérodoxes aurait tendance à reconnaître que Marx apporta des contributions majeures à la pensée économique, mais que, globalement, Samuelson avait raison : Marx n'était qu'un « post-ricardien mineur » »**, en fait « quelqu'un qui mena l'économie classique un peu plus loin que David Ricardo mais dont la contribution conduisit finalement à l'effondrement de cette école de pensée.

Cette conclusion est fausse » (sk1 456). Car **« rigoureusement interprétée, la théorie de Marx libère l'économie classique de sa dépendance à l'égard de la théorie de la valeur, et pose les bases d'une compréhension critique profonde du capitalisme. Mais par une ironie toute machiavélienne, le principal obstacle à cette appréciation plus riche de Marx est la dévotion servile des économistes marxistes à la théorie de la valeur travail »** (sk1 456).

« Avant de voir en quoi la théorie de la valeur de Marx n'est pas une théorie de la valeur travail, nous devons tout d'abord étudier les grands économistes classiques que sont Adam Smith et David Ricardo…

Marx proposa une explication supplémentaire pour justifier le fait que, dans une économie capitaliste, les évaluations subjectives de l'acheteur et du vendeur ne sont pas pertinentes pour déterminer le prix auquel les marchandises s'échangent » (sk1 456-457).

« La théorie de la valeur travail de Marx.

Alors que ses prédécesseurs demeuraient allusifs et vagues, Marx affirma avec emphase : le travail est l'unique source de la valeur, dans le sens où il ajoute « plus de valeur qu'il n'en possède ». Marx baptisa plus-value cette différence entre valeur incorporée du travailleur et valeur du travail ajoutée à la production, et considéra qu'elle était la source du profit » (sk1 462).

D'abord, « il critiqua Ricardo qui n'avait pas su proposer une explication de l'existence de cette différence entre travail incorporé et travail commandé…

De même, Marx était en accord avec la définition de la valeur de Ricardo, citée plus haut, selon laquelle elle « dépend de la quantité relative de travail nécessaire pour la produire ». La valeur à son tour détermine le prix auquel les marchandises s'échangent, les marchandises de valeur équivalente (celle qui implique une quantité identique de travail) s'échangeant au même prix (à l'équilibre) » (sk1 462).

Toutefois, « cet échange d'équivalents devait toujours permettre aux capitalistes de dégager un profit, et **Marx rejetait toute explication des profits reposant sur le principe « acheter bon marché et revendre cher »** » :

En fait, « Marx donna deux explications de l'origine de la plus-value... L'une constituait une preuve négative, résultat d'un processus d'élimination reposant sur la caractéristique fondamentale du travail. L'autre représentait une preuve positive, fondée sur une théorie générale des marchandises. La plupart des économistes marxistes ne connaissent que la preuve négative » (sk1 463).

« L'origine de la plus-value (I).

Disons qu'il faut six heures de travail pour produire les biens nécessaires à la survie d'un travailleur pendant une journée...

Si la journée de travail est de douze heures (comme c'était le cas à l'époque de Marx), alors l'ouvrier travaille deux fois plus que le temps nécessaire en réalité pour produire sa valeur. Les six heures supplémentaires de travail constituent le surplus du travail qui est accumulé par le capitaliste, surplus qui est au fondement du profit » (sk1 463).

Marx écrit : « L'ouvrier non seulement restitue ce qu'il consomme mais donne au travail accumulé une valeur plus grande que celle qu'il possédait auparavant ».

Or, « cette différence entre le travail et la force de travail est propre au travail : il n'existe pas d'autre marchandise pour laquelle la « marchandise » et la « force de la marchandise » puissent être distinguées. Ainsi, **les autres marchandises utilisées dans la production transfèrent tout simplement leur valeur au produit, alors que le travail est la source de la valeur additionnelle.** La plus-value, une fois convertie avec succès en monnaie par la vente des marchandises produites par le travail, constitue alors la source du profit » (sk1 463).

« La théorie de la valeur travail et la fin du capitalisme.

Du fait de cette relation causale directe entre la plus-value et le profit, il existe également un lien direct entre ce que Marx appelle le « taux de plus-value » et le « taux de profit »...

Le taux de plus-value correspond au ratio du surplus de temps de travail réalisé par l'ouvrier sur le temps nécessaire à la reproduction de la valeur de la force de travail. Dans notre exemple ci-dessus, ce ratio est de 1 sur 1, c'est-à-dire 100 % : 6 heures de surplus de travail sur 6 heures de ce que Marx appelait le « travail nécessaire »...

Marx supposait que le taux de plus-value (s/v) est constant entre les industries et au cours du temps » (sk1 463-464).

[Or le travail de François Morin (2017), sur la base des propres travaux de Vincent Laure Van Bambeke – tous deux « marxistes » – va montrer que ce n'est pas exactement le cas, ce qui ne signifie pas une critique invalidante de la doctrine de Marx. Selon eux, le taux de la plus-value varie selon les « branches » du même processus industriel. E. J.]

« L'économie marxiste après **Sraffa** :

Steedman a montré que la méthode de Sraffa pouvait également permettre de critiquer l'économie marxienne, illustrant ainsi la nature non idéologique de l'analyse sraffienne » (sk1 466).

« À l'inverse de l'économie conventionnelle, qui a inventé l'abstraction fictive des « facteurs de production », le système de Marx est cohérent avec l'analyse de Sraffa de « production des marchandises par des marchandises » (en effet, l'économie de Marx constitua une inspiration majeure pour Sraffa…

Steedman commençait par un modèle chiffré illustrant une économie avec seulement trois marchandises : le fer, le blé et l'or » (sk1 466).

« La différence entre cette quantité et le travail total réalisé – 80 heures de travail, dont nous avons fixé la valeur à 80 unités de valeur travail – est la plus-value. Ainsi, dans le schéma de Marx, v est égal à 20 et s vaut 60, pour un taux de plus-value de 300 % » (sk1 467).

« De toute évidence, nous faisons face à une incohérence, voire à plusieurs. Le problème le plus simple est que Marx convertissait la production en termes de prix, mais ne convertissait pas les inputs. Cependant, si vous corrigez cette erreur, vous obtenez des résultats qui n'ont pas de sens : ce qui était supposé être un équilibre (et donc stationnaire) s'avère n'être pas stationnaire du tout » (sk1 468).

« **Désormais, le tableau de Marx ne semble plus si juste** [La critique contre Marx proposée ici va se faire uniquement à partir des soi-disant erreurs présentées par un seul tableau statistique de valeurs inventées du fer, du blé et de l'or. E. J.]. Premièrement, le taux de profit et les prix obtenus à partir des données (voir tableau p. 468) diffèrent de ceux obtenus en prenant le chemin de Marx, à partir du concept de valeur (tableau p. 467) » (sk1 468). Mais ce qui est « pire encore, alors que les nombres de Marx n'étaient pas cohérents – ils échouaient à décrire une situation d'équilibre –, les nombres déduits directement des données sont cohérents…

Bien qu'il ne formulât pas sa conclusion de cette manière, Steedman expliquait en fait que Marx ne pouvait avoir raison en affirmant que le travail est la seule source de surplus. **Nous ferions mieux d'oublier la question de la provenance du surplus, d'accepter tout simplement que ce surplus existe**, et d'analyser le capitalisme à partir de ce présupposé » (468-469).

[La plus-value existe bien, mais mieux vaut ne pas s'interroger sur ses origines, position typique du néopositivisme anglo-saxon, dans la tradition de son ancêtre Auguste Comte. On ne peut pas connaître les causes, seulement les relations. E. J.]

« Les incohérences établies par Steedman sapent toute une série d'affirmations de Marx : le travail est la seule source de valeur, la valeur est l'unique source des profits, et elle détermine le prix. **Marx ne pouvait également trouver aucune explication au fait que le capitalisme, sans doute le système social le plus intrinsèquement concurrentiel, doive se comporter in fine de manière si coopérative**, avec des capitalistes se partageant le profit social total tout comme « de simples actionnaires d'une société par actions dans laquelle les parts de profit sont réparties uniformément en pourcentage » » (sk1 469). **Comme fraternellement en somme…**

Ainsi donc, « bien que Marx utilisât la théorie de la valeur travail pour attaquer le capitalisme et pour prédire son effondrement, sa théorie ne semblait pas elle-même offrir de modèle cohérent du capitalisme – indépendamment de la pertinence de l'explication scientifique de l'épuisement du capitalisme et de l'avènement du socialisme. Il semblait donc que le grand opposant révolutionnaire au capitalisme, alors même qu'il avait promis une terrible détonation, n'eût lancé qu'un timide pétard » (sk1 469).

« La réponse marxiste.

Ces défauts de la théorie de Marx ne furent pas pour déplaire à ses critiques conservateurs, qui pointèrent gaiement les défauts de la logique de Marx, et se consacrèrent au développement de l'économie telle qu'on la connaît aujourd'hui. Mais **des marxistes dévoués tentèrent vaillamment de ressusciter le programme du socialisme scientifique de Marx** en montrant que d'une certaine manière, la théorie de la valeur marxiste était intrinsèquement cohérente » (sk1 469).

« De nombreuses années avant que Steedman n'invoque l'argument de Sraffa à l'encontre de l'économie de Marx, **des économistes marxistes de premier plan avaient applaudi à la critique méthodique de l'économie néoclassique par Sraffa.** Certains cependant, avaient pu également constater que l'analyse dépassionnée de Sraffa posait de sérieux problèmes à la théorie de la valeur travail » (sk1 469-470).

Par exemple, **« Meek était prêt à abandonner toute focalisation sur la valeur, et à développer au contraire l'analyse du capitalisme de Marx, après en avoir soustrait l'idée que le travail est la seule source de la valeur** et que la valeur détermine les profits et les prix. **Beaucoup d'autres universitaires ont suivi Meek et ont abandonné l'économie strictement marxiste, et son insistance sur l'analyse de la valeur** » (sk1 470).

Néanmoins, « une minorité a continué et continue d'expliquer que, d'une certaine manière, la valeur est une part essentielle de l'analyse marxiste. La réplique de cette minorité à la critique de Steedman [**fondée sur les tripotages « mathématiques » d'un tableau statistique imaginaire.** E. J.] ne peut être mieux résumée que par le titre de l'article d'Anwar Shaikh : « L'économie néoricardienne : richesse de l'algèbre, pauvreté de la théorie » » (sk1 470).

En quelque manière, « la philosophie de Marx permettrait de contourner le problème mathématique souligné par Steedman, ou de souligner une étape oubliée par Steadman dans ses développements mathématiques. Aujourd'hui, aucun n'a été capable d'opposer à cette critique une explication qui obtienne l'assentiment de la majorité des marxistes : il existe presque autant de propositions pour tenter d'éviter la critique de Steedman que d'économistes marxistes » (sk1 470). Toutefois, « ils sont tous d'accord pour affirmer que des éléments de la philosophie de Marx permettent de contrer l'attaque mathématique de Steedman.

Près d'un siècle après que la solution erronée de Marx au problème de la transformation fut publiée, et **presque un quart de siècle après la critique dévastatrice de Steedman, ces économistes marxistes en sont toujours là.** La dernière tentative en date explique que, puisque la théorie de Marx était en fait une théorie dynamique plutôt que statique, le problème de la transformation devrait être résolu au sein d'un modèle dynamique » (sk1 470).

Ceci étant, « bien essayé, les gars, mais vous vous compliquez la vie ! La théorie de la valeur travail est intrinsèquement incohérente, et peut-être même plus défectueuse que la théorie économique conventionnelle elle-même. De plus, loin de protéger la théorie de la valeur travail de la critique mathématique, la philosophie offre des raisons convaincantes supplémentaires de rejeter celle théorie. Une preuve en a été apportée par l'économiste indien Arun Bose » (sk1 470).

« **Arun Bose : les « axiomes du capital » de Marx.**

Bose était bien conscient de la critique, opposée à Steedman, selon laquelle **son argumentation, bien que mathématiquement impeccable, manquait en quelque sorte de profondeur spéculative.** Bien qu'il se référât de manière quelque peu désobligeante à cette critique qui manifestait selon lui « un tropisme théologique qui s'accroche tellement à ce que Marx a dit, qu'elle adopte la règle : « là où la logique contredit les mots de Marx, fiez-vous à ses mots », Bose essaya néanmoins d'éviter ce jugement en recherchant dans le texte un appui à Marx » (sk1 471). Alors « il baptisa cette interprétation « approche par la théorie du capital » et expliqua que « aussi loin que la logique nous mène, **il existe deux Marx, celui de l'approche par la valeur travail et celui de l'approche par la théorie du capital, et c'est ce second Marx qui devrait être préféré au premier** dans les discussions scientifiques ».

[Or c'est justement la piste féconde que semblerait avoir reprise François Morin (2017) en englobant le thème de la valeur-travail dans celui de la valeur-capital. E. J.]

« **Bose, à la différence de Steedman, acceptait la position marxienne selon laquelle le concept de valeur est d'une certaine manière essentiel.** Cependant, il expliquait que si la valeur est en quelque sorte l'essence de la marchandise, cette essence ne peut être réduite au travail. Dès lors, **le travail n'est pas à lui seul l'essence de la valeur. Cette dernière est constituée par le travail et les marchandises** » (sk1 471).

« La conclusion de Bose poussa sans doute quelques marxistes à abandonner leur article de foi. De manière générale, cependant, **cette argumentation n'a tout simplement pas été reconnue par les économistes marxistes.** L'argument suivant (qui ne concerne pas seulement la logique mathématique ou le réductionnisme de la marchandise, mais la philosophie de Marx elle-même) a connu un destin similaire » (sk1 471).

« L'origine de la plus-value (II).

Comme noté plus haut, la plupart des marxistes croient que Marx est arrivé à la conclusion que le travail est la source de la valeur par une preuve « négative » qui éliminait tous les autres concurrents possibles. Cela est vrai jusqu'en 1857, moment où Marx développa une preuve alternative « positive » et donc bien supérieure. Pour comprendre cette preuve, nous devons fouiller dans la philosophie dialectique de Marx » (sk1 472).

« Pour faire court, la dialectique est une philosophie du changement...

Marx appliqua tout d'abord cette logique au concept de marchandise, en 1857... Néanmoins, la marchandise ne peut exister sans valeur d'usage (quelque chose d'inutile ne peut être une marchandise), de telle sorte qu'**une tension dynamique s'instaure au sein du capitalisme, entre la valeur d'usage et la valeur d'échange.**

Avant de prendre conscience de cela, Marx s'accordait avec Smith et Ricardo sur l'idée que la valeur d'usage n'avait pas d'importance en économie » (sk1 472).

« La première exploration de ce concept fut entreprise alors que Marx travaillait sur le brouillon du *Capital*, en 1857 : « Ne faut-il pas concevoir la valeur comme l'unité de la valeur d'usage et de la valeur d'échange ?

À partir de ce point, Marx utilisa exclusivement cette méthodologie positive, fondée sur une analyse axiomatique générale de la marchandise, afin d'expliquer la source de la plus-value. Puisque ce point n'est connu que par très peu de marxistes, il est utile de citer plusieurs fois Marx à ce sujet » (sk1 472-473).

Mais même dans le passage le plus fameux du Capital (volume I) où Marx déduit la source de la plus-value, cette déduction positive a la priorité sur la preuve négative » (sk1 473).

« Cette ambivalence refait surface quand Marx discute de l'exemple d'une machine dont la durée de vie est de 6 jours » (sk1 476)

Accrochez-vous à Marx » (sk1 477).

« Marx sans la théorie de la valeur travail.

L'analyse dialectique de Marx contredit donc un élément central de sa théorie : l'affirmation selon laquelle le travail est la seule source de plus-value. Étant arrivé à la conclusion ci-dessus, Marx se trouva soudain piégé lui-même, à la manière de Hegel qui, selon Marx (voir sa thèse de doctorat), avait passé des compromis avec ses propres principes. L'analyse dialectique de la marchandise était puissante, et les conclusions qui, logiquement, s'ensuivirent, étaient inéluctables » (sk1 478) : à savoir que « la théorie de la valeur travail ne peut être vraie que si la valeur d'usage d'une machine est exactement égale à sa valeur d'échange. Or un principe élémentaire de cette analyse est que la valeur d'usage et la valeur d'échange sont incommensurables » (sk1 478).

[On nous dit que la distinction entre valeur d'usage et valeur d'échange contredit la thèse de l'origine de la valeur dans le travail. Mais c'est arbitraire et même absurde et on peut soutenir exactement le contraire. E. J.]

« Si Marx avait suivi sa nouvelle logique, la théorie de la valeur travail aurait connu une autre histoire. Mais sa disparition aurait entraîné dans sa chute la baisse tendancielle du taux de profit et l'avènement inévitable du socialisme.

Sans tendance inéluctable à la baisse du taux de profit, le remplacement du capitalisme par le socialisme n'est plus une fatalité » (sk1 478). Toutefois, « Marx s'était enorgueilli d'être le « socialiste scientifique », celui qui, par opposition aux « socialistes utopiques » qui rêvaient simplement d'un monde meilleur, prouverait pourquoi le socialisme devait émerger. Il se rendit néanmoins compte que son nouvel outil logique, évidemment supérieur à l'ancien, portait atteinte au fondement de son argumentation sur l'avènement inévitable du socialisme » (sk1 478).

[Mais on admet communément (Plihon par exemple DP1) que c'est la baisse du taux de profit industriel qui génère l'apparition d'un nouveau capitalisme financier à partir de 1980.]

« Il n'est pas étonnant que Marx ait alors essayé de trouver un moyen de rendre sa nouvelle logique cohérente avec l'ancienne. À l'époque du *Capital*, il s'était convaincu lui-même que les deux tenaient ensemble : la nouvelle méthodologie positive se combinait avec l'ancienne sur la question de la productivité en valeur des machines. Marx succomba aux mêmes défauts qu'il avait mis en exergue, dans sa thèse, à propos de Hegel » (sk1 478).

« De même, Marx n'est parvenu à ses fins qu'en compromettant sa propre théorie et en engendrant une « insuffisance » dans son « principe lui-même ». Mais le succès a un coût : la nouvelle logique, celle dont Marx était si fier, a été ignorée par ses successeurs. Marx y contribua en partie en obscurcissant le moyen qui lui avait permis de faire apparaître sa méthode positive comme cohérente avec l'ancienne méthode négative. En fait, je ne peux réduire pour autant la contribution importante des marxistes eux-mêmes à la mauvaise interprétation de Marx » (sk1 479).

« La **compréhension erronée de Marx.**

Bien que cette compréhension erronée soit surtout apparue après sa mort, Marx a pu avoir un aperçu de la manière dont sa théorie était mal interprétée aussi bien par ses amis que par ses ennemis. Il rédigea un commentaire piquant sur l'interprétation grossière de l'argumentation du *Capital* par l'économiste allemand Adolph **Wagner** et, paradoxalement, l'interprétation hostile de Wagner fut adoptée par les successeurs de Marx après sa mort » (sk1 479).

« Wagner expliquait que Marx n'avait pas compris du tout la notion de valeur d'usage, et qu'elle ne jouait aucun rôle dans son analyse. Marx fit de cette explication un commentaire acerbe.

Selon les propres termes de Marx, le marxisme du XXe siècle est ainsi passé totalement à côté du cœur philosophique de l'analyse marxienne du capitalisme » (sk1 480).

« Pauvreté de la philosophie.

La critique de Bose et la dialectique de Marx au sujet de la marchandise montrent que **la philosophie ne peut sauver la théorie de la valeur travail des griffes de la critique de Steedman.** L'analyse philosophique renforce l'exemple de Steedman **qui montre que la logique de la théorie de la valeur travail est défectueuse »** (sk1 480).

À l'inverse, **« les mathématiques et la philosophie de Marx confirment que la plus-value - et ainsi le profit - peut être générée par n'importe quel input productif. Il n'existe pas de source unique du surplus »** (sk1 480). [Le surprofit est produit autant par le capital constant – les machines, les matières premières – que par le capital variable – la force de travail. **D'accord, mais la valeur du capital constant n'est rien d'autre que de la force de travail non rémunérée cristallisée en chose, chosifiée.** C'est dès l'origine même de l'accumulation capitaliste que le travail est « volé ». E. J.]

« Le dépérissement de Marx ?

Il y a un grand nombre de questions pour lesquelles la théorie de la valeur travail est soit silencieuse, soit triviale. **Le marxisme devient alors le sommet de l'économie classique**, plutôt que son cul-de-sac.

Cependant, il y a peu de chance, selon moi, que le nouveau marxisme amélioré soit adopté par les marxistes d'aujourd'hui, comme il y a peu de chances que les économistes néoclassiques abandonnent le concept d'équilibre » (sk1 480).

« Leur résistance, tout comme celle opposée par les néoclassiques aux critiques présentées dans ce livre, est due en grande partie à l'idéologie.

Le mérite des marxistes par rapport aux économistes néoclassiques est qu'eux, au moins, reconnaissent promouvoir une idéologie. Les marxistes sont consciemment engagés dans la croyance selon laquelle le capitalisme doit être remplacé par le socialisme » (sk1 480), tandis que « les néoclassiques n'ont même pas conscience d'être les apôtres d'une religion qui stipule que si seulement nous pouvions supprimer toutes les interventions de l'État sur le marché, nous habiterions certainement le meilleur des mondes possibles.

La tendance à la baisse du taux de profit est cruciale pour cette croyance dans l'avènement inévitable du socialisme, et il s'agit de l'un des nombreux concepts qui s'effondrent, une fois débarrassés de la théorie de la valeur travail » (sk1 480). [Est-ce si sûr que cela ? **Il n'y a jamais eu autant de « valeur » dans le monde, mais c'est de la valeur qui « ne vaut rien », de la valeur qui s'inverse en « anti-valeur ».** E. J.] Les économistes marxistes sont susceptibles de commuer à s'accrocher à la théorie de la valeur travail, à préserver leur religion, plutôt que d'adopter un raisonnement logique.

Si mon pessimisme est justifié, l'économie marxiste continuera d'être absorbée dans sa quête impossible d'une solution au problème de la transformation, et restera inadéquate au développement futur de la discipline (sk1 481).

Cependant, la théorie de la valeur travail continuera d'être l'idéologie de premier plan de la gauche, particulièrement dans le tiers-monde. **L'argumentation selon laquelle le travail est la seule source de profit, de sorte que le capitalisme est fondé sur l'exploitation du travail, constitue une analyse simple et convaincante de l'oppression dans notre monde si honteusement inégal.** Un spectre ne hante peut-être plus l'Europe, mais le marxisme continuera d'être la bannière des dépossédés pendant de nombreuses années.

Toutefois, si les économistes hétérodoxes et non marxistes peuvent ignorer le raffut provoqué par les derniers adeptes de la théorie de la valeur travail, et **au contraire extraire de Marx les riches fondements philosophiques de son analyse du capitalisme, alors la théorie dialectique de la valeur chez Marx pourra jouer un rôle dans la réforme de la théorie économique. Pour l'instant, cependant, aucune des nombreuses écoles de pensée hétérodoxes ne dispose d'une théorie cohérente de la valeur** qui constitue une alternative à la théorie subjective défectueuse de l'économie néoclassique. Reste que, même si elles ne disposent pas du concept central et organisateur qu'offre une théorie de la valeur, ces écoles de pensée alternatives offrent la promesse d'une théorie économique qui peut être réellement pertinente sur l'analyse et la gestion d'une économie capitaliste » (sk1 478-481).

[Il s'agit de reconnaître la richesse de la théorie marxiste, en laissant d'abord tomber son concept fondateur de base, la valeur travail. F. Morin propose la solution de compléter la valeur production (travail) par la valeur argent et la valeur marchandise, cette solution étant indiquée dans le *Capital* lui-même. E. J.]

« Pourquoi il reste un espoir d'améliorer l'économie…

Outre l'économie marxienne, il existe en fait plusieurs écoles de pensée alternatives en économie » (sk1 485).

Steve Keen pense que ce sera de leurs interférences et de leur collaboration que pourrait naître une nouvelle théorie économique moderne.

Pierre **Ivorra** 2015 :

« Depuis la fin des années 1960, le monde est dans une **situation paradoxale** [ainsi que l'a montré l'économiste austro-américain Joseph Schumpeter (**innovation et crise**). E. J.]...

L'hypothèse que nous faisons, **avec d'autres économistes marxistes**, est que l'humanité est à une étape inédite de son histoire » (pi 52).

On cite et on commente ailleurs le remarquable propos sur la dialectique du maître et de l'esclave de Hegel applicable aux relations entre l'Allemagne et la France.

« Marx se prononce en faveur d'un **conditionnement plutôt réciproque** sans aller pourtant jusqu'au terme de sa réflexion sur le sujet...

Il y a chez lui une **conception plus dialectique qu'il n'y paraît** des relations entre les différentes facettes de cette création historique qu'est l'individualité...

Dans le fameux Livre 3ème du Capital, Marx donne une base critique et analytique plus tangible, plus effective, à ses anticipations de jeunesse » (pi 337-338).

Michel **Aglietta** :

« Le grand philosophe Hegel faisait remarquer que le concept de chien n'aboie pas » (ma 45).

« Le processus d'élection exclusion de la monnaie hors du monde des marchandises permettant d'en régler la circulation est d'abord pensé par Marx dans des termes analogues [à ceux d'Aglietta] dans le chapitre 1 du *Capital* » (ma 51).

« La théorie contemporaine du système des paiements est entièrement conforme à l'élaboration théorique de Karl Marx quant au médiateur indispensable de la monnaie dans la circulation des marchandises » (ma 60).

« Un processus d'homogénéisation est à l'origine du **fétichisme dénoncé par Marx** : les rapports sociaux prennent la forme des rapports entre les choses » (ma 83).

« L'esclavage dépouille les relations humaines de toute éthique. Comme le montre Marx, le salariat, lorsqu'il est dépourvu de droits sociaux institués ultérieurement en réaction à la violence du marché, n'en est par très différent » (ma 86).

De même, certains historiens ont fait remarquer que le servage médiéval n'apportait en bien des cas qu'une amélioration bien faible par rapport à l'esclavage antique (Duby, Malet-Issac), et le prolétariat moderne à l'égard du servage, s'avérant même parfois pire que celui-ci. On a dit aussi que les esclaves de la période antique n'auraient pas toujours été systématiquement maltraités, loin de là, car ils coûtaient un prix élevé[23]. C'est pourquoi la dialectique du maître et de l'esclave de Hegel vient recouvrir de façon assez satisfaisante la relation capital-salariat décrite à nouveaux frais par Marx, tout aussi bien que l'esclavage antique et le servage médiéval. La dialectique maîtrise/servitude recouvre sans problème d'un manteau commun les couples maître/esclave, seigneur/serf et enfin capitaliste/salarié.

« Le politique précède toujours l'économique. Comme Marx l'a fait remarquer l'accumulation primitive précède de plusieurs siècles la révolution industrielle » (ma 151).

Jean **Tirole** 2016 :

« Tetlock prend comme exemples de hérissons Marx et les libertaires, adeptes d'une vision simple du monde et dont les grandes prédictions ne se sont jamais réalisées » (jt 146).

« De Montesquieu aux *Founding Fathers* de la Constitution américaine, en passant par tous les grands constitutionnalistes et Karl Marx lui-même, **la possibilité que l'État soit capturé par des intérêts particuliers au détriment de l'intérêt collectif et que dans un système démocratique la préoccupation d'être élu ou réélu prime sur toute autre considération**, a toujours été le fondement même de la réflexion politique » (jt 208).

François **Morin** 2017 :

« Il s'agit, pour passer de la valeur-capital à une valeur-travail affranchie, d'entamer une réelle démarche d'économie politique, d'adapter aux réalités du XXIe siècle une théorie économique critique qui a fait la grandeur des penseurs du capitalisme moderne, de Marx à Keynes en passant par les institutionnalistes contemporains » (4ème de Couverture).

« Une approche récente [Gadrey, Orléan, Aglietta] rejette les deux théories 1. essentialiste ou 2. naturaliste de la valeur, celle de la valeur-utilité (Walras) ou celle de la valeur-travail (Smith, Ricardo, Marx).

Jean Gadrey nous invite à en « finir avec cette notion de valeur économique qui nous a fait perdre le Nord des « rapports sociaux » de production, de consommation et d'échange, authentique apport du marxisme ». C'est la même posture théorique que défend André Orléan lorsqu'il souligne que la valeur économique n'est pas seulement due à l'utilité ou au travail, mais peut résulter d'un sentiment collectif » (fm2 17-18).

---

23 Lombardo B. Dal Maso : *La Rome des Césars*, Florence, Bonechi-Edizioni « Il Turismo », 1974, 125.

« Michel Aglietta défend une position très proche » (fm2 17-18) [dans son livre de 2016 sur *La monnaie entre dettes et souveraineté*. Ni les classiques ni Marx. E. J.].

« Les tout derniers écrits de Marx portent sur la « valeur capital » : A, forme argent ; P, forme productive ; M, forme marchandise de la valeur-capital. Marx tente de dépasse son premier modèle de la valeur-travail » (fm2 23).

« Le concept de valeur-capital est paradoxalement absent de toute la littérature économique, à l'exception notable des travaux de Marx » (fm 35).

« Le cycle d'ensemble de la valeur-capital.

Chaque cycle s'enchaîne aux autres, de sorte que l'unité de la valeur-capital forme en réalité un cycle de cycles » (fm2 53).

[Le cercle de cercles de Hegel est évidemment sous-jacent, sans être mentionné. E. J.]

Le cycle d'un capital individuel comporte « des métamorphoses successives et simultanées de formes fonctionnelles qui imposent de faire appel à une double comptabilisation, **en synchronie d'une part, et en diachronie d'autre part** » [Noyau rationnel de la dialectique] (fm2 54).

« Nos références sont, sur le fond, celle de Karl Marx et de John Maynard Keynes… Notre dette intellectuelle va également à Vincent Laure Van Bambeke qui a, à nos yeux, introduit une rupture épistémologique majeure » (fm2 257).

Jean-Yves **Capul** et Olivier **Garnier** (2017) :

On a produit plus haut, à propos du thème « dialectique-contradiction-opposition » (chapitre 1, pp. 70-74) un exposé d'ensemble de la doctrine de Karl Marx, auquel on renvoie.

Les **Économistes atterrés** (2. 2018) :

« Ce manuel s'inscrit dans le **sillage de Marx, Mauss, Keynes et Polanyi** » (4ème de Couverture).

« La **croyance religieuse en l'efficience des marchés** s'oppose à ce que puisse être envisagé de mettre un terme à la frénésie financière et à la logique absurde de la poursuite effrénée de l'accumulation infinie » (ea2 228).

Les références classiques sont connues : le Tonneau des Danaïdes dans le Gorgias de Platon, l'« *auri sacra fames* » d'Horace, l'Avare de Molière, le caractère de poussée constante liée à la pulsion selon Freud.

Il est bien fondé ici de parler de religion, car l'objet que vise cette passion sans limite est bien un substitut de l'Idéal transcendantal qui définit pour la philosophie classique la notion de « Dieu », elle-même figure d'un Idéal du Moi aliéné dans une dimension de fausse infinité. Il s'agit bien du Veau d'Or, de l'objet où se configurent « l'opium du peuple » (Marx), ainsi que « la névrose obsessionnelle de l'humanité » (Freud).

Dominique **Plihon** (DP1 2016) :

« On retrouve la **notion de capital fictif développée par Karl Marx** dans *Le Capital* [chapitre 25 du livre III, 1885] avec ses deux caractéristiques : ce capital fictif est fondé sur la capitalisation de revenus futurs anticipés et il n'a pas de lien direct avec le capital productif, ce qui le rend autonome par rapport à la sphère de production » (dp 57).

Chapitre 5[24]

Une union de circonstance mais sans bonheur : la France et l'Allemagne

La France est un pays riche et prospère, mais dont le développement s'étiole depuis qu'elle est devenue la première province vassale de l'empire européen dont la métropole administrative est à Bruxelles, mais la vraie capitale à Berlin.

Dans un livre tout récent de la journaliste et essayiste Coralie Delaume sur *Le couple franco-allemand n'existe pas*, Paris, Michalon, 2018, on a la surprise de trouver des propos qui convergent tout à fait avec le précédent : « Le Saint Empire romain germanique, qui a duré des siècles, était une structure labile aux frontières incertaines qui [que] rappelle, à certains égards, l'Union européenne d'aujourd'hui. » On en reparlera plus loin. Commençons par :

La France

Premiers ministres successifs depuis le début du « nouveau capitalisme » : Mauroy : 1981-1984 ; Fabius : 84-86 ; Chirac : 1986-1988 ; Rocard : 1988-1991 ; Cresson : 1991-1992 ; Bérégovoy : 1992-1993 ; Balladur : 1993-1995 ; Juppé : 1995-1997 ; Jospin : 1997-2002 ; Raffarin : 2002-2005 ; Villepin : 2005-2007 ; Fillon : 2007-2012 ; Ayrault : 2012-2014 ; Valls : 2014-2016 ; Cazeneuve : 2016-2017 : Philippe : 2017-

Nombre d'électeurs : 46 000 000 environ.

---

[24] France-Allemagne : SG 2014 : 164-169 ; PI 2015 : 63, 90-91, 103-106, 121, 123-127, 159-162, 164-165, 167-169, 204-205, 208, 211, 213-219, 225, 244-245 ; FM1 : 74 ; JT 2016 : 346 ; FM2 : 279 ; DP3 : 101 ; CG 2017 : 116, 123, 125-126, 119, 365, 375, 535, 541, 548-549 ; JA 2018 : 75, 79, 102-104, 110, 119, 121-122, 127, 169-173.

Macron 1er tour :	8 657 326	18,8 %	310/577	53,7 % députés
Mélenchon id. :	7 060 685	15,3 %	17/	2,9 % députés
Le Pen 1er tour :	7 679 493	16,7 %	8/	1,4 % députés
Le Pen 2ème tour :	10 600 000	23 %		

Montant des prélèvements obligatoires en 2018 : 1038 milliards d'euros (un peu plus), c'est-à-dire 48,4 % du PIB (2163 milliards), « le record mondial absolu » d'après un récent débat télévisé.

Annonce récente : en 2016, le pourcentage d'impôts et de cotisations sociales que paient les salariés et les entreprises atteignait en France 47,6 %. C'est plus qu'au Danemark, jusqu'alors champion du monde.

La France est le pays de l'Union européenne dont la richesse produite par ses contribuables a été la plus ponctionnée en 2016. C'est ce que révèle ce jeudi l'Office européen de statistiques Eurostat. Le ratio recettes fiscales/PIB, c'est-à-dire la somme des impôts et des cotisations sociales nettes en pourcentage du PIB, s'élève à 47,6 % en France, contre 47,3 % au Danemark et 46,8 % en Belgique. Loin donc devant l'Allemagne (40,4 %). À l'autre extrémité on trouve l'Irlande (23,8 %), la Roumanie (26,0 %) et la Bulgarie (29,0 %).

Au sein de la zone euro, la moyenne atteint désormais 41,3 % du PIB contre 40 % pour l'ensemble de l'UE. Cette comparaison européenne est d'autant plus intéressante qu'elle n'est pas sujette à caution : « Les indicateurs fiscaux sont compilés dans un cadre harmonisé sur la base du système européen des comptes, permettant une comparaison précise des systèmes fiscaux et politiques fiscales entre États membres de l'UE », explique en effet Eurostat dans son communiqué.

La France, championne des cotisations sociales.

Pour autant, la répartition de la pression fiscale diffère d'un pays à l'autre. Ainsi, c'est en Suède que la part des impôts sur la production et les importations est la plus élevée (22,6 %) et c'est, sans surprise, en Allemagne, champion d'Europe de l'export, qu'elle est la plus faible (10,9 %).

Côté impôts sur le revenu et sur le patrimoine, le Danemark reste champion (30,0 %), suivi de la Suède (18,8 %). La France s'impose elle sur le terrain des cotisations sociales (18,8 %), devant l'Allemagne (16,7 %) alors que le Danemark réduit au strict minimum la participation directe des entreprises et de leurs salariés au système de protection sociale du pays. Le ratio cotisations sociales/PIB se limite à 1 %. C'est le plus bas niveau de l'UE. Et pour cause : au Danemark, les prestations sociales sont très majoritairement financées par l'impôt.

En passant devant le Danemark, la France s'impose sans doute aussi au niveau mondial comme le pays où le niveau des prélèvements obligatoires est le plus élevé. Dans une étude de l'OCDE datant de décembre 2015, le Danemark se classait en effet sur la plus haute marche du podium... devant la France. Et il y a peu de chances qu'entre temps, un autre pays se soit hissé au-dessus de ces deux poids lourds de la fiscalité.

67 000 000 d'habitants en France.

La population active au sens du Bureau international du travail (BIT) est estimée à 29,6 millions de personnes de 15 ans ou plus en France (hors Mayotte). Elle regroupe 26,6 millions d'actifs ayant un emploi et 3,0 millions de personnes au chômage. 27 févr. 2018.

À la moitié de l'année 2018, la France comptait plus de 14 millions de retraités. Environ 17 millions de foyers fiscaux : 60 000 personnes forment les 1 % (0,01) les plus riches, 6 000 les 1/1000 (0,001).

6 691 300 soit 93 800 chômeurs de plus, par rapport à février.

11 000 000 de chômeurs et précaires.

Taux de chômage : 9,3 % en août 2018.

Jean-Yves **Capul** et Olive **Garnier** (2017) :

« Politique budgétaire et politique monétaire :

• Comment s'articulent politique budgétaire et politique monétaire selon les situations et les stratégies des grandes zones (États-Unis, Union européenne) ?

• Quelles sont les évolutions récentes de ces stratégies économiques des grands pays ? » Par ailleurs :

« • Quelle est l'efficacité de la politique monétaire pour lutter contre les menaces de déflation et contribuer à la reprise de la croissance ?

• L'action sur les taux d'intérêt est-elle encore efficace ?

L'efficacité d'une politique économique repose sur la combinaison des politiques monétaires et budgétaires, ce qu'on appelle le « *policy mix* » (cg 544). **Or, « ces politiques peuvent jouer dans le même sens (une relance de l'économie) ou être contradictoires, avec une politique monétaire qui soutient l'activité et une politique budgétaire qui contribue à réduire la demande. C'est clairement la situation des pays de la zone euro depuis la crise de 2008** » (cg 544) : en effet « la politique de la BCE vise à lutter contre les menaces de déflation en acceptant des taux d'intérêt quasiment nuls et en accordant aux banques des liquidités considérables tandis que les États mènent des politiques de restriction budgétaire.

Cette présentation doit toutefois être nuancée, à plusieurs titres. Les objectifs de ces deux politiques peuvent être parfois différents » (cg 544). De fait, « la stratégie monétaire de la BCE a d'abord cherché à **écarter une crise financière** des pays en difficulté. Ensuite, la **politique monétaire** relève d'une **institution européenne indépendante** alors que les **politiques budgétaires** relèvent des **stratégies nationales** ainsi que des accords passés entre les États membres (Pacte de stabilité et de croissance) » (cg

544). Pour finir, « les **situations divergent fortement entre les pays européens, notamment entre ceux qui ont réalisé des excédents budgétaires et ceux qui ont échappé de justesse à des sanctions de la Commission européenne pour « déficits excessifs » (la France en 2015).**

La combinaison et le dosage entre ces deux politiques peuvent également varier au cours du temps » (cg 544). Ainsi, « dans la zone euro, les entreprises ont toujours des capacités de production inutilisées et n'ont donc pas intérêt à investir malgré le faible coût des emprunts. Le relais doit donc être pris par la **politique budgétaire pour soutenir la croissance**, la politique monétaire continuant à être très souple » (cg 544). Dès lors, « ce retour de la politique budgétaire est ainsi réclamé depuis peu par toutes les institutions économiques internationales. Aux États-Unis, la relance budgétaire de D. Trump s'accompagne d'une **politique monétaire désormais plus stricte, avec le relèvement progressif des taux d'intérêt** par la FED. Les deux stratégies sont donc opposées » (cg 544). De ce fait, « la politique économique des États-Unis n'est pas sans rappeler celles des années 1980 et 1990 ou une politique budgétaire expansive (grâce aux dépenses militaires sous la présidence Reagan) se combinait avec une politique monétaire très restrictive (mais l'inflation était alors très élevée) » (cg 544).

« **École et mobilité sociale** :

• Pourquoi l'idéal républicain d'une école méritocratique donnant sa chance à chacun des élèves n'est-il pas réalisé ?

La démocratisation de l'accès aux savoirs, la hausse du niveau de formation et l'allongement de la scolarité (40 % d'une génération est au niveau licence contre moins de 15 % au début des années 1980) ont longtemps favorisé la mobilité professionnelle et sociale » (cg 548). Néanmoins, « depuis les années 1980, la structure des emplois et des qualifications évolue moins vite que le nombre de nouveaux diplômés, mettant ainsi **fin à l'« ascenseur social »** pour un grand nombre d'étudiants » (cg 548). Ainsi que l'a « montré Camille Peugny, les trajectoires ascendantes pour les individus issus des classes populaires sont plus rares et les trajectoires descendantes s'accroissent pour les enfants nés dans des milieux sociaux plus favorisés » (cg 548).

Dans le cadre « des pays de l'OCDE, 85 % d'une cohorte de jeunes sont diplômés de l'enseignement secondaire. Ce niveau n'est que de 80 % en France et tous les élèves n'ont pas le même baccalauréat. Le baccalauréat général s'est peu ouvert et la progression de ces dernières décennies est due à l'**augmentation des bacs professionnels** qui n'offrent pas les mêmes chances de réussite dans l'enseignement supérieur que les bacs généraux et technologiques » (cg 548). Contrairement aux « autres pays de l'OCDE, les élèves possédant un bac professionnel s'insèrent plus difficilement sur le marché du travail en France.

L'**importance du diplôme initial dans la vie professionnelle des individus est en outre une caractéristique française**. Il joue sur les premiers emplois » (cg 548) ; cependant que « le taux de chômage des non-diplômés est trois fois plus élevé que les titulaires d'un niveau licence, mais aussi tout au long de la vie. **L'école détermine fortement la destinée sociale** puisque le diplôme initial conditionne au fil des ans toutes les possibilités professionnelles et de carrières des individus » (cg 548).

D'ailleurs, « **la France est le pays de l'OCDE où le déterminisme social est le plus fort**. Les destinées sociales se figent dès la naissance. Ce sont 40 % des enfants issus de milieux défavorisés qui sont en difficulté alors que 5 % seulement des enfants d'un milieu favorisé sont classés parmi les élèves les plus faibles » (cg 548). Et « les **choix d'orientation** jouent ensuite un rôle non négligeable. Les enfants d'agriculteurs, d'ouvriers ou d'employés choisissent nettement moins souvent que les enfants de cadres, à niveau scolaire équivalent, une seconde générale ou technologique » (cg 548).

« L'école française contribue à la **reproduction sociale** par la mise en œuvre d'une **longue chaîne de processus inégalitaires** (ségrégation spatiale et scolaire, mécanismes d'orientation, stratégies familiales, etc.) » (cg 548).

« **École et inégalités sociales :**

• L'école parvient-elle à réduire les inégalités sociales, conformément au modèle républicain ?

• D'où viennent les inégalités face à l'école et quelle politique scolaire peut-on mettre en œuvre ? » (cg 549)

Dans l'espace de « quelques décennies, l'école a connu une véritable **démocratisation** avec, par exemple, la scolarisation de tous les enfants de 3 ans (un tiers seulement en 1960), l'accès à une scolarité obligatoire complète (au début des années 1980, 25 à 30 % des élèves quittaient le collège en fin de 5e) et l'accès à la classe de terminale (70 % aujourd'hui contre 10 % à la fin des années 1950 et 30 % au début des années 1970) » (cg 549).

Cependant, « **le système scolaire français est très inégalitaire**. L'école assure une grande réussite pour une partie des élèves (20 %), mais elle est incapable de résorber le noyau dur d'élèves en échec scolaire (22 % des élèves, chiffre qui augmente en 2016 et qui est supérieur à la moyenne de l'OCDE mesurée par les enquêtes PISA). En outre, **cet échec scolaire touche surtout les élèves issus de catégories sociales défavorisées** » (cg 549).

À partir « du cours préparatoire, les enfants de milieux favorisés bénéficient d'un avantage dans l'apprentissage de la lecture avec l'**importance des apprentissages familiaux informels**. Toutefois, nombre de pays ont réussi à compenser ces écarts en matière de capital culturel. Ils mènent d'importantes **politiques de discrimination positive** alors que l'école en France donne moins à ceux qui ont le moins » (cg 549). « Par exemple, la dépense par élève de primaire est inférieure de 15 % à la moyenne de l'OCDE et supérieure de 32 % pour le lycée.

Le système scolaire, loin de réduire les inégalités, les accroît plutôt. Les inégalités sont ainsi le résultat d'un cumul de difficultés qui commencent à la maternelle » (cg 549). Ainsi, « les moins favorisés prennent du retard tandis que les enfants des milieux favorisés qui rencontrent des difficultés scolaires bénéficient de soutiens scolaires. Les inégalités face à l'école sont renforcées par les effets de **la ségrégation scolaire liée à la ségrégation spatiale**. Il existe des écarts considérables entre des établissements de quartiers différents » (cg 549).

En fait, « parmi les **pistes** permettant de faire jouer à l'école un rôle dans la **réduction des inégalités**, on peut citer les propositions suivantes : diviser par 2 (et non symboliquement comme aujourd'hui) la taille des classes dans les zones défavorisées (en CP) » (cg 549) ; ainsi qu'« organiser des activités de soutien scolaire durant les vacances; réduire les redoublements (qui n'existent quasiment pas dans de nombreux pays occidentaux) ; favoriser les élèves boursiers dans les affectations centralisées (AFFELNET, APB) ; développer les secondes chances » (cg 549).

AFFELNET : Affectation des élèves en lycée ou en lycée pro.

APB : Admission Post Bac.

Jacques **Attali** (2018) :

« Une crise de l'énergie ou des matières premières…

Si une tragédie nouvelle touchait une centrale nucléaire, en France ou ailleurs, par suite d'un défaut d'entretien, ou d'une impossibilité de l'utiliser en raison du réchauffement d'un fleuve qui la borde, ou d'un attentat terroriste bien ciblé, on perdrait immédiatement une source significative d'énergie, ce qui ferait augmenter massivement les prix, sans compter les dommages directs causés par l'accident » (ja 127).

Surtout, « **en raison de ses dettes, de sa structure industrielle, de la faiblesse de son système éducatif, la France** est mal classée selon l'« indice de positivité » et notamment **mal placée pour résister aux crises financières, économiques et sociales**. Elle semble mieux placée pour résister aux autres [types de crises : politique, géopolitique, technologique, écologique, idéologique]. Elle peut prendre exemple, dans bien des dimensions, sur les **pays scandinaves, bien plus avancés dans la prise en compte de l'intérêt des générations futures**, et qui amorcent depuis longtemps le virage pour sortir du capitalisme vers une économie positive » (ja 169). Il s'agit aussi de :

« Trouver des alliés.

Là encore, l'identification des risques conduit à bien définir comment se protéger.

Pour la France, les principaux alliés se trouvent en Europe, où étaient ses plus anciens ennemis, et en Afrique, où pourraient résider ses pires menaces à l'avenir.

L'Europe est particulièrement menacée par la compétition géopolitique mondiale » (ja 170). Ainsi, « en cas de crise, les États-Unis et la Chine viendront piller les entreprises, les talents et les ressources de l'Europe qui n'aura pas, pour le moment, les moyens de résister aux menaces à venir : la prochaine crise financière emportera ses banques ; la prochaine crise économique emportera ses meilleures entreprises » (ja 171) ; de même, « la prochaine crise sociale emportera ses institutions actuelles ; la prochaine crise géopolitique emportera sa souveraineté. Pour y résister, il est de l'intérêt de la France de tout faire pour renforcer ses liens avec ses voisins européens » et aussi « pour mettre en place les institutions nécessaires, économiques, politiques et militaires, au service d'un projet qui ferait de l'Europe l'avant-garde de la révolution positive, au service des générations futures et protectrice de son identité » (ja 171).

Par ailleurs, « l'Afrique est le deuxième partenaire majeur pour la France face à toutes ces crises.

C'est de là que pourraient venir la plupart des crises à venir : en Afrique pourraient se déclencher de vastes mouvements migratoires et une crise écologique majeure ; des mouvements terroristes ou fondamentalistes, ou communautaires pourraient en partir vers la Méditerranée et la France » (ja 171).

Et « c'est aussi là que se trouve l'essentiel des terres rares vitales pour l'industrie française. C'est là encore que se situent les principales chances de développement : **l'espace francophone pourrait fournir les bases à une industrie du digital de taille mondiale** ; la classe moyenne africaine pourrait fournir de formidables potentialités de marché pour les entreprises françaises » (ja 171-172).

Ainsi, « nouer, au plus vite, des liens solides, de long terme, désintéressés avec ces pays est la clé du bien-être français de demain ; exemple particulièrement éclairant de l'intérêt de chacun à être altruiste.

Être flexible et mobile.

Dans un monde où tout change à grande allure, en particulier en matière de technologie, il est fondamental, pour se prémunir contre les crises à venir, d'**aller vers une économie du mouvement plus que de la rente** » (ja 172). Et « **la France a, de ce point de vue, beaucoup à faire. Elle doit cesser de tourner le dos à son immense façade maritime et en utiliser toutes les potentialités. Elle doit développer ses ports et ses fleuves.** Elle doit encourager la culture du mouvement, jusques et y compris dans l'art et l'urbanisme, l'éducation et la prévention médicale : bouger doit devenir un plaisir et non une contrainte » (ja 172).

Enfin, « les deux derniers moyens sont inopérants : un pays ne peut pas partir. Il ne peut déménager ; il doit à l'inverse veiller à ce que ses habitants ne le fuient pas, et au contraire attirer des talents » (ja 172).

L'Allemagne

Les remarques explicites sur l'Allemagne sont nettement plus nombreuses dans notre corpus 2011-2018, que celles sur la France.

Selon Gaël **Giraud** (2012) :

« On peut estimer que Berlin et Paris n'ont pas à verser 4 % de leur PIB en transferts au profit de Lisbonne ou Athènes. Mais dans ce cas, il faut renoncer à prôner le fédéralisme européen » (gg 150).

« Faut-il faire grief aux autres salariés européens, que ceux de l'Allemagne, des Pays-Bas, de l'Autriche, de la Finlande, d'avoir refusé de travailler plus pour gagner moins ? » (gg 151).

Gaël Giraud en appelle à l'héritage kantien : « il y a, heureusement, une tradition libérale, qui, très éloignée de celle des économistes néolibéraux, tente de demeurer fidèle à l'expérience biblique. C'est celle de Kant, lorsqu'il écrit *Zum ewigen Frieden*, et d'auteurs plus récents comme Paul Ricœur, Jürgen Habermas ou Christoph Theobald » gg 162).

« On s'en doute, passer de cette logique marchande à celle de l'équilibre kantien ne peut pas manquer d'interroger le concept même de propriété » (gg 165).

Selon Thomas **Piketty** (2018) :

« **Depuis 1970, la part du patrimoine privé net a doublé dans la plupart des pays riches**, et la crise financière de 2008 n'a pratiquement pas infléchi cette tendance. Le patrimoine public, lui, subit l'évolution inverse: à peine positif au Japon, en Allemagne et en France, il est même devenu négatif ces dernières années aux États-Unis (–17 %) et au Royaume-Uni !

Selon Susan **George** (2014) :

« Les 66 pays signataires de la Convention de Vienne sur le droit des traités en 1969 se sont accordés pour reconnaître que les traités priment sur le droit national » (sg 74).

Susan George nous parle ailleurs du « Forum de Davos, impulsé en 1971 par l'Allemand Klaus Schwab, lequel a initié le terme « partie prenante » issu du monde de l'entreprise, « gouvernance » désormais appliqué à la gestion de toutes sortes d'entités collectives ; « partenariat » est le nouveau mot pour « annexion » (SG 165, 169). Klaus Schwab, insiste-t-elle « est allemand et... **les Allemands sont obstinés**. Le fait est qu'il est parvenu à ses fins... » (sg 164-165).

Selon François **Morin** (1. 2015) :

L'ABE (Autorité bancaire européenne) et le CSF (Conseil de stabilité financière) ont « pour la première fois publié un tableau permettant de situer le risque systémique des plus grandes banques européennes, cette fois-ci nommément désignées, sauf les banques allemandes » (fm1 47).

Les plus importants des marchés obligataires sont les marchés américain et allemand (fm1 74) (Morin 1 74).

Les banques systémiques qui apparaissent être le noyau dur de l'oligopole sont au nombre de 11 : 4 américaines, 3 britanniques, 2 zone euro (1 française et une allemande), 2 suisses (fm1 132).

Pierre **Ivorra** (2015) :

Chroniqueur économique à l'Humanité, membre de la Commission économique du PCF, est de loin l'auteur qui parle le plus de l'Allemagne :

« En 2007, la Chine dépasse les États-Unis et devient le deuxième exportateur mondial. En 2012, les États-Unis devancent l'Allemagne » (pi 63).

« Les premiers pas de cette union monétaire européenne (1969-1973) sont en fait très ambivalents. D'un côté, les pays de la CEE tentent de donner une réplique à un dollar certes en crise mais qui veut malgré tout prolonger et même étendre sa domination » (pi 90). Mais « de l'autre, la réponse qu'ils proposent vise non pas à assurer la protection des intérêts des peuples européens mais le développement de leurs propres capitaux, de leurs propres groupes, en concurrence mais aussi en association avec ceux des États-Unis » (pi 90).

En somme, « la construction monétaire entamée est d'autant plus bancale que dans ce mouvement d'intégration engagé en Europe **l'Allemagne a plus d'atouts, notamment parce qu'à ce moment-là, elle ne**

fonde pas pour une part très importante son développement économique sur l'écrasement des coûts salariaux comme le fait le patronat français » (pi 90-91). Et « **grâce à la puissance de son industrie et de son économie, aux liens que ses banques entretiennent avec elles, elle imprime de fait son contenu et son rythme à la construction européenne.**

D'ailleurs, dès cette période, **conformément aux objectifs de la Bundesbank, la Banque centrale allemande, la lutte contre l'inflation devient au niveau européen la priorité au détriment de la croissance et de l'emploi** » (pi 91).

Or, « cela montre bien le sens de cette union monétaire. En complément des États et en rivalité avec eux, **l'objectif est de créer une zone monétaire la plus stable possible, permettant d'attirer, de sécuriser et de rentabiliser les placements des investisseurs internationaux** qui ne craignent rien de plus qu'une hausse des prix amputant leurs actifs » (pi 91). Ainsi, « **il s'agit de renforcer l'attractivité de la zone, notamment afin de fournir aux groupes européens des ressources financières suffisantes pour leur déploiement à l'international. Dès le début il s'est donc agi de bâtir une Europe attirante pour les marchés financiers** » (pi 91).

En conformité avec « cet objectif, **les politiques monétaires mises en œuvre par les pays participants au SME sont, dès l'origine, très restrictives. Il en résulte des taux d'intérêt réels, c'est-à-dire une rémunération des capitaux financiers, généralement plus élevés que dans le reste des pays capitalistes développés** (zone OCDE), notamment aux États-Unis, avec une hausse progressive durant toute la décennie 1980, alors même qu'ils baissent dans le reste de l'OCDE » (pi 91).

D'ailleurs, « ce sont **les États-Unis qui ont lancé le mouvement de hausse. En 1979**, afin de juguler la hausse des prix, Paul Volcker, nouveau président de la Banque centrale des États-Unis, la Fed, décide de relever fortement les taux d'intérêt. Les pays du SME suivent le mouvement » (pi 91).

Ceci étant, « dans le pas de deux germano-américain, c'est bien **le rapport mark-dollar qui va conditionner la marche en avant vers le lancement de l'euro... Les politiques monétaires des pays de la SME vont être calquées sur la politique allemande et les monnaies nationales sur le mark** » (pi 93).

« Une comparaison France-Allemagne édifiante.

Les entreprises allemandes ont suivi un chemin inverse de celui de la France.

L'économie française est bien plus gaspilleuse de capital que sa voisine.

La « politique généreuse de distribution des dividendes [est le propre] des entreprises françaises » (pi 103, 106).

« L'Allemagne est au 3ème rang des aides publiques aux banques entre 2008 et 2011 ; la France au 6ème, derrière le Danemark et devant l'Espagne » (pi 121).

« **Les dégâts de la politique d'euro fort.**

Dans la crise, la politique de l'euro « fort », au sens d'un taux de change, est toujours à l'œuvre. **Cette politique bénéficie essentiellement à l'Allemagne. Cela lui permet notamment d'investir en Chine à moindre coût.** L'Allemagne est le deuxième investisseur étranger et a des relations commerciales très importantes avec ce pays. **Cela l'aide à délocaliser des productions de pièces détachées dans l'est européen** afin de réimporter en pratiquant un dumping social » (pi 124).

Or, « **cette stratégie porte particulièrement tort aux pays du sud de l'Europe œuvrant dans des activités similaires, celles à plus faible valeur ajoutée**, l'Allemagne concentrant pour sa part plutôt ses productions dans les secteurs à haute valeur ajoutée...

L'euro fort c'est pour les pays du sud des salaires faibles » (pi 124).

En outre, « **l'euro fort a favorisé une relance de leur endettement public et privé, des pays comme la Grèce, l'Espagne, la France également**, bénéficiant de taux d'intérêt relativement moins élevés grâce au parapluie allemand.

En retour, **il a permis à l'Allemagne de tirer parti de l'endettement du Sud européen** » (pi 124). De fait, « **les banques allemandes ont notamment massivement prêté à l'économie espagnole.** Un mécanisme particulièrement pervers a été mis en place : ces banques se sont endettées en dollars et ont prêté aux pays du sud européen en euro.

Le dollar baissant par rapport à l'euro, elles ont pu de cette façon réaliser d'énormes profits » (pi 124).

De fait, « si l'euro se revalorise et si le dollar baisse, la banque allemande aura moins de dollars à rembourser à ses créanciers américains.

En retour, l'effondrement de l'économie et de vastes pans du secteur financier des pays du sud européen a été évidemment perçu comme une menace sérieuse pour l'équilibre des banques du Nord. Les différents plans européens d'aide aux États en difficulté ont permis de prévenir le risque » (pi 124-125).

« Le désengagement des banques allemandes et françaises des pays dits périphériques que ces plans européens ont accompagné explique pour partie que l'on ait assisté à un **important reflux de capitaux de ces pays, leur dette devenant de plus en plus une dette nationale.** » De fait, « l'agence de notation Standard & Poor's note en septembre 2012 que depuis le début de la crise financière, les craintes quant à la pérennité de la zone euro provoquent un afflux de capitaux de ces pays **vers la Suisse**.

De légèrement exportateur de capital, le pays devient un gros importateur net.

Ce rush des capitaux pousse à la hausse le franc suisse et est en grande partie recyclé dans des obligations émises par les pays les mieux notés du cœur de la zone : Allemagne, Autriche, Finlande, France, Pays-Bas » (pi 125).

Quant à elle, « **l'économie espagnole, le couteau sur la gorge**, est dans l'obligation de rembourser ses dettes et à cette fin cède nombre de ses fleurons…

Les recettes des avionneurs européens sont dans une monnaie au cours sous-évalué, le dollar, alors que leurs charges sont dans une monnaie au cours surévalué, l'euro. Cela pèse évidemment sur leurs équilibres financiers » (pi 125-126).

D'évidence, « la volonté de l'Allemagne et de ses Konzerns, avec le soutien de la plupart des grands groupes et d'une partie des dirigeants politiques français, de garder le cap d'une politique d'euro fort, dopé par des taux d'intérêt maintenus par la banque centrale européenne le plus souvent au-dessus des taux américains, a des effets pervers » (pi 126).

En effet, « elle incite les groupes européens à aller voir ailleurs… C'est de s'installer malheureusement en zone dollar. De **délocaliser**. C'est d'ailleurs ce qu'a fait Airbus en installant une chaîne de montage aux États-Unis. Mais ce constat est aussi une justification d'une politique de soumission au roi dollar » (pi 126).

De fait, « **la politique d'euro fort vise avec une politique du loyer de l'argent plus élevé que celle pratiquée à Washington, à attirer les capitaux du monde entier** vers les coffres des grands groupes allemands et français, mais aussi vers les caisses des trésors publics afin de financer la dette…

[Il s'agit] d'engager la lutte aussi sur le front monétaire afin de changer le rôle et les missions de la banque centrale européenne et de s'attaquer aux privilèges du dollar » (pi 126).

« En France l'endettement [privé] des entreprises représentait 66 % du PIB, 131 % de leur valeur ajoutée, de la richesse qu'elles créent. Des taux bien supérieurs aux entreprises allemandes (42,6 % et 75,5 %) ou américaines (46 % et 66 %) » (pi 127).

« Cela pose évidemment la question du rôle des banques centrales, de la BCE dans la zone euro.

Une volonté d'« institutionnaliser » les politiques d'austérité et de soutien aux capitaux.

Une règle d'« or » qui coûte très cher aux peuples » (pi 159).

D'ailleurs, « **en France, c'est dans cet esprit qu'a été conçue la réforme territoriale française** qui tend à dessaisir les communes et départements et qu'est définie l'action des Agences régionales de la santé…

Ce cadre bureaucratique et austéritaire, François Hollande l'accepte peu de temps après son élection, au sommet européen des 28 et 29 juin 2012 » (159).

« Les marchés financiers en rêvaient, Angela Merkel l'a fait » (pi 160).

Ceci étant, « fin mars 2011, la crise de l'euro s'aggravant, la spéculation s'étendant à l'Irlande et au Portugal, est proposé le « Pacte pour l'euro », appelé aussi « Pacte euro plus »…

En mars 2012, sous l'impulsion allemande, « Traité sur la stabilité, la coordination et la gouvernance au sein de l'Union économique et monétaire » (TSCG) » (pi 161-162).

« **L'arnaque d'une Europe fédérale.**

L'objectif paraît être, à partir de structures politiques éloignées des citoyens et même des élus locaux et nationaux, de créer un carcan institutionnel permettant d'assurer la domination pérenne des marchés financiers, des capitaux dominants, allemands et secondairement français en accélérant le changement de modèle social original créé en Europe occidentale à la Libération » (pi 164).

En vérité, selon Ivorra, « il n'y a pas d'Europe fédérale possible à partir de ce que sont la République fédérale allemande ou l'État fédéral aux États-Unis…

À l'opposé de la vision gaullienne, davantage tournée vers un modèle interétatique, le courant centriste, auquel Robert Schuman appartenait, est lui plutôt fédéraliste » (pi 165).

Or, « les dispositifs institutionnels mis en place tiennent plutôt de la construction supranationale et postdémocratique, dominée par les États les plus puissants, notamment par l'Allemagne et la France. **Le projet fédéral, présenté comme le but à atteindre, n'est qu'une chimère anesthésiante** » (pi 165).

« 1990 : accord de Schengen…

Avec la crise de 2008 puis celle de l'euro, une construction politique dont on n'ose pas dire le nom commence à se mettre en place sous la houlette de l'Allemagne, avec la complicité de Sarkozy et de Hollande…

Les dirigeants de l'Union sont en passe de bâtir les **fondations d'un édifice politique européen bureaucratique, antisocial et profondément antidémocratique** » (pi 167-169).

Même, « les Français espèrent obliger les Allemands à partager avec eux une part du pouvoir au profit de leurs multinationales…

« **En fait, seule l'Allemagne connaît une baisse du chômage sur plusieurs années.**

Le taux d'emploi diminue partout sauf en Allemagne et en Autriche » (pi 169, 203-205).

De fait, « pendant plus de deux décennies, les pays de l'Europe de l'Ouest se sont illustrés par une progression assez continue de leur niveau et une certaine réduction des inégalités. La prise du pouvoir par le capitalisme financier a mis fin à cette évolution » (208).

Par exemple, « tous les grands pays de la zone euro et de l'Union européenne, à l'exception de l'Allemagne, ont subi **une baisse importante de leurs capacités d'accueil hospitalier** » (pi 211).

En réalité, « les déséquilibres entre pays s'aggravent sensiblement.

L'Allemagne est-elle coupable ?...

Le chancelier social-démocrate Gerhard Schroeder a réduit sensiblement la part des salaires…

Analyse du revenu médian et des inégalités de répartition des revenus dans les pays européens » (pi 213-219).

En fait, « bas salaires et politiques d'austérité en Europe [sont les] talons d'Achille du prétendu modèle allemand » (pi 221).

Pour la période postérieure à 2015 (date du livre), « les prévisions de la Commission européenne paraissent un peu plus optimistes, notamment pour l'Allemagne » (pi 224).

Au final, on peut voir que « **les relations de l'Allemagne avec la zone euro ont quelque chose à voir avec la dialectique du maître et de l'esclave mise en valeur par son plus grand philosophe Georg Wilhelm Friedrich Hegel** » (pi 225).

Propos vraiment remarquable, produit par un économiste, et dont aucun philosophe français à l'heure actuelle n'est plus capable.

Très affirmées sont « les ambitions de l'Oncle Sam et ses exigences à l'égard de l'Allemagne… le « bon élève » de la zone euro et de l'Union européenne » (pi 234).

L'écart entre les États-Unis et l'Allemagne « est à l'avantage de celle-ci pour ce qui concerne la réduction des déficits publics » (pi 235).

Si on prétend que « **la politique allemande est néfaste à l'économie mondiale. Le ministère allemand de l'Économie répond en jugeant la critique « incompréhensible** » » (pi 235).

Il est reconnu que « l'avance des États-Unis est significative tant du point de vue de la mobilisation des intelligences que des brevets déposés. Ils ont en outre une grande capacité à attirer les chercheurs d'autres régions du monde » (pi 239).

De façon claire, « l'administration américaine veut renforcer la puissance de ses multinationales, créer des emplois aux États-Unis, y faire baisser le chômage, **en enfonçant les économies des autres, notamment celles de leurs principaux concurrents, l'Allemagne et la Chine**. À cette fin, elle a une arme à longue portée : le dollar » (pi 244).

Il y a à envisager « ce que le dollar et l'euro ne peuvent plus être et le rôle que l'Europe pourrait jouer…

On comprend qu'une telle situation de dépendance crée des problèmes : ainsi, en Europe, quand le dollar baisse, cela fragilise les exportations ; quand il augmente, cela renchérit la facture énergétique. En même temps, personne dans le monde n'a intérêt à un effondrement du dollar. La Chine, par exemple, subirait un préjudice considérable » (pi 244) ». Dans la période actuelle, « le maintien d'un dollar sous-évalué est un élément essentiel de la politique commerciale de l'administration américaine afin notamment de booster les exportations… La parité euro/dollar après avoir évolué jusqu'en 2008 en défaveur de l'euro a ensuite conduit à une surévaluation de la monnaie européenne vis-à-vis de celle des États-Unis » (pi 244-245).

Afin de « conjurer cette menace, il faut que la monnaie européenne joue elle aussi un autre rôle. Actuellement, en effet, **la politique de l'euro fort, au taux de change élevé, correspond aux intérêts des groupes allemands elle est consubstantielle de leur modèle économique, un modèle tourné vers l'exportation** » (pi 245).

Car « le taux de change élevé de la monnaie européenne n'affecte guère les livraisons d'une **production industrielle allemande centrée sur le haut de gamme**. Il permet en outre à Berlin d'acheter à bas prix, en dehors de la zone euro, les composants nécessaires à son industrie et à ses exportations. Et d'attirer des capitaux à la recherche d'une forte rentabilité » (pi 245).

En réalité, « ces **stratégies du dollar faible et de l'euro fort, qui de fait se complètent** et s'épaulent de manière conflictuelle, s'appuient sur les politiques budgétaires et monétaires différentes conduites par les gouvernements et les banques centrales des États-Unis et de la zone euro » (pi 244-245).

En particulier, « **le développement international des groupes… contre la base nationale… est ce qui se fait en Allemagne, mais souvent contre les autres pays**, particulièrement ceux de la zone euro et de l'Union européenne » (pi 270).

Cela étant, « les données rectifiées font apparaître une situation contrastée entre la France et l'Allemagne…

L'Allemagne bénéficie incontestablement d'une bonne orientation géographique de ses exportations…

Le recul commercial de la France par rapport à l'Allemagne n'est donc pas essentiellement un problème de coût du travail » (pi 297, 299).

Certains sont « incapables de comprendre que le travail n'est pas qu'un coût. Il est le seul facteur dans l'entreprise qui crée de la richesse nouvelle, de la valeur ajoutée » (pi 300).

L'impôt sur les sociétés est passé de 50 % en 1985 à 33 % en 1994. L'Allemagne, l'Espagne, le Portugal étant à 30 % (pi 305-306).

Entre 2005 et 2013, l'emploi industriel en France a diminué de 16 %. Le Royaume-Uni 15, 5 %, le Japon près de 10 %, les États-Unis 5, 6 %. Seule l'Allemagne connaît une progression de 0,1 % (pi 326).

Il s'agit de « la plus grande crise financière de l'après-guerre… **L'Europe est en crise, minée par les déséquilibres entre le Nord et le Sud, la domination allemande et secondairement française sur les autres membres** » (pi 343-344).

Ceci selon « Paul Boccara, Frédéric Boccara, Yves Dimicoli, Denis Durand, Jean-Marc Durand, Catherine Mills, membres de la commission économie du PCF » (pi 343).

« Le Premier ministre britannique David Cameron adopte en 2011 un plan d'austérité…

L'Allemagne, à la suite de l'intégration de l'ex-RDA, a mis en œuvre une politique de recul social et de relèvement de la rentabilité des Konzerns avant même la France et la plupart des autres pays de la zone euro » (pi 344).

Or, « **la particularité de l'austérité à la mode euro, comme réponse capitaliste à la crise de la rentabilité du capital, en plus de son ampleur et de sa brutalité, est qu'elle tend à renforcer la domination des capitaux allemands, sur la zone et sur les pays de l'Union contre les peuples, y compris le peuple allemand** » (pi 344-345).

De fait, « cela se traduit par… **une hausse de la dette extérieure de ces pays particulièrement vis-à-vis de l'Allemagne**…

C'est la guerre ! Chacun essaie d'enfoncer l'autre au bénéfice des groupes allemands » (pi 345).

[Effectivement, c'est l'Allemagne qui a déjà pour l'essentiel gagné la Deuxième Guerre mondiale en Europe et qui la continue par d'autres moyens que militaires. E. J.]

Ceci étant, « **la France souffre bien plus que l'Allemagne de cette surenchère** dans la mesure où elle est plus dépendante du commerce intra-européen qu'elle…

Par ailleurs, un franc dévalué par rapport au mark, loin d'atténuer la domination allemande accentuerait la dépendance…

La sortie de l'euro par ailleurs n'infléchirait guère la politique des grands groupes français » (pi 347).

En fait, « ce sont bien les ressorts de cette **stratégie d'extraversion des groupes et du capitalisme français qui se sont adossés aux groupes et au capitalisme allemand** afin d'attirer les investisseurs internationaux qu'il faut remettre en cause » (pi 348).

Il faudrait que « l'euro devienne une monnaie de coopération en interne et en externe avec les pays émergents, en particulier la Chine, qui souffrent de la politique monétaire des États-Unis et de sa Banque centrale.

À quand les jours heureux ? » (pi 349).

« **Aujourd'hui chaque actif produit 7,4 fois plus qu'en 1946** en euros constants...

L'affaire Cahuzac, après les affaires Bettencourt, Tapie, Karachi, après celle de la Mairie de Paris... L'idéologie du capitalisme est le libéralisme et sa variante, le social-libéralisme » (pi 353).

Selon Michel **Aglietta** (2016) :

« En dépit de son avancée théorique, Fichte n'a pas inspiré l'unification théorique de la nation allemande. [E. J : affirmation très contestable.] Celle-ci s'est faite près de soixante ans après les *Discours à la nation allemande* sous la forme d'un empire centralisé que la Prusse a unifié en 1871 dans l'empire wilhelmien par la force armée et par la volonté de Bismarck » (ma 146).

J'ai parlé très en détail de ce sujet du développement de l'impérialisme allemand tout au cours du XIXe siècle après Fichte dans DSF2 2016 et (57-67) et TRA 2017 (70-71).

En fait, « les craquements internes de l'Empire russe d'un côté, la concurrence coloniale, interimpérialiste selon Lénine, de l'autre entre l'Empire allemand et les empires coloniaux français et anglais déjà établis allaient, par le jeu des alliances, déclencher le cataclysme de 1914-1918 » (ma 164).

Par ailleurs, « tous ceux qui sont arrivés à ce point du raisonnement (que l'euro est une monnaie incomplète) trébuchent sur le même constat : **l'Allemagne et la France ne se font pas confiance** » (ma 398).

De fait, « les institutions communes, trop bureaucratiques, et les politiques européennes des États elles-mêmes se dérobent à tout contrôle démocratique de niveau européen. Les lobbies interfèrent avec leur action. **La responsabilité politique des exécutifs est inexistante tant que le Parlement européen n'est investi d'aucune autorité souveraine** » (ma 399).

En réalité, « c'est là que **les héritages politiques opposés de l'Allemagne et de la France entraînent un dialogue de sourds**...

Seule une assemblée européenne constituante pourrait le faire. C'est pourquoi **un État fédéral européen est hautement improbable** » (ma 398-400).

« L'Union européenne est un curieux hybride. Contrairement à une confédération de nations, **il y a, dans le domaine de la concurrence, une loi européenne qui prévaut sur les législations nationales. Mais, contrairement à un État fédéral, il n'y a pas d'autorité constitutionnelle...**

L'obstacle majeur est la Cour constitutionnelle allemande. La loi fondamentale allemande pose un problème concernant la subordination des lois nationales à la loi européenne. Toute loi européenne doit être conforme aux principes constitutionnels de la loi fondamentale allemande » (ma 402).

« La Cour a l'obligation de soutenir la loi fondamentale, et cela l'engage à affirmer que le Bundestag doit conserver ses pouvoirs législatifs dans toute décision concernant les recettes et les dépenses budgétaires...

Ces contradictions juridiques ont scandé les petits pas, les reculs et les hésitations du gouvernement allemand depuis le début de la crise de l'euro » (ma 403).

Selon Jean **Tirole** (2016) :

« l'État français coûte trop cher : selon certaines estimations, il utilise 44 % de plus de fonctionnaires par actif qu'en **Allemagne** (il y a 1,2 million d'emplois publics en moins en Allemagne qu'en France, pourtant beaucoup moins peuplée) » (jt 229).

Par ailleurs, « le chômage est beaucoup plus élevé en France que dans les pays d'Europe du Nord (**Allemagne**, Pays-Bas, pays scandinaves) ou les pays anglo-saxons » (jt 312).

En particulier, « le marché du travail français est relativement fermé aux nouveaux entrants, notamment aux jeunes en quête d'un premier emploi. Les 15-24 ans peinent à trouver du travail. Leur taux de chômage est de 24 %. Leur taux d'emploi (28,6 %) se situe très loin derrière la moyenne de l'OCDE (39,6 %) et les taux de l'Europe du Nord (46,8 % pour l'**Allemagne** et 62,3 % pour les Pays-Bas) » (jt 314).

En fait, « les accords de branche... sont mauvais pour la demande et donc pour l'emploi. En raison de l'extension quasi systématique des accords de branche, plus de 90 % des salariés français sont couverts par des conventions collectives, alors qu'en **Allemagne** seulement 1 % des accords sont étendus, ce qui laisse plus de liberté pour un accord d'entreprise » (jt 346).

François **Morin** (2. 2017) :

« Les banques mondiales d'importance systémique sont au nombre de 30 (dont 15 européennes [– 4 britanniques, 4 françaises, 2 suisses, **1 allemande**, 1 espagnole, 1 italienne, 1 néerlandaise, 1 suédoise –], 8 américaines, 3 japonaises et 4 chinoises…

Le ratio de levier devra atteindre 6 % en 2019 et 6,75 % en 2022 » (fm1 269).

4 françaises : BNP Paribas, Groupe BPCE, Groupe Crédit agricole, Société générale (fm2 271).

Fortes réserves de l'**Allemagne** à l'égard de la mise en œuvre de mesures de réduction des risques dans le secteur bancaire (fm2 279).

Steve **Keen** (2. 2017) :

« Les **seuls pays qui ne sont pas menacés de zombification dans un futur proche sont l'Allemagne** et l'Autriche pour les économies avancées, et l'Afrique du Sud, l'Arabie Saoudite, l'Argentine, la Hongrie, l'Inde, l'Indonésie, Israël, le Mexique, la Pologne et la République tchèque pour les nations émergentes » (sk2 139). Toutefois, « le Brésil, la Russie et la Turquie sont des cas à part : s'ils affichent des ratios de dette maximum bien inférieurs au seuil critique, le crédit y a récemment augmenté à un rythme soutenu, ce qui les rend vulnérables en cas de décélération du taux de croissance de la dette privée » (sk2 139).

Dominique **Plihon** (DP3 2017 b) :

« En créant le SME (système monétaire européen), en mars 1979, les pays européens se sont alignés, plus ou moins rapidement, sur le modèle allemand, donnant désormais la priorité à la stabilité monétaire » (dp 101).

Jean-Yves **Capul** et Olive **Garnier** (CG 2017) :

« **Le retour de la croissance :**

On assiste au retour de la croissance dans les pays développés dès la fin de 2009. En 2010, les taux de croissance sont de 3 % aux États-Unis et de **3,6 % en Allemagne**. Dans le reste de l'Europe, la croissance est plus faible. Les pays émergents, en particulier la Chine et l'Inde, apparaissent de leur côté comme les grands gagnants de cette crise qui ne les a guère touchés. Enfin, les banques et les institutions financières, renflouées par les États, retrouvent rapidement leurs activités habituelles sur les marchés financiers » (cg 116).

Néanmoins, « la crise économique a fait exploser la dette publique des pays développés. Ce soutien à l'activité économique a eu un coût élevé, car un très fort endettement présentait des risques importants pour l'avenir des économies et de la monnaie unique européennes » (cg 116).

« **Menaces sur l'euro et réponses européennes :**

Avec la crise grecque, les pays européens ont craint un effet domino et que les autres pays soient touchés à leur tour... Il n'existe **pas de mécanisme de solidarité financière dans l'Union européenne ou la zone euro ; c'est la clause dite de *no bail out* (de non-solidarité), c'est-à-dire que l'Union ne peut aider financièrement un de ses membres** » (cg 119).

« La BCE a procédé à l'achat d'obligations publiques pour plusieurs dizaines de milliards d'euros, mais sur le marché secondaire (achats directement auprès des banques des obligations d'États fragilisés qu'elles détiennent). Certes, elle n'a pas acheté directement ces obligations lors de leurs émissions par les États endettés car cela lui est interdit dans la mesure où il s'agirait alors de création monétaire (monétisation de la dette publique) » (cg 119). Toutefois, « **ces interventions ont été très critiquées par les autorités allemandes qui refusaient que seul l'argent public vienne au secours des États endettés** lorsque cet endettement avait notamment servi à sauver des institutions du secteur privé (banques). Les Allemands souhaitaient qu'il y ait une participation des créanciers privés dans les opérations de sauvetage d'un pays européen qui connaîtrait une crise de la dette souveraine » (cg 119).

« **La stratégie économique de la zone euro en question :**

Après avoir surmonté la crise de l'euro, **les pays de la zone euro n'ont pas réussi à retrouver le chemin d'une croissance satisfaisante propre à réduire le chômage, à l'exception de l'Allemagne**, alors qu'ils ont mis en œuvre des politiques d'austérité très sévères, notamment dans les pays de l'Europe du Sud. Très endettés, ces États ont dû réduire fortement leurs dépenses publiques et n'ont donc pu utiliser l'instrument de la relance budgétaire » (cg 123). Par ailleurs, « la politique monétaire a permis de maintenir les taux d'intérêt à un niveau très faible sans pour autant parvenir à accroître le niveau des investissements. La zone euro s'est donc retrouvée en 2014 dans une situation de blocage et de cercle vicieux, la faiblesse de la demande renforçant les anticipations défavorables des entreprises qui, en conséquence, n'investissaient et n'embauchaient pas » (cg 123).

Or, « cette situation persistante, comme l'incapacité de la théorie économique à prévoir la crise de 2008, ont conduit les économistes à remettre en question leurs analyses et leurs préconisations. Ainsi, les experts du FMI et de la Commission européenne ont reconnu avoir sous-estimé l'ampleur des multiplicateurs budgétaires, c'est-à-dire l'impact très négatif des politiques budgétaires restrictives sur l'activité économique » (cg 123). En parallèle, « il est apparu que le canal traditionnel de la politique monétaire, avec la baisse des taux d'intérêt pour relancer le crédit à l'économie, a perdu de son efficacité, les ménages comme les entreprises préférant se désendetter plutôt qu'emprunter. Un autre facteur explicatif résulte de la situation de non-coopération européenne, les pays n'ayant alors pas d'autres choix que de mener des stratégies non coopératives » (cg 123). Ainsi, « chaque pays a ainsi réduit ses dépenses publiques, pesé sur les rémunérations des salariés et diminué le coût du travail dans le but de gagner en compétitivité pour relancer ses exportations et son économie, sans réellement bénéficier de ces mesures puisque tous les pays ont fait de même, rappelant fortement le scénario de l'entre-deux-guerres avec les dévaluations compétitives » (cg 123).

Dès lors, « l'inefficacité des politiques menées, mais surtout les risques de déflation, ont conduit les autorités monétaires européennes à intervenir. Ainsi, en janvier 2015, la BCE annonçait qu'elle allait lancer des opérations de rachats de dettes publiques et privées pour un montant de 1 140 milliards d'euros, imitant ainsi les banques centrales américaines et britanniques qui avaient su, avec ses mesures d'assouplissement quantitatif (*Quantitative Easing* ou QE), relancer leurs économies » (cg 124). Ainsi, « en achetant des obligations émises par les États, cette politique revient à créer autant de monnaie nouvelle que le souhaitent les États (phénomène de la « planche à billets »). Il s'agit d'une politique monétaire non conventionnelle qui, autrefois, aurait été condamnée par tous les responsables comme créatrice d'inflation » (cg 124). Et « cela explique que **les Allemands n'aient pas été très favorables à cette politique d'achats de titres publics (les décisions de la BCE se font à la majorité des membres de son Conseil). Un autre inconvénient majeur aux yeux de la Bundesbank** réside dans le fait que les États, certains que leurs dettes seront financées par tous les autres pays de la zone euro, laissent leurs déficits budgétaires se creuser et relâchent leurs efforts » (cg 124).

Dès lors, « cette injection massive de liquidités dans les économies européennes doit conduire à une nouvelle baisse des taux d'intérêt. Celle-ci entraîne elle-même une baisse de l'euro (les placements étrangers en euros sont moins rémunérateurs) ainsi qu'une hausse des liquidités des banques les incitant à octroyer davantage de crédits aux ménages et aux entreprises » (cg 124). De la sorte, « une telle décision historique de la BCE doit alors créer un choc de confiance, amenant les acteurs économiques à anticiper une reprise de l'activité économique.

Certains économistes estiment toutefois que les effets des achats d'obligations des États par la BCE sont incertains et insuffisants. Dans la zone euro, où les taux sont très faibles et où les banques regorgent de liquidités, l'impact d'une telle politique risque plutôt de se traduire par une hausse des actifs financiers et des bulles spéculatives » (cg 124).

Ainsi donc, « l'intervention de la BCE avec le *Quantitative Easing* n'est pas le remède miracle à la crise et à la déflation et, s'il permet une baisse appréciable de l'euro, il ne peut être efficace que si la croissance redémarre. Plusieurs voies peuvent alors y contribuer. Tout d'abord un relâchement des exigences budgétaires. Mario Draghi proposait lui-même en août 2014 une plus grande flexibilité des règles européennes afin de donner du temps aux États pour revenir en dessous des 3 % de déficit public » (cg 124). Puis, « des réformes structurelles doivent être mises en œuvre, même si les conceptions des économistes diffèrent, entre ceux qui prônent la réforme et la flexibilisation du marché du travail et ceux qui mettent l'accent sur le soutien aux investissements, à l'innovation et aux entreprises exportatrices. Enfin, **une stratégie coopérative en Europe, avec l'appui de la politique économique allemande, est indispensable pour contenir les pressions des marchés financiers »** (cg 124-125).

Alors que les institutions internationales (FMI, OCDE) appellent à une relance budgétaire mondiale concertée et que la **Commission européenne incite l'Allemagne à dépenser et à investir davantage, le retour de l'inflation dans ce pays (autour de 2 %), attisé par les tensions salariales, pousse l'Allemagne a exiger un changement de politique de la BCE** » (cg 124-125).

« La déflation dans la zone euro :

La déflation désigne d'abord la baisse généralisée et régulière des prix, mais aussi un processus économique qui se déclenche lorsque les ménages et les entreprises anticipent la poursuite de cette baisse de prix. Comme l'a montré la crise des années 1930, lorsque les prix baissent, les ménages et les entreprises s'attendent à de nouvelles baisses des prix et retardent leurs achats, ce qui conduit les entreprises à réduire leur production ainsi que leurs effectifs » (cg 126). Et « ce phénomène s'étend à tous les secteurs, ce qui déclenche une spirale où la croissance, la consommation, l'emploi, les salaires et les profits des entreprises baissent.

Les économistes et les responsables économiques sont très vigilants sur ce risque, d'autant plus élevé que les agents et les États sont endettés. En effet, contrairement à l'inflation qui allège les remboursements des emprunts, la déflation les alourdit car le coût réel de la dette augmente mécaniquement pour les entreprises, les ménages et l'État » (cg 126). Et « cette dégradation de la situation financière des agents fragilise à son tour celle des banques qui ont prêté cet argent car elles craignent alors des défauts de paiement. Les banques offrent alors moins de crédits aux entreprises, accentuant la récession. La dernière difficulté liée à la déflation, et qui achève d'en faire une menace redoutée, est qu'il est difficile de trouver les bonnes politiques économiques capables de la combattre » (cg 126). En fait, « pour combattre l'inflation, les banques centrales augmentent les taux d'intérêt. Symétriquement, on pourrait penser que la déflation doit conduire à une politique de baisse des taux d'intérêt, afin de rendre le crédit plus facile. Or les taux d'intérêt sont déjà très faibles, si bien que les banques ne font aucun profit lorsqu'il s'agit de prêter aux entreprises, bloquant ainsi l'activité économique » (cg 126).

Actuellement, « le taux d'inflation dans la zone euro demeure en deçà des 2 %, cible visée par la Banque centrale européenne.

Un débat a opposé ceux qui estimaient que l'on était à la veille d'une nouvelle déflation en Europe et que la BCE devait réagir en faisant en sorte de favoriser la distribution de crédits aux entreprises, et ceux qui considéraient que la hausse des prix dans les pays de la zone euro était certes peu importante, mais que cela n'entraînait pas de conséquences économiques graves » (cg 126). Par ailleurs, « en juin 2014, la BCE reconnaissait l'importance des risques de déflation en Europe et décidait de mettre en œuvre un assouplissement de sa politique monétaire. **En 2017, c'est le retour de l'inflation qui fait débat, avec les critiques allemandes de la politique de la BCE** » (cg 126).

« **Politique économique et Union européenne** :

En 2012, en contrepartie de l'aide financière apportée par l'Europe aux pays de la zone euro en difficulté, **l'Allemagne a souhaité qu'une plus grande rigueur budgétaire soit rendue obligatoire**. C'est l'objet du Traité sur la stabilité, la coordination et la gouvernance (TSCG) qui impose un retour à l'équilibre budgétaire (règle d'or) et la mise en œuvre de politiques budgétaires restrictives pour y parvenir.

La France, pour respecter ses engagements et pour éviter de devenir une cible pour les marchés financiers (avec une hausse des taux d'intérêt à la clé pénalisant les entreprises et les ménages), s'est engagée à ramener son déficit public à 3 % du PIB dès 2013 et à revenir à l'équilibre des comptes publics d'ici 2017 » (cg 365). Cependant, « la France n'a pas pu tenir ces engagements. En mai 2014, le programme de stabilité pour 2014-2017 prévoyait le retour aux 3 % dès 2015 mais, dès octobre 2014, le projet de budget 2015 reportait une nouvelle fois cette échéance à 2017 (3,3 % en 2016). **La très faible croissance depuis plusieurs années ainsi que la baisse des recettes publiques liée au Pacte de responsabilité lancé en janvier 2014 expliquent**

que la France parvient difficilement à réduire son déficit public. Les effets positifs de ce Pacte tardant à se manifester, les autorités européennes n'ont accepté cette entorse aux règles communes qu'à la condition que la France entame des réformes structurelles (marché du travail) » (cg 364-365).

« La BCE, la déflation et l'inflation :

Depuis juin 2014, la Banque centrale européenne a annoncé des mesures de grande ampleur et fortement innovantes pour lutter contre le risque de déflation. En réussissant à vaincre les réticences des représentants de la Banque centrale allemande, la BCE a décidé de mettre en œuvre un nouvel assouplissement de sa politique monétaire en prenant des mesures dites non conventionnelles » (cg 375). Or, « depuis sa création, la BCE poursuit un objectif unique avec un taux d'inflation proche de 2 %, mais en 2014-2016, il ne s'agit plus de faire baisser le taux d'inflation pour le rapprocher de ce seuil, mais **au contraire de provoquer une hausse des prix, afin d'éloigner les effets néfastes de la déflation » (cg 375).** Ainsi que « l'ont déjà pratiqué la Banque d'Angleterre et la *Federal Reserve* américaine, sous le nom de *Quantitative Easing* (QE), la BCE envisage de mener des opérations de rachats d'actifs financiers, regroupés sous forme de titres (on parle de titrisation lorsque les prêts octroyés par les banques sont rassemblés en paquets pour être cédés à une autre institution financière qui assume alors le risque de défaut) » (cg 375). Ainsi, « le QE, ou assouplissement quantitatif, est une politique monétaire non conventionnelle car la Banque centrale réalise alors des opérations qui s'éloignent de l'usage de ses outils traditionnels (taux directeurs, réserves obligatoires, etc.) » (cg 375). De fait, « avec le QE, la Banque centrale acquiert des actifs plus ou moins risqués qui se trouvent dans le bilan des banques et, tout en allégeant ainsi leur bilan et en réduisant les risques de crise financière, elle leur donne la possibilité de prêter davantage à l'économie grâce aux nouvelles liquidités qu'elles reçoivent en contrepartie » (cg 375). D'ailleurs, « ces achats de titres par la Banque centrale peuvent aussi se porter sur des bons du Trésor émis par les États, ce qui s'apparente à un équivalent moderne de la planche à billets, où un État émet autant de bons qu'il souhaite de ressources monétaires pour financer sa politique. Le QE consiste en définitive à accroître la quantité de monnaie dans l'économie » (cg 375).

Or, « en 2017, l'Union européenne voit les risques de déflation s'éloigner tandis que l'inflation repart uniquement en Allemagne. **Proche du plein emploi, l'Allemagne connaît en effet des tensions salariales et une inflation qui s'approche des 2 %. Elle exige donc la fin des mesures monétaires accommodantes qui risquent de déclencher une surchauffe allemande, alors que les autres pays de la zone euro ont encore besoin de l'aide de la BCE pour soutenir la croissance. Cet écart croissant entre la situation allemande** et celle des autres pays de la zone euro pourrait nourrir des tensions quant aux orientations de la BCE » (cg 375).

« Croissance et politique budgétaire :

- Pourquoi les pays de l'OCDE sont-ils aujourd'hui incités à utiliser l'**arme budgétaire** pour soutenir la croissance ?
- Comment concilier ce retour de la politique budgétaire active avec les exigences de **maîtrise des déficits budgétaires** ? » (cg 535).

À la suite des « grandes institutions économiques internationales (FMI, OCDE) qui appellent à utiliser la politique budgétaire pour stimuler la consommation et l'investissement, c'est au tour de la Commission européenne, en décembre 2016, de proposer de **mettre fin à la politique d'austérité budgétaire** qu'elle recommandait d'appliquer depuis la crise de 2008. Plusieurs raisons expliquent ce revirement » (cg 535) : ainsi, « échec des politiques budgétaires restrictives qui compriment la demande, limites de l'efficacité des politiques monétaires, faiblesse des taux d'intérêt qui facilitent l'endettement public, accroissement des incertitudes mondiales (faible croissance en Europe, regain protectionniste). Par ailleurs, les efforts budgétaires de ces dernières années ont porté leurs fruits en diminuant le ratio dette/PIB et en redonnant des marges de manœuvre à certains pays » (cg 535).

Semblablement à « la politique de relance massive aux États-Unis, grâce aux baisses d'impôts et aux 1 000 milliards promis pour les infrastructures, l'OCDE appelle à une **relance budgétaire mondiale coordonnée**, axée sur des investissements ciblés (R&D, formation).

La relance budgétaire est toutefois **difficilement compatible avec le maintien des exigences du Pacte de stabilité et de croissance** » (cg 535). Ainsi « cette stratégie est ainsi contestée, voire refusée par les pays vertueux qui sont à l'équilibre budgétaire ou ont réalisé des excédents (**Allemagne**, Pays-Bas) et qui demandent le retour à l'équilibre des budgets des autres États de la zone euro.

Un « **choc fiscal », avec une baisse des prélèvements**, est parfois mis en avant pour réaliser cette stratégie. Mais il s'accompagne d'une **baisse concomitante des dépenses publiques** qui peut en annuler les effets » (cg 535). En outre, « la **baisse des impôts sur les sociétés** peut conduire à des situations non coopératives où la stratégie d'un pays est suivie par tous les autres, dans une spirale de baisse des prélèvements qui conduira à un retour aux déficits budgétaires ou à une réduction supplémentaire des dépenses publiques » (cg 535). Par exemple, « c'est le cas du Royaume-Uni qui, après le Brexit, a annoncé la réduction de l'impôt sur les sociétés pour attirer les capitaux.

Une **relance modérée**, accompagnant le **maintien d'une politique monétaire accommodante**, pourrait permettre de soutenir une croissance européenne fragile (1,5 % attendu en 2017) sans pour autant inciter les pays à déficit excessif (cinq pays dont la France) à en finir avec toute discipline budgétaire (cg 535).

« **Compétitivité et coût du travail :**

• La baisse des charges des entreprises est-elle suffisante pour renforcer la compétitivité des produits français ?

• A-t-elle permis de moderniser l'appareil de production en France ?

• Le crédit d'impôt pour la compétitivité et l'emploi (CICE) a-t-il été efficace ?

La **baisse du coût du travail** a souvent un objectif lié à l'emploi et notamment à l'emploi des moins qualifiés qu'il s'agit alors de favoriser » (cg 541). Cependant, « elle a aussi pour objectif, selon les économistes qui la mettent en avant, de contribuer à **augmenter la compétitivité des entreprises sur les marchés extérieurs**. Un même enchaînement permet d'ailleurs d'expliquer la réussite de ces deux objectifs : la baisse du coût du travail permet une baisse des prix des produits et donc une hausse de la demande, nationale et internationale, et donc de la production puis de l'emploi » (cg 541).

Pourtant, « l'allégement du coût du travail n'est pas toujours synonyme de baisse des prix des produits, notamment lorsque la baisse des charges conduit plutôt à une **hausse des profits des entreprises**. Mais dans cette situation, les profits peuvent servir à **moderniser les équipements** puisqu'ils permettent de financer les investissements. Les gains de productivité peuvent alors conduire ultérieurement à une **baisse**

des prix des produits ou au développement de nouveaux produits qui sont fortement demandés sur les marchés extérieurs (spécialisation favorable) » (cg 541).

Mais, « pour que les entreprises soient compétitives, il est en effet nécessaire qu'elles investissent. Or, en France, les entreprises connaissent un **retard d'investissement** important qui s'explique, pour certains, par une **pression fiscale** excessive, et, pour d'autres, par l'**absence de perspective dynamique de la demande**. Les pertes de part de marché à l'étranger des entreprises françaises peuvent être attribuées à l'insuffisance de la modernisation du capital que la pression fiscale et le coût du travail ne peuvent à eux seuls expliquer. »

Ceci dit, « la **faiblesse de la demande** est certainement l'un des facteurs de l'insuffisance des investissements car, en 2015-2016, les profits des entreprises s'améliorent (taux de marge) sans entraîner la reprise des investissements. Toutefois, la faiblesse de l'appareil productif français est aussi le résultat d'un ensemble de facteurs plus structurels [**Structure ≠ conjoncture** : E. J.] : **nombre trop faible d'entreprises intermédiaires qui, en Allemagne, sont fortement exportatrices** (en France, ce sont des filiales des grands groupes), **absence de politique de montée en gamme dans l'industrie, faiblesse de la spécialisation**, etc. » (cg 541).

Jacques **Attali** (2018) :

« La dette publique continue d'augmenter.

En Europe, la situation n'est pas meilleure : la dette publique représente 87 % du PIB de la zone euro. Le ratio dette publique/PIB est de 184 % en Grèce ; 157 % en Italie ; 79 % en Allemagne ; 120 % en France en 2015. En 2017, la dette italienne, détenue aux deux tiers par des Italiens, représentait déjà 132 % du PIB ; et, bien que les intérêts soient très bas, la charge des intérêts de la dette y représentait 3,8 % du PIB contre une moyenne de la zone euro à 2 %. **Seule, pour le moment, l'Allemagne est sur une trajectoire durable de réduction de sa dette »** (ja 75), ceci « avec l'Estonie, qui a choisi de baisser drastiquement les salaires de ses fonctionnaires et dont la dette dépasse désormais à peine les 10 % du PIB » (ja 75).

De fait, « cette succession de crises, financières, économiques, sociales, technologiques, politiques, idéologiques, géopolitiques, géographiques, commencée en 1907, n'est dépassée dans les démocraties que par une Deuxième Guerre mondiale et le soutien de la demande par l'État, ce que les États totalitaires font déjà avec succès depuis 1922 en Italie, 1924 en URSS et **1934 en Allemagne** » (ja 102-103).

Finalement, « la crise de 1907 et celles qui ont suivi n'auront accouché de la social-démocratie qu'après deux guerres mondiales [**Blair ? Schröder ? Mitterrand ? Hollande ? Affirmation surprenante**], plus de 70 millions de morts et l'installation de dictatures dans toute l'Europe. Et on n'en est vraiment sorti qu'en 1991, avec la fin de l'Union soviétique, soit plus de quatre-vingts ans après le début de la crise dont tout est parti ».

Ceci étant, « **en 2007, tout ressemble à la situation de 1907** : la croissance économique est forte, le chômage bas, l'inflation faible ; on est de nouveau dans une atmosphère d'euphorie boursière, de progrès technologique majeur et de croissance des dettes privées et publiques. La masse monétaire, jusque-là sous contrôle, augmente partout. Dans six ensembles majeurs (États-Unis, zone euro, Japon, Chine, Royaume-Uni et Canada), elle passe de 18 % du PIB en 1980 à 30 % en 2007 et les taux, à court et à long terme, sont de plus en plus bas ». Alors, « les banques organisent le transfert de l'épargne disponible vers des prêts plus risqués, en particulier pour le logement des plus pauvres Américains (***subprimes***) **; elles se protègent en revendant ces prêts à des épargnants sur le marché mondial, sous forme de titres dont la valeur est certifiée par de fausses notations.** Entre 2001 et 2006, le montant de ces prêts est multiplié par sept, atteignant 685 milliards de dollars » [1/3 du PIB de la France] (ja 102-104).

Du reste, « **Une crise politique est aussi inéluctable.** [Ceci a été écrit et est paru juste avant le début du mouvement des gilets jaunes. E. J.] Elle pourra, elle aussi, être retardée plus encore, dans les pays d'Occident qui sauront, comme en France et en Allemagne, maintenir des frontières ouvertes et dont les institutions seront assez solides pour résister à la vague populiste, aux tentations xénophobes et protectionnistes » (ja 110). Toutefois, « si on n'y prend garde, **si on laisse s'aggraver la concentration des richesses et le désastre écologique, les ultimes démocraties finiront elles aussi par sombrer,** entraînant le retour de confrontations qu'on croyait révolues » (ja 110).

En fait, « un troisième scénario de crise existentielle pour l'Union européenne aurait lieu dans l'hypothèse où **l'Allemagne** refuserait un compromis sur les divers sujets en suspens (de la crise des migrants à la crise italienne en passant par la refonte du budget européen) : on peut imaginer alors que la chancelière, ou son successeur, fasse savoir au gouvernement français qu'elle est sous une très forte pression politique interne et qu'elle ne pourra rester dans la zone euro que si celle-ci se réduit aux pays dits sérieux » (cg 121). Alors, **« s'instaurerait une forme de zone mark à laquelle ne participeraient que les pays aux fondamentaux économiques proches de ceux de l'Allemagne. La France ferait tout pour en être, mais devrait sans doute la quitter assez vite, en raison de ses déficits budgétaires et commerciaux.** Ce serait la fin de l'Union européenne » (cg 121).

Un « autre scénario encore : si un des extrêmes emportait en France les prochaines échéances électorales, ou si l'hypothèse de leur victoire devenait crédible, ou s'ils s'entendaient pour mettre en place un programme minimal commun (dont les mesures essentielles seraient l'augmentation des dépenses sociales et militaires, la baisse des impôts sur les ménages les plus démunis, la hausse de la fiscalité du capital et le refus d'appliquer la plupart des directives européennes) » (ja 121-122), là encore, « cela conduirait très vite, à une fuite massive des capitaux et des entrepreneurs hors du pays ; à la mise de la France sous la tutelle de ses créanciers ; et, assez vite, à la fin de la zone euro et de l'Union européenne…

Le plus vraisemblable serait la généralisation des gouvernements populistes en Europe. Ils sont déjà au pouvoir en Europe de l'Est et en Italie » (ja 122). Et, « l'un pourrait, un jour prochain, l'être **en Allemagne ; et si l'actuel quinquennat échouait** [Cela paraît en prendre le chemin], les Français, fidèles à leur histoire, pourraient (comme il y a deux siècles quand ils sont passés de la Législative à la Convention) passer d'un dégagisme soft à **un dégagisme hard** [qui semble faire très peur à l'auteur] dans lequel les derniers représentants du système seraient éliminés au profit de nouveaux dirigeants venus de l'un ou l'autre des deux extrêmes, rassemblés dans leur haine d'un système dont ils sont pourtant l'émanation. Ce serait **le prélude à**

l'installation de gouvernements autoritaires, qui pourraient imposer les réformes nécessaires [Il faut savoir !] » (ja 122).

Coralie **Delaume**. Figaro Magazine 5/10/2018.

« La civilisation européenne n'a pas attendu le traité de Maastricht pour éclore »

Quel avenir pour l'Union européenne, à l'heure où la France européiste de Macron fait face au retour des nations, au Sud et à l'Est, mais aussi en Allemagne ? C'est la question que pose Coralie Delaume dans un essai à la fois engagé et ultra-documenté qui bat en brèche ce qu'elle considère comme le mythe français du couple franco-allemand. Propos recueillis par Alexandre Devecchio » (Fig Mag 5/10/2018, 39)

« F. M. : Le titre de votre livre, *Le Couple franco-allemand n'existe pas*, est un peu provocateur ? N'est-ce pas une réalité historique que le général de Gaulle lui-même reconnaissait ?

C. D. : Il existe une relation – et même une amitié-franco-allemande, tout comme il existe une amitié franco-britannique ou une amitié franco-italienne. Cela, personne ne le conteste. L'idée d'un couple, en revanche, n'existe que de ce côté-ci du Rhin et l'expression « couple franco-allemand » n'est pas utilisée en Allemagne » » (FM 39). Or, « En France, on parle de couple pour laisser entendre que nous serions, à parité avec l'Allemagne, les grands patrons de l'Europe. C'est faux, et même présomptueux. **Aujourd'hui, clairement, tous les grands choix européens sont opérés à Berlin. Paris est complètement en retrait et acquiesce à tout sans ciller** » (FM 39).

F. M. « Ce rapport de force est-il nouveau ?

C. D. : Cela n'a pas toujours été le cas, au contraire. **L'Europe, telle qu'elle a commencé à s'édifier après la Seconde Guerre mondiale, était une Europe française.** Certes, ceux que, pour singer les Américains, on appelle les pères fondateurs – je pense notamment à Jean **Monnet** et à Robert **Schuman** – ont commencé très tôt à œuvrer en faveur d'une Europe supranationale dans laquelle la France n'aurait vocation qu'à s'autodissoudre. Mais ils se sont heurtés aux gaullistes, qui avaient quant à eux de tout autres projets » (FM 39). Car, « ce que de Gaulle souhaitait, ce n'était pas l'Europe pour elle-même, mais une Europe intergouvernementale composée de nations souveraines qui serve les intérêts de notre pays.

F. M. : De quels types étaient ces intérêts ?

Ces intérêts étaient de plusieurs ordres. Il y avait bien sûr le domaine économique, et **la France a bataillé pour faire naître la politique agricole commune, qui devait bénéficier prioritairement à l'agriculture française**. Il s'agissait là d'une sorte de contrepartie aux grands bénéfices que l'Allemagne allait tirer quant à elle et pour son industrie de la création du Marché commun » (FM 39). Ensuite, « il y avait le domaine géopolitique. Pour les gaullistes, il s'agissait certes de faire face à la menace venant de l'Est, mais également d'affirmer l'indépendance géostratégique de l'Europe vis-à-vis des États-Unis, omniprésents dans les affaires européennes de l'époque. **L'idée gaullienne d'Europe européenne était le contraire du désir d'effacement qui prévaut aujourd'hui »** (FM 39). De fait, « c'était une volonté d'affirmation, l'Europe devant être l'instrument de cette affirmation. Lorsque de Gaulle disait : C'est le temps qui fait l'Histoire. Si le destin de la France [..,] passe par notre mariage avec l'Allemagne, qu'il y passe !, il n'avait évidemment pas en tête d'inféoder la France à l'Allemagne, mais au contraire d'enrôler le pays d'Adenauer dans un projet commun d' « Europe puissance » que la RFA n'ambitionnait pas plus que cela » (FM 39). À noter que « **l'Allemagne qu'il s'agissait alors d' « épouser » n'était pas celle que nous connaissons aujourd'hui. Il s'agissait d'un pays vaincu, perclus de culpabilité, divisé, et dirigé depuis Bonn par un vieux chancelier catholique et rhénan. Rien à voir avoir avec la superpuissance commerciale qui nous jouxte désormais, assise sur un excédent commercial faramineux, qui prend des décisions unilatérales tous azimuts** » et « allant de la sortie du nucléaire à la mise en sommeil des accords de Dublin sur l'asile, et dirigée depuis Berlin par la fille d'un pasteur luthérien passé à l'Est.

F. M. : Paradoxalement, vous expliquez que **les Allemands n'ont jamais cru à ce couple et qu'ils ont fait de l'Europe un levier de reconquête de leur souveraineté.** Merkel est-elle souverainiste ?

C. M. : Hormis les nôtres, tous les dirigeants du monde sont « souverainistes ». Merkel l'est à l'évidence, et le chancelier qui la remplacera à la fin de son mandat le sera probablement plus encore » (FM 40). En réalité, « on assiste actuellement en Europe au retour des nations et l'Allemagne ne fait pas exception, qui voit s'affirmer une droite plus conservatrice mais aussi moins européiste qu'auparavant » (FM 39). À l'heure actuelle, cette droite se fait essentiellement entendre sur la question migratoire. Mais on imagine sans peine que si un pays de la zone euro – l'Italie par exemple – devait tenter de desserrer l'étau de l'austérité, elle ferait valoir à grand bruit son refus de *payer pour le Sud* » (FM 39-40).

« F. M. : Au point que c'est, selon vous, l'Allemagne qui pourrait quitter l'Union européenne en premier...

C. D. : Oui, cette poussée souverainiste tient à plusieurs facteurs. Nous avons, en France, une vision magnifiée de l'Allemagne, nos dirigeants ne rêvant que de transposer chez nous ce fameux modèle allemand qu'ils louent sur tous les tons. En réalité, le pays d'Angela **Merkel** est actuellement traversé d'incertitudes » (FM 40). Ainsi, « il commence à devoir faire face aux effets délétères de la montée des inégalités, liée notamment à la mise en œuvre de l'agenda 2010 conçu en 2005 par le chancelier social-démocrate Gerhard **Schröder** et qui a dérégulé le marché du travail. Malgré plus de 250 milliards d'euros d'excédents courants, la RFA se trouve dans une situation de sous-investissement chronique » (FM 40). Par exemple, « une récente étude a montré que près de 20 % des autoroutes, 41 % des routes nationales et 46 % des ponts avaient besoin d'être remis en état. Économiquement, les Länder de l'Est sont loin d'avoir rattrapé ceux de l'Ouest. Au demeurant, la montée de l'extrême droite, bien plus spectaculaire dans l'ancienne RDA, témoigne du fait que le processus de réunification est en fait mal achevé » (FM 40). Par ailleurs, « le pays va également se trouver confronté au défi de l'intégration du million de migrants accueilli en 2015-2016. Enfin, l'attitude agressive de Donald Trump vis-à-vis de l'Allemagne insécurise Berlin, car la relation germano-américaine est structurante pour notre voisin ». Pour tout cela, « il n'est pas impossible que l'Europe, même si l'Allemagne a bénéficié au premier chef du processus d'intégration communautaire, finisse par devenir encombrante pour une Allemagne ayant besoin de se retrouver, et qui, si elle en est le leader de fait, ne l'a qu'à moitié choisi et l'assume mal » (FM 40). Du reste, « Zbigniew Brzezinski écrivait dans *Le Grand Échiquier* qu'« à travers la construction européenne, la France vise la réincarnation de sa puissance, l'Allemagne, la rédemption ». Or, comme la rédemption est désormais chose acquise...

F. M. : **Si vous ne croyez pas au couple franco-allemand, vous n'hésitez pas à parler d'Europe allemande. Là encore, ne faites-vous pas dans la « germanophobie » ? »** (FM 40).

C. D. : « Mais « **certains Allemands en parlent aussi !** Le sociologue Ulrich Beck ne publiait-il pas en 2013 un petit essai intitulé *Non à l'Europe allemande* ?

Ce n'est pas être « phobe » que de constater que **les Allemands ont par exemple surinvesti les institutions communautaires** » (FM 40). En effet, « **on sait en effet qu'ils occupent trois secrétariats généraux sur quatre (celui de la Commission, celui du Parlement européen et celui du Service européen pour l'action extérieure), qu'ils président ou coprésident quatre des huit groupes du Parlement européen** dont les deux plus importants (PPE et S&D) et que le président du PPE, Manfred Weber, souhaite briguer la présidence de la Commission en 2019 » (FM 40).

« F. M. : **Comment expliquez-vous cette hégémonie ?**

C. D. : **C'est lié, sans doute, au fait que la conformation actuelle de l'Europe, à mi-chemin entre l'État fédéral et une sorte d'empire mou, est plus proche de la tradition politique de l'Allemagne** » (FM 40). Et « **on se souvient notamment que le Saint-Empire romain germanique, qui a duré des siècles, était une structure labile aux frontières incertaines, faisant cohabiter une multitude d'entités de toutes tailles plus ou moins souveraines et qui, à certains égards, rappelle l'Union européenne d'aujourd'hui** » (FM 40). En fait, « une Union au sein de laquelle la France, État unitaire et centralisé, se sent naturellement moins à son aise.

C'est lié également à la succession des choix opérés à partir du milieu des années 1980, qui tous ont contribué à renforcer l'économie allemande, et à faire de l'Allemagne le cœur géographique du dispositif » (FM 40). En réalité, « **le marché unique**, qui a remplacé le Marché commun en 1986 et au sein duquel capitaux et travailleurs circulent librement, a généré **un puissant phénomène de polarisation économique en faveur de l'Europe du cœur – autrement dit de l'Allemagne – et en défaveur de toutes les périphéries. L'introduction de l'euro, initialement conçu sur le modèle du Mark,** permet à l'Allemagne de bénéficier d'une monnaie structurellement sous-évaluée qui dope ses exportations » (FM 40). Pour ce qui est des **élargissements à l'Est en 2004-2007, ils ont placé la RFA au centre de l'Europe**, tout en lui permettant d'accéder à une vaste base arrière industrielle où elle pratique massivement les délocalisations de proximité. Dernier événement en date, le Brexit, qui rabote l'Europe à l'Ouest et en fait une entité plus continentale que jamais. C'est à la conjonction de ces facteurs que nous devons **l'Europe allemande** » (FM 40).

« F. M. : Dans ces conditions pourquoi les dirigeants français s'acharnent-ils à vouloir faire exister le couple franco-allemand ? Cela tient-il à des raisons historiques ?

C. M. : La relation des élites françaises à la patrie de Goethe ne laisse de surprendre. Comme l'écrivait Pierre Manent dans vos colonnes il y a quelques mois, elles tiennent absolument à épouser l'Allemagne » (FM 40). Ainsi, « le nouveau président de l'Assemblée nationale, Richard Ferrand, vient encore de proposer la création d'une assemblée parlementaire franco-allemande – comme si l'organisation de l'UE n'était pas encore assez compliquée – et l'on se souvient d'Emmanuel Macron opposant comme à regret les Gaulois réfractaires au changement aux Danois qui, s'ils ne sont pas Allemands, ont au moins le mérite d'être un peuple luthérien » (FM 42). Ceci dit, « mon hypothèse est qu'**il y a là une sorte de syndrome des émigrés de Coblence, une tendance structurelle des élites hexagonales à vouloir instrumentaliser Berlin comme levier d'imposition en France des politiques les plus conservatrices, parfois les plus réactionnaires**. L'Allemagne est un pays qui a partie liée de longue date avec le conservatisme puisqu'elle a raté sa mutation démocratique et libérale en 1848 » (FM 42). Ainsi, « dans *Les Allemands*, Norbert Elias écrit qu'au cœur de ce siècle bourgeois que fut le XIXe et contrairement à l'Angleterre et à la France, la bourgeoisie libérale de son pays fut vaincue par l'aristocratie. Et c'est l'aristocratie prussienne qui finit par faire l'unité du pays un quart de siècle plus tard avec Bismarck » (FM 42). Alors, « Elias en déduit la rémanence d'un certain nombre d'archaïsmes aristocratiques, ceux-là mêmes qui font rêver les classes dirigeantes françaises ayant une appétence pour l'ordre et une détestation rentrée pour l'idée d'égalité. Voilà d'où vient le mantra « *il faut faire les réformes nécessaires pour regagner la confiance de l'Allemagne* », où l'Allemagne n'est qu'un prétexte » (FM 42).

« F. M. : Dans votre précédent livre, vous prédisiez la chute de l'Union européenne. Vous confirmez ici que **la désintégration européenne est inexorable. La fin de l'Union européenne signifie-t-elle la fin de l'Europe ?**

Bien sûr que non. Lorsqu'on critique l'Union européenne, on court le risque d'être disqualifié pour délit d'europhobie. Mais que peut bien signifier le fait d'être europhobe ? » Car « l'Europe est une réalité géographique et culturelle, et s'il existe une « civilisation européenne », elle n'a certainement pas attendu la signature de traité de Maastricht pour éclore. D'ailleurs, l'idée selon laquelle on pourrait être « phobe » d'un continent a-t-elle le moindre sens ? » À l'encontre, « **il faut s'opposer avec la dernière énergie à ce que se poursuivent ces gabegies économiques que sont le marché unique, pourvoyeur d'austérité à haute intensité, l'euro, que Paul Krugman désignait en 2014 comme l'« une des plus grandes catastrophes économiques » »**, de même qu'**« à la pérennité de cette chape réglementaire supranationale nommée « acquis communautaire », qui ligote et tue nos démocraties**.

On ne va pas se mentir : défaire tout cela sera très difficile. Mais il faudra bien y venir car c'est cela qui détruit l'Europe. Pour la suite, peut-être peut-on nourrir l'espoir qu'une Europe des nations devienne un jour possible, et que puissent être enfin explorées les options contenues dans le plan Fouchet [? !], projet gaulliste ambitieux mais raisonnable, ayant hélas échoué dans les années 1960. »

Coralie Delaume est connue pour une journaliste et essayiste ayant écrit plusieurs ouvrages sur les rapports de la France et de l'Allemagne (Wikipédia). Elle a parfaitement raison de parler d'une Europe allemande, d'une Europe dont le centre et le cœur sont l'Allemagne, situation qui n'est rien d'autre que la réalisation contemporaine du rêve très ancien que le nationalisme allemand, souvent actif même dans les milieux les moins conservateurs, avait caressé dès les années 1870, sous le nom de *Mitteleuropa*, entendue comme une puissance politique.

Mais bien au-delà, elle a parfaitement raison aussi de souligner le fait incontestable que le dessein d'une Europe allemande se rattacherait en réalité aux premiers fondements de l'Empire romain germanique. Dans plusieurs de nos ouvrages antérieurs, nous avons souligné nous-mêmes l'existence d'une tradition continue à cet égard au moins depuis plus de 10 siècles.

Une partie des spécialistes qui ont fait des études philosophiques, et qui dans ce cadre se sont intéressés à la philosophie politique, ce qui est loin d'être le cas de tous, ceux- là savent que la question de la naissance du nationalisme et même de l'impérialisme allemand doit s'étudier déjà au moins à partir de Fichte puis de Hegel, le premier adversaire et l'autre partisan de Napoléon.

Le phylum suit une ligne à peu près continue au moins depuis Frédéric le Grand (1712-1786) : Herder (1744-1803), Fichte (1762-1814), Hegel (1770-1831), les frères Humboldt (1767-1835 ; 1769-1859), Adam Müller, Savigny (1779-1861), Blücher (1742-1819), Metternich (1773-1859), Clausewitz (1780-1831), Bismarck (1862-1890), Bülow, La Ligue Pangermanique (1890), Bley, Förster, Reimer (1905), Tannenberg, Naumann (1915), Cheradame (1916), Hitler (1925). [voir Andler in Malet-Isaac.]

Mais l'idée d'une Germanie impériale, d'un impérialisme germanique a existé bien avant, dans la descendance d'un Charlemagne invoquée comme fondateur, avec les empereurs saxons (Xe siècle), puis ceux de la dynastie Hohenstaufen (XIIe et XIIIe siècles), enfin les dynasties Habsbourg (XVe – XVIIIe siècles), Wittelsbach, Saxe, Wurtemberg et Hohenzollern (1871-1918). Malgré certaines périodes d'affaiblissement voire d'éclipse.

Un second courant, universaliste, de l'idéologie allemande, l'autre face du visage ambigu de Faust, se tient à l'écart du premier : Kant, Goethe, Schiller. Les cas de Nietzsche et de Richard Wagner sont plus indécis.

En tout cas, le fait patent d'une domination économique et politique de l'Allemagne sur l'Europe et par ce biais sur la France est refoulé hors de la conscience publique dans le débat français, hormis les philippiques occasionnelles sur le seul bouc émissaire Heidegger.

Coralie Delaume a parfaitement raison d'affirmer aussi que les élites françaises ont toujours été obsédées par l'idée d'épouser l'Allemagne, qu'elles font songer aux émigrés de Coblence, ce qui corrobore le propos d'Alain Badiou (2017) d'après quoi les gens de droite se reconnaissent à leur fétichisme de l'Allemagne, tout comme le propos convergent de Laurent Mauduit (2018) que la caste de la haute fonction publique n'a jamais servi la République qu'à contrecœur au point d'avoir assisté dans bien des cas sans état d'âme la collaboration sous Vichy.

Informations complémentaires récentes :

« Un professeur en France est payé [plus de] deux fois moins qu'un professeur en Allemagne (27 500 € annuels pour un professeur de collège français en début de carrière, 61 500 € (= 2, 23) pour son collègue allemand, selon les chiffres de l'OCDE calculés à parité de pouvoir d'achat). Pour un nombre supérieur d'heures d'enseignement, surtout dans le primaire » (Marianne n° 1151 du 5/11 avril 2019, page 3 par Natacha Polony).

« 24 % des expressions ne peuvent pas plus longtemps être remplacées par 70 % des députés » (Marianne n° 1150 du 29/3 – 5/4/2019, page 5 par Jean-François Kahn).

« Si on additionne les voix de Mélenchon, Le Pen et Dupont-Aignan au premier tour de l'élection présidentielle, on est à plus de 45 % des voix. Pourtant ces électeurs ne sont représentés que par 8 % des députés » (Marianne n° 1151 du 5-11/4/2019 page 51 par Thomas Guénolé et Jean Massiha).

Index des noms

Index des matières

Sous cette forme très parlante dite « celtique », les racines de l'arbre, correspondant à la psychologie des profondeurs, encerclent en couronne l'ensemble de son organisation.

PHILOSOPHIE
AUX ÉDITIONS L'HARMATTAN

Dernières parutions

DE L'UNIVERS ÉTERNEL À L'ÉTERNITÉ DE L'HOMME
Jean-Jack Micalef
Cet ouvrage retrace l'odyssée de l'univers et celle du devenir de l'Esprit incarné dans l'homme. L'auteur postule un univers éternel n'ayant jamais fait l'objet d'une création. Il s'oppose à la cosmologie du Big Bang qui s'inscrirait dans la tradition religieuse d'une genèse du monde. Un univers éternel permet de penser l'essence éternelle de l'homme dont la naissance ne serait plus exceptionnelle dans le cosmos. En effet, le sens général de l'évolution aurait une seule finalité : accoucher de l'Esprit pour que l'univers se comprenne lui-même à travers l'esprit de l'homme.
(Coll. Ouverture Philosophique, 230 p., 24,5 euros)
ISBN : 978-2-343-16813-5, EAN EBOOK : 9782140115073

AUGUSTE COMTE
La religion de l'Humanité : l'échec d'une transmission
Florian Uzan
Auguste Comte fut un grand philosophe, concepteur de la sociologie, du positivisme et de la théorie des trois états. On oublie cependant qu'il fut aussi à l'origine d'une religion personnelle, un culte des morts destiné à relier et rallier l'humanité tout entière. Mais que reste-t-il de son oeuvre ? Si son influence quasi mondiale n'est plus à démontrer, comment expliquer l'échec de sa religion ?
(Coll. Ouverture Philosophique, 288 p., 29 euros)
ISBN : 978-2-343-16499-1, EAN EBOOK : 9782140114533

DÉCONSTRUIRE L'IMPOSTURE IDENTITAIRE
Humanisme et éthique de la déconstruction
Hamdou Rabby Sy
Ce livre invite à ne jamais céder à la tentation du repli identitaire avec tous ses dérivés sectaires. Comme opium de toutes les sociétés, le repli identitaire est un péril mondial. Cette tentation inspire toutes les formes de haine, d'exclusion, d'intolérance. D'où l'urgence de renouer avec ce qui constitue l'identité humaine dans l'expression de sa dignité : penser. Et cela à partir de la déconstruction, pour porter un message d'espoir et d'avenir pour une humanité vivante et solidaire. Oser déconstruire est le seul impératif devant les périls de l'identitaire. Déconstruire, c'est nourrir la conviction et l'engagement pour l'impossible, condition de l'horizon de tous les possibles.
(Coll. Ouverture Philosophique, 236 p., 24 euros)
ISBN : 978-2-343-16825-8, EAN EBOOK : 9782140114915

MÉLANGES PHILOSOPHIQUES VOLUME 3
Christophe Yahot
Ce volume III se veut un creuset et un lieu de ralliement de recherches transdisciplinaires sur les problématiques contemporaines. En témoignent les débats sur les enjeux de la monarchie, de l'adaptation des médias au numérique, l'esthétique alimentaire. La vigueur scientifique des auteurs tient pour beaucoup à leurs capacités d'ouvrir des perspectives innovantes dans cette conjoncture de crises de la modernité. Les uns nous conduisent aux sources de la spiritualité pour le devenir de l'humain ; les autres nous invitent à explorer les pistes de la « philosophie éco-citoyenne » pour un développement durable.
(Coll. Harmattan Côte-d'Ivoire, 214 p., 22 euros)
ISBN : 978-2-343-16798-5, EAN EBOOK : 9782140114700

BOÎTES NOIRES ET GILETS JAUNES

Regards croisés sur la socialité à l'ère de l'anthropocène

Sous la direction de Jean-François Petit, Vincent Puig, Vincent Laquais

La période actuelle de l'anthropocène se caractérise par un bouleversement des équilibres systémiques. Cette situation nouvelle analysée par l'IRI et Ars Industrialis fait apparaître des questions nouvelles qui concernent, notamment, les réseaux sociaux, l'architecture du web, la gouvernementalité algorithmique, la contribution comme question politique, technologique et économique. Ces analyses croisent celles élaborées pendant trois ans au sein du groupe PHILOPRAT concernant l'identité collective dans une société d'individus, le statut des émotions et des peurs, l'enjeu des normes, le posthumanisme et le transhumanisme, le Buen Vivir et la capacitation, les Biens communs et les Commons.

(Coll. Ouverture Philosophique, 258 p., 26 euros)

ISBN : 978-2-343-16932-3, EAN EBOOK : 9782140114526

DARYUSH ASHOURI

Un intellectuel hétérodoxe iranien

Mohsen Mottaghi, Reza Rokoee

Préface de Farhad Khosrokhavar

Daryush Ashouri fait partie des intellectuels laïques qui s'appuient sur une tradition philosophique occidentale, pour éclairer quelques aspects des problèmes de la société iranienne. Ce livre se propose de mettre à la disposition des lecteurs francophones la traduction de quelques-uns de ses textes représentatifs des problématiques qui ont mobilisé les milieux intellectuels en Iran durant les cinquante dernières années. En regardant la trajectoire intellectuelle de Daryush Ashouri, on constate qu'il fait partie des quelques rares intellectuels iraniens qui ne se sont pas laissé influencer par les deux orthodoxies de leur époque que sont le marxisme et la religion musulmane.

(Coll. L'Iran en transition, 254 p., 25 euros)

ISBN : 978-2-343-16665-0, EAN EBOOK : 9782140112232

CROYANCE ET SOUMISSION

De la critique de la religion à la critique sociale

Réflexions à partir de Spinoza et Freud

Marie-Pierre Frondziak

Nous nous croyions sortis de la soumission. Pourtant, nous devons constater un retour en force de toutes les formes d'acceptation à des injonctions extérieures. Contre l'idée de servitude volontaire, l'auteur se propose, partant de Spinoza et de Freud, de comprendre ce qu'est l'essence même de la soumission et comment elle produit des croyances, dont les plus puissantes sont religieuses. Le progrès du savoir devait détruire les superstitions et donc l'asservissement. On propose ici l'inverse : c'est parce qu'ils sont d'abord soumis à leurs propres affects que les hommes croient en des superstitions. Seule la connaissance de cette mécanique affective peut laisser espérer une libération.

(Coll. Ouverture Philosophique, 212 p., 21,5 euros)

ISBN : 978-2-343-16365-9, EAN EBOOK : 9782140112379

À QUOI SERT LA CULTURE ?

Gilles Lévêque

La culture classique qui, pendant des siècles a nourri et élevé les esprits, était fondée sur une conception de l'homme désormais morte, notamment d'avoir subi les assauts de la science et du capitalisme. Elle n'est pourtant pas sans avoir laissé une héritière, à savoir la culture dite exigeante, celle qui est aujourd'hui diffusée dans les structures culturelles, mais dont on ne voit plus quelle fonction on pourrait lui assigner. Cette culture exigeante ne serait-elle au fond rien d'autre qu'un divertissement raffiné pour personnes distinguées ? Se réduirait-elle à n'être que l'expression identitaire, sans vérité ni universalité, d'un groupe social parmi tant d'autres ? Sa prétention à nous éclairer sur le monde et sur la vie ne serait-elle qu'une illusion ? Faudrait-il lui préférer la culture de masse, qui pour sa part échappe à l'accusation d'élitisme ? Autant de questions auxquelles cet ouvrage entend répondre.

(Coll. Pour Comprendre, 276 p., 28,5 euros)

ISBN : 978-2-343-16894-4, EAN EBOOK : 9782140114243

LA BIOÉTHIQUE AU XXIE SIÈCLE

Sous la direction de Abraham Rudnick. Traduit de l'anglais par Kouider Nizar. Préface de Bertrand Saint-Sernin

Cet ouvrage traite de questions aussi diverses que la fin de vie, la procréation médicalement assistée, la recherche sur les cellules souches, les nanotechnologies et la bioéthique spéculative. Comment prendre des décisions dans un contexte particulier de fin de vie où le traitement de maintien de vie prolonge la souffrance ? Comment élaborer une éthique des nanotechnologies ? Tels sont quelques-uns des enjeux éthiquement complexes que ce livre examine.

(Coll. Ouverture Philosophique, 288 p., 30 euros)

ISBN : 978-2-343-16924-8, EAN EBOOK : 9782140114281

VIVRE SUR TERRE

Comment dépasser le nihilisme contemporain

Julien Lebrun

En ce début de 21e siècle, malgré les catastrophes écologiques annoncées, aucun changement majeur n'a été mis en place. Nous semblons incapables de prendre en compte ce que les scientifiques ne cessent de nous répéter. Cette inertie ne s'explique pas par l'absence de solutions. Cette passivité repose en réalité sur notre conception du monde. Depuis l'avènement de la science moderne, nous percevons notre environnement comme un support inerte, taillable et corvéable à merci. Notre modèle social repose ainsi sur le déni d'une réalité pourtant évidente : nous n'existons pas sans environnement. Reprendre conscience de ce que nous sommes - comme du monde dans lequel nous vivons - constitue donc l'enjeu majeur de ce siècle. Il est temps de réapprendre à vivre sur terre.

(Coll. Questions contemporaines, 230 p., 23,5 euros)

ISBN : 978-2-343-16111-2, EAN EBOOK : 9782140112584

EDITH STEIN

De l'idéologie à la foi

Enoch Tompte-Tom

Avec Edith Stein, nous entrons dans une dimension où la quête de la foi n'est pas exclusivement du domaine de la philosophie ni de la théologie. Pour mieux comprendre Edith Stein, il n'est pas possible de parler de la foi en philosophie et en théologie en dehors de certains préalables. Ces préalables sont vus sous les approches de philosophes et théologiens afin de souligner la similitude entre la philosophie et la théologie par rapport à la quête de la foi. Le chemin de la croix poursuivi par Edith Stein est un chemin peu ordinaire. Malgré sa sympathie pour la philosophie de Thomas d'Aquin, elle prend position en ce qui concerne la philosophie chrétienne qui doit être envisagée comme une solution à un problème ontologique et épistémologique : celui de la Vérité et de la Foi.

(Coll. Ouverture Philosophique, 210 p., 19,5 euros)

ISBN : 978-2-343-16693-3, EAN EBOOK : 9782140112669

LA SUBSISTANCE

Pour une philosophie de la résurrection

Clotaire Bambi-Kimpoudi

Les questions de l'être, de la vérité, de la liberté, de la méthode et de la mort, qui rebondissent sous des colorations nouvelles, ne nécessitent-elles pas leur reconstruction en leur donnant un sens qui aborde les défis et dilemmes de notre temps ? N'exigent-elles pas de forger, à partir des nouveaux concepts fédérateurs, un système explicatif sur le sens de l'existence, au lieu de s'attarder à commenter et à critiquer les anciens systèmes de pensée ? Ce livre essaie de forger un système explicatif, le « subsistantialisme », qui assigne à la philosophie d'être une philosophie de la résurrection.

(Coll. Harmattan Congo-Brazzaville, 268 p., 27 euros)

ISBN : 978-2-343-16637-7, EAN EBOOK : 9782140112256

PHILOSOPHIE ET CIVILISATION

Considérations sur l'idée d'Occident

Mohamed Moulfi

Les éléments théoriques et historiques ici proposés sont en oeuvre chez les philosophes pour penser le rapport de la philosophie au processus de civilisation occidentale en interaction avec l'en-dehors. L'exercice consiste à rendre intelligible l'historicisme qui pose le rapport de la Grèce et de la philosophie comme une origine d'une histoire intérieure à l'Occident, pour faire en définitive de la philosophie un devenir-monde. La charge de la philosophie est immense ; elle se doit de figurer le projet de l'Occident. En contrepoint, il y a lieu de considérer le rôle décisif de l' « en-dehors », non pas de cet Orient exotique que crée l'Occident, mais plutôt de celui du geste inverse par lequel l'Occident devient.

(Coll. Ouverture Philosophique, 212 p., 21,5 euros)

ISBN : 978-2-343-16538-7, EAN EBOOK : 9782140112270

L'ÉTHIQUE D'ARISTOTE APPLIQUÉE AUX ENTREPRENEURS

Xavier Ragage

Guidée par un oeil entrepreneurial, la célèbre oeuvre morale d'Aristote L'Ethique à Nicomaque se révèle étonnamment moderne. A la lire, les entrepreneurs dans nos sociétés libérales répondent fondamentalement à la définition du vertueux et du prudent qu'évoquait la tradition grecque. L'auteur vise à mettre en regard ces descriptions précises des valeurs éthiques étudiées par le grand philosophe, de l'amabilité au courage, et leur mise en pratique dans l'activité économique, des entreprises aux startups. Il s'ensuit une heureuse rencontre visant à donner autrement les clés du succès.

(Coll. Questions contemporaines, 290 p., 30 euros)

ISBN : 978-2-343-16205-8, EAN EBOOK : 9782140110818

LA HOMO, KONSCIA ERO DE DIO=NATURO

La KorpoSpirito tra la okulvitroj de Spinoza

Robert Molimard

Cette traduction espéranto de L'Homme, avatar de Dieu (L'Harmattan) est de l'auteur même. Spinoza identifie Dieu à la Nature, substance unique qui constitue l'univers, dont matière et esprit sont deux facettes indissociables. Les trois correctrices, française, finlandaise et polonaises ont suggéré un autre titre (en français : L'Homme, parcelle consciente de Dieu=Nature). Cette vision du monde donne un sens à la vie. Professeur de médecine et physiologiste, l'auteur analyse ses conséquences pratiques sur l'Homme et son fonctionnement dans l'environnement. Toute cette étude, rédigée en espéranto, est accessible aux débutants.

(204 p., 20,5 euros)

ISBN : 978-2-343-16600-1, EAN EBOOK : 9782140111686

CORPS ET DÉCORS

Avatars de la philosophie du corps entre Orient et Occident

Sous la direction de Dandan Jiang, Jérôme Lèbre et Paolo Quintili, avec la collaboration de Laura Paulizzi

La philosophie contemporaine et la phénoménologie du corps, en visant à rendre le corps plus multiple, plus habité par l'altérité y compris technique (Derrida, J.-L. Nancy), ont fait évoluer profondément le problème du lien entre âme et corps. Ces perspectives ont introduit dans le débat d'origine cartésienne des variantes liées à l'art, l'écriture et l'environnement. Orient et Occident se retrouvent ainsi confrontés à un corps aux multiples « décors », qui le spécifient, l'entourent, l'enrichissent.

(Coll. Rationalismes, 290 p., 30 euros)

ISBN : 978-2-343-16197-6, EAN EBOOK : 9782140111365

Structures éditoriales du groupe L'Harmattan

L'Harmattan Italie
Via degli Artisti, 15
10124 Torino
harmattan.italia@gmail.com

L'Harmattan Hongrie
Kossuth l. u. 14-16.
1053 Budapest
harmattan@harmattan.hu

L'Harmattan Sénégal
10 VDN en face Mermoz
BP 45034 Dakar-Fann
senharmattan@gmail.com

L'Harmattan Cameroun
TSINGA/FECAFOOT
BP 11486 Yaoundé
inkoukam@gmail.com

L'Harmattan Burkina Faso
Achille Somé – tengnule@hotmail.fr

L'Harmattan Guinée
Almamya, rue KA 028 OKB Agency
BP 3470 Conakry
harmattanguinee@yahoo.fr

L'Harmattan RDC
185, avenue Nyangwe
Commune de Lingwala – Kinshasa
matangilamusadila@yahoo.fr

L'Harmattan Congo
67, boulevard Denis-Sassou-N'Guesso
BP 2874 Brazzaville
harmattan.congo@yahoo.fr

L'Harmattan Mali
Sirakoro-Meguetana V31
Bamako
syllaka@yahoo.fr

L'Harmattan Togo
Djidjole – Lomé
Maison Amela
face EPP BATOME
ddamela@aol.com

L'Harmattan Côte d'Ivoire
Résidence Karl – Cité des Arts
Abidjan-Cocody
03 BP 1588 Abidjan
espace_harmattan.ci@hotmail.fr

L'Harmattan Algérie
22, rue Moulay-Mohamed
31000 Oran
info2@harmattan-algerie.com

L'Harmattan Maroc
5, rue Ferrane-Kouicha, Talaâ-Elkbira
Chrableyine, Fès-Médine
30000 Fès
harmattan.maroc@gmail.com

Nos librairies en France

Librairie internationale
16, rue des Écoles – 75005 Paris
librairie.internationale@harmattan.fr
01 40 46 79 11
www.librairieharmattan.com

Lib. sciences humaines & histoire
21, rue des Écoles – 75005 Paris
librairie.sh@harmattan.fr
01 46 34 13 71
www.librairieharmattansh.com

Librairie l'Espace Harmattan
21 bis, rue des Écoles – 75005 Paris
librairie.espace@harmattan.fr
01 43 29 49 42

Lib. Méditerranée & Moyen-Orient
7, rue des Carmes – 75005 Paris
librairie.mediterranee@harmattan.fr
01 43 29 71 15

Librairie Le Lucernaire
53, rue Notre-Dame-des-Champs – 75006 Paris
librairie@lucernaire.fr
01 42 22 67 13

www.ingramcontent.com/pod-product-compliance
Lightning Source LLC
LaVergne TN
LVHW010950061026
849535LV00006B/1656